全面依法治国视野下
公民法治意识生成研究

夏丹波　著

法律出版社 LAW PRESS · CHINA

目录

序　言

一切法律中最重要的法律，既不是铭刻在大理石上，也不是铭该在铜表上，而是铭刻在公民们的内心里。

——［法］让·雅克·卢梭①

法律的权威源自人民的内心拥护和真诚信仰。

——《中共中央关于全面推进依法治国若干重大问题的决定》

一、问题的提出

作为“后发型法治”国家，中国法治推进主要采取国家主导、立法先行的模式。“法律不只是一套规则，它是人们进行立法、裁判、执法和谈判的活动。它是分配权利与义务，并据以

① ［法］卢梭：《社会契约论》，何兆武译，商务印书馆2003年版，第70页。

解决纷争、创造合作关系的活生生的程序。”①法治不仅要求制度上的有法可依，更强调行为上的依法办事，不只是国家的自觉，更需要社会全体公民的自觉。

党的十九大报告提出“全面依法治国是国家治理的一场深刻革命”。推进国家和社会全面依法治理，是一场由制度到观念再到行为的全方位深刻变革。欧美国家历经几个世纪的漫长历史方完成了这一变革，而且在变革中，其法治观念始终与法律制度相生相伴，从而使制度通过观念的中介而作用于公民的行为选择，并融入他们的日常生活。在列强环伺、民族复兴的强大压力下，中国失去了通过渐进方式推动法治建设的机会，只能大幅压缩法治进程的时间跨度。在国家的强力主导下，短短几十年时间，中国确实建立了相对完备的现代法律制度，然而公民的观念和行为模式却还远未跟上制度运行的需要。制度与观念、行为之间的脱节，导致了当前中国法治建设的大量现实问题。社会有法不依、执法不严、司法不公的问题还比较严重。这不仅严重影响了社会的安定、和谐与文明，还极大阻碍了公民对道德与文明生活的追求和自身素质的提高。

要从根本上克服目前法治建设中出现的各种问题，必须在法律制度与公民的行为模式之间建立联系。观念正是沟通制度与行为之桥梁，有了这座桥梁，公民就能认知法律、认同法律并服从法律，就能认知法治、体验法治并支持法治。而在法治社会建设中，能适应社会治理、指导公民合理正确行为的内在观念就是公民的法治意识。在法治意识指引下，公民就能认知法律的功能、价值，体验法治的必要与优越，从而自觉以法律指导行为，以行为

---

① ［美］伯尔曼：《法律与宗教》，梁治平译，商务印书馆2012年版，第14～15页。

支持法治,实现制度与行为之间的有效互动。既然公民法治意识对中国法治社会建设如此重要,那么是否有可能促进其在一个相对短的时期内生成?如果有,路径是什么?要回答这些严肃的问题,就必须在厘清公民法治意识内涵、构成与功能的基础上,深入剖析公民法治意识生成的内部机制,揭示其生成的过程、条件及障碍,并在有可能的情况下探索能促进其生成的路径。这就是本书研究的目的。

二、研究现状

直接以"法治意识"为主题的研究很大程度上是在中国语境下展开的。"法治意识"概念并非学者凭空得来,更不是想当然地对其进行阐释、研究,而是在借鉴国内外相关研究成果的基础上,结合中国法治建设的迫切需要而提出并进行研究的。经考察,"法治意识"主题的研究基础主要是国内外学者关于"法律意识"的研究和与法治相关的其他主题的研究。国外没有直接针对"法治意识"的研究,在成果梳理中,笔者主要以"法律意识"和其他对"法治意识"研究有借鉴意义的研究成果为分析对象;国内研究现状部分,笔者同样把针对"法律意识"的研究成果列为分析对象,因为其既是"法治意识"研究的基础,又与"法治意识"研究有交叉重合之处。

(一)国外对公民法治意识的研究

国外虽然没有专门针对"法治意识"的研究,但与之相关的研究却不少。主要研究内容可列举如下:

一是对守法意识的研究。这一研究从古希腊时期就已经开始,苏格拉底、柏拉图、亚里士多德、西塞罗、托马斯·阿奎那都有很多精辟的论述,卢梭、哈特、罗尔斯、德沃金等学者也有关于公民守法的研究。

二是对法律信仰的研究。主要体现在伯尔曼《法律与宗教》、《法律与革命》(第1卷)这两本著作之中。在《法律与宗教》一书中,他指出,"对于法律信任的严重丧失"是西方全部文化面临一种精神崩溃的主要征兆,①从而主张法律应从宗教中吸取关于"神圣性"和"信仰"的元素,因为"没有信仰的法律将退化成为僵死的法条"。② 同时在《法律与革命》(第1卷)中,他声称"西方法律传统的危机不仅是法哲学的危机,而且是法律本身的危机"。法律的危机在于关于法律的某些"信仰和假设","不仅正在从法哲学家、立法者、法官、律师、法律教师和法律职业的其他成员的头脑中消失,而且正在从作为整个人民的绝大多数公民的意识中消失;此外,也正在从法律本身中消失"。③

三是对法律理想的研究。罗斯科·庞德在《通过法律的社会控制》一书中指出,"法律包括各种法令、技术和理想:即按照权威性的传统理想由一种权威性的技术加以发展和适用的一批权威性法令","在解释法律的时候,理想的成分是有决定意义的",④并且将体现"一定时间和地点的社会秩序的图画"的理想成分作为法律的一种价值尺度来看待。⑤

四是对法律情感的研究。伯尔曼在其著作中开始关注"法律

---

① 参见[美]伯尔曼:《法律与宗教》,梁治平译,商务印书馆2012年版,第12~13页。

② 参见[美]伯尔曼:《法律与宗教》,梁治平译,商务印书馆2012年版,第16~39页。

③ 参见[美]伯尔曼:《法律与革命》(第1卷),高鸿钧等译,法律出版社2008年版,第37页。

④ [美]罗斯科·庞德:《通过法律的社会控制》,沈宗灵译,商务印书馆2010年版,第25~26页。

⑤ 参见[美]罗斯科·庞德:《通过法律的社会控制》,沈宗灵译,商务印书馆2010年版,第71页。

情感”(其实就是对法律的忠诚或信仰),并认为“法律不应只图方便;它应当致力于培养所有有关人员——当事人、旁观者和公众——的法律情感”。[①] 德国法学家耶林把“为权利而斗争”看作抵御不法、捍卫法律的一种法律感情,认为“不是理解,只有情感,才可能为我们回答,为何语言把一切权利的心理学源泉正确地称为是非感——法律意识,法律信念是民众不了解的学术概念——法律的力量,完全犹如爱的力量,存在于情感之中,理解不能替代尚欠缺的情感”。[②]

另外,国外关于“法律意识”的研究成果,是进行“法治意识”研究所不可忽视的重要理论基础和学术准备。

1. 欧洲学者对“法律意识”的研究

法律意识(legal consciousness)的概念最早由奥地利法学家埃利希在20世纪初期提出,[③]他在《法社会学原理》一书中论述萨维尼和普赫的习惯法思想时,认为他们“特别强调法的发展本身直接在法意识之内进行;在他们那里,习惯只是破土而出的嫩芽”[④],从而提出了“法意识”概念,并且在文中多次使用,但他没有对“法意识”的内涵进行界定。

英国学者Anthony Musson在2001年出版的《文本中的中世纪法律:从大宪章到农民起义过程中法律意识的成长》一书中,通过分析1215~1385年英国法律的变迁阐述了英国社会法律意识

① 参见[美]伯尔曼:《法律与宗教》,梁治平译,商务印书馆2012年版,第35页。

② 参见[德]鲁道夫·冯·耶林:《为权利而斗争》,郑永流译,法律出版社2012年版,第22页。

③ See Marc Hertogh, *A "European" Conception of Legal Consciousness: Rediscovering Eugen Ehrlich*, Journal of Law and Society, p. 457-481(2004).

④ [奥]欧根·埃利希:《法社会学原理》,舒国滢译,中国大百科全书出版社2009年版,第490页。

的成长过程和情况。全书分为接近法律心理、法律的专业化、实际的法律知识、王室法院的参与、议会的作用、法律的政治化等六个章节。[①] 他将法律意识的成长(the growth of legal consciousness)视为世界变化过程中的显著动态。[②]

另一位英国学者 Dave Cowan 于 2004 年发表《法律意识:基于部分观察》一文,指出美国关于法律意识的研究为英国法社会学研究提供了许多素材,并认为在跨大西洋国家中对法律意识的描述和批评存在失衡。同时,他通过对无家可归的福利申请者进行访谈,了解他们的法律意识状况以及他们的法律意识可能得以产生的空间。[③]

2004 年,荷兰学者 Marc Hertogh 发表《一个欧洲人的法律意识观:重新发现埃利希》,简要介绍了欧洲对法律意识研究的基本情况,对比了欧洲与美国的法律意识研究理论,并运用一些案例,分析了欧洲社会大众的法律意识状况。这是一部极有代表性的专门以法律意识为研究对象的欧洲学者之著作。[④]

俄国法学家伊万·亚·伊林于 1919 年完成的《法律意识的

---

① See Anthony Musson, *Medieval Law in Context: The growth of Legal Consciousness from Magna to the Peasants' Revolt*, Manchester University Press, 2001, p. 1.

② "This book sees the crucial dynamic un this changing world as being the growth of 'legal consciousness'". See Anthony Musson, *Medieval Law in Context: The growth of Legal Consciousness from Magna to the Peasants' Revolt*, Manchester University Press, 2001, p. 1.

③ See Dave Cowan, *Legal Consciousness: Some Observations*, The Modern Law Review, Vol. 67, No. 06, p. 928 – 958(2004).

④ See Marc Hertogh, *A "European" Conception of Legal Consciousness: Rediscovering Eugen Ehrlich*, Journal of Law and Society, Vol. 31, No. 4, p. 457 – 481 (2004).

实质》一书,对法律意识的重要功能①、法律意识的定义②、基本内容等进行了深入的分析,他在书中将法律意识划分为“自然法律意识”和“制定法律意识”两类,并且强调前者的作用③。他归纳了法律意识的“三个公理”:第一公理是精神尊严,是“整个现实生活的根基”;第二公理是自律,他说“一切法律生活和国家生活的基础,就是人内在的自我管理能力,是人精神的意志的自律能力”;第三公理是相互的精神承认,“相互尊重和相互信任,是一切法律秩序和国家的基础”。④

在《马克思列宁主义关于国家与法权理论教程》中,苏联科学院法学研究所提出了“法权意识”的概念,将其界定为人们的法权观点的总和,也就是人们对某些行为是否合法、对社会成员的权利与义务、对某种法律是否公正等观念的总和,并认为法权属于社会意识形态领域,法权意识与道德“呈交织状态”;同时,

---

① 伊林指出“组织地球人的和平和正义的共同生活是法和法律意识的任务”。参见[俄]伊·亚·伊林:《法律意识的实质》,徐晓晴译,清华大学出版社2005年版,第4页。

② 他指出,绝对不能简单化地把规范法律意识视为对制定法的某种正确认识。规范法律意识总的来讲就不能被简化为一种“认识”,但它包括了心理生活的全部基本功能:首先是意志,而且是经过精神熏陶的意志。其次是情感、想象力以及人的一切文化的和经济的心理机能。它也不能被简化为对某种“制定法”的体验,但它永远都会带着某种最高的、具体的标准去对待这一“制定法”。最后,它不是一种消极状态,而是一种具有生命力和创造力的积极状态。参见[俄]伊·亚·伊林:《法律意识的实质》,徐晓晴译,清华大学出版社2005年版,第10页。

③ “自然法律意识越发达,越成熟,越深刻,在这种情况下的‘制定法’以及受其调整的人们的外在生活就完善;反过来也可以说,模糊、混乱、无目的和软弱的自然法意识,将创制出‘无对象的’,即恶的、错误的、非正义的和与自己的雏形不相符的‘制定法’。”参见[俄]伊·亚·伊林:《法律意识的实质》,徐晓晴译,清华大学出版社2005年版,第4~9页。

④ 参见[俄]伊·亚·伊林:《法律意识的实质》,徐晓晴译,清华大学出版社2005年版,第142~203页。

指出法权意识具有阶级性，从而提出“社会主义法权意识”概念。[①] 随后卡列娃与费其金在《苏维埃国家和法的基础》一书中认为，“法律意识是社会意识的一种形式，它是一定阶级的法律观点的总和，而在人民道义上和政治上一致的条件下则是全体人民法律观点的总和”，同时提出社会主义社会与没有统一的法律意识的对抗性社会不同，由于其道义上和政治上的一致，而形成了统一的社会主义法律意识。[②]

随后，Y. 库达伊贝尔根诺夫、彼·斯·罗马什金、伊·法尔别尔、C. C. 阿列克谢耶夫、B. B. 拉扎列夫等苏联学者都提出了法律意识的定义，他们的定义虽不能说完全一致但却极为相似，大致可概括为：法律意识是社会意识的组成部分，是人们对现行法的态度的总和，包括法律心理、法律观点和法律理论等内容。[③]

2. 美国学者对“法律意识”的研究

美国纽约大学人类学及法社会学教授萨利·安格尔·梅丽在《诉讼的话语——生活在美国社会底层人的法律意识》一书中运用法律社会学的研究方法，对塞伦和剑桥两个新英格兰城镇“那些把家庭和邻里问题带到法院的人的法律意识”进行了研究。[④] 书中将“人们理解和利用法律的方式定义为他们所拥

---

① 参见苏联科学院法学研究所编：《马克思列宁主义关于国家与法权理论教程》，中国人民大学出版社1955年版，第161～162页。

② 参见［苏联］卡列娃、费其金主编：《苏维埃国家和法的基础》，中国人民大学编译室译，法律出版社1955年版，第135～136页。

③ 参见刘旺洪：《法律意识论》，法律出版社2001年版，第20～24页。

④ 参见［美］萨利·安格尔·梅丽：《诉讼的话语——生活在美国社会底层人的法律意识》，郭星华、王晓蓓、王平译，北京大学出版社2007年版，第31页。

有的法律意识”。[1] 她发现,在法院里使用的话语有三种:法律话语、道德话语、治疗性话语,[2]并分析了这些话语的使用状况。她还发现法律权利意识存在一个根本性的悖论:“处在社会底层的人们,在通过运用法律来主张自己在邻里及家庭关系中的法律权利的同时,也增强了他们对国家机构的依赖。原告利用法律的象征性权力来加强自己在与熟人的纠纷中的力量,但当问题进入法院以后他们就失去了对这种象征性权力的控制。”[3]

David M. Engel、Jaruwan S. Engel 在《侵权、习俗、因果:泰国的法律意识与全球化》一书中,通过访谈 20 世纪 60 年代、20 世纪 70 年代以及 20 世纪 90 年代在清迈受到伤害的人,探讨了全球化对泰国北部人的公正观及法律意识带来的影响,并通过查看受伤害者在清迈省级法院的备案资料,访谈政府官员、律师及保险机构,来分析全球化及现代化对伤害、因果、救济、公正观念的影响,在此基础上提出,这样的研究如何拓展法社会学研究的范围。[4]

---

① [美]萨利·安格尔·梅丽:《诉讼的话语——生活在美国社会底层人的法律意识》,郭星华、王晓蓓、王平译,北京大学出版社 2007 年版,第 7 页。

② “法律话语是一种关于财产、权利、对自我和私人物品的保护、产权归属、事实和真相的话语。”“道德话语是一种关于人际关系的话语,是涉及邻里、父母与子女、兄弟和姐妹等之间的道德义务的话语。”“治疗性话语是一种来自于专业援助人员的话语。这种话语认为行为是由环境造成的而不是个人的错误。”[美]萨利·安格尔·梅丽:《诉讼的话语——生活在美国社会底层人的法律意识》,郭星华、王晓蓓、王平译,北京大学出版社 2007 年版,第 153 ~ 158 页。

③ [美]萨利·安格尔·梅丽:《诉讼的话语——生活在美国社会底层人的法律意识》,郭星华、王晓蓓、王平译,北京大学出版社 2007 年版,第 244 页。

④ See David M. Engel, Jaruwan S. Engel, *Tort, Custom, Karma: Globalization and Legal Consciousness in Thailand*, Stanford University Press, 2010. See Shad Kidd, *Tort, Custom, Karma: Globalization and Legal Consciousness*, in Thailand – by David M. Engel and Jaruwan S. Engel, Religious Studies Review, Vol. 37, No. 2, p. 152(2004).

美国哥伦比亚大学名誉教授 Richard S. Wortman 在《俄罗斯法律意识的发展》(*The Development of a Russian Legal Consciousness*)一书中，通过研究在尼古拉一世(1826～1856)在位期间，俄罗斯出现的第一个法律专家阶层，讨论了新的法律体系是如何植根于传统沙皇体制的，并分析了在推动法律改革的智力过程中如何克服冲突，指出在专制体制与司法追求相矛盾并相互损害时，如何促进后者。[①]

3. 日本学者对“法律意识”的研究

1967 年日本学者川岛武宜写了一本名为《日本人的法律意识》的著作，对日本人的法律意识进行了专门研究。[②] 后来这本书被收录到川岛武宜的另一著作《现代化与法》，成为该书的第二编(传统秩序和意识的变革)第四章(日本人的法律意识)，在这一章中，作者主要用法社会的方法，通过大量事例和统计数据，从权利意识、对法律的意识以及对民事诉讼的法意识等三个方面，分析了日本人的法律意识。[③] 作者在《现代化与法》一书中还对法意识的含义[④]、现代法意识的主要内容[⑤]等理论问题进行了

---

① See Richard S. Wortman, *The Development of a Russian Legal Consciousness*, University of Chicago Press, 2011.

② 参见何勤华等:《法律文化三人谈》，北京大学出版社 2010 年版，第 10～11 页。

③ 参见[日]川岛武宜:《现代化与法》，王志安等译，中国政法大学出版社 1994 年版，第 132～212 页。

④ 他认为在“法意识”一词上具体所指的不仅是与法相关的意识，还包括与法相关的无意识(下意识的)心理状态。[日]川岛武宜:《现代化与法》，王志安等译，中国政法大学出版社 1994 年版，第 135～136 页。

⑤ 川岛武宜将“守法精神”视为现代法得以实施的最大保障，将“主体性的意识”看作现代法意识最根本的基础因素，同时，把“主观自发性”当成现代法意识的另一重要内容。参见[日]川岛武宜:《现代化与法》，王志安等译，中国政法大学出版社 1994 年版，第 51～98 页。

阐述。

据以上分析列举可知，国外由于没有提出并使用“法治意识”这一概念，故而没有直接以“法治意识”为主题的研究，但却在守法意识、法律信仰、法律理想、法律情感等主题的研究上，涉及了“法治意识”的相关内容。可以说，国外其实已经从微观层面展开了与“法治意识”有关的研究并取得了大量成果。另外，他们关于“法律意识”的研究，无论从方法上还是内容上都对“法治意识”研究有重要参考价值。而在“法律意识”研究中，苏联与其他国家又有很大区别：由于苏联学者普遍把“法律意识”作为一种意识形态，强调其阶级性，因此他们对“法律意识”的研究主要倾向于定义、性质、功能、内容等方面的定性研究；而其他国家的研究则关注一定时期内，特定地区公民法律意识的实际状况，故而其研究主要通过数据统计、案例分析、个别访谈等实证方式进行，属于对特定主体法律意识的定量考察。就这一点来看，我们可以总结说，欧洲部分国家与美国的法律意识研究，可以为我们进行“法治意识”研究提供方法指导，尤其是他们采取的法社会研究方法，正是中国“法治意识”研究中所欠缺的；苏联对“法律意识”的研究则对我们研究“法治意识”的内涵、功能、内容有重要参考价值，而且当代中国“法律意识”和“法治意识”的研究实际上也深受苏联法学理论的影响。

(二)中国对公民法治意识的研究

国内关于“法治意识”的研究成果，主要体现在两个方面：一是始于20世纪80年代的针对“法律意识”研究，这也是后来“法治意识”研究的重要理论基础；二是20世纪90年代中后期，“法治意识”概念提出后，直接以“法治意识”为对象的研究。

1. 对“法律意识”的研究现状

第一,对法律意识概念的研究。目前我国法理学的教科书、关于法律意识研究的专著和论文,都或多或少提及了法律意识的概念问题。

孙国华教授于1987年在《法学基础理论》一书中认为“法律意识是社会意识的一个特殊形式,是人们关于法律现象的思想、观点和心理的总和,是法律现实的特殊组成部分”。[①] 此概念虽然受到了一些学者的质疑[②],但总体上说,之后我国学者对法律意识的界定基本都在这一框架之内。

张文显教授在《法哲学范畴研究》中认为“法律意识主要是人们对法律现象(外在客体)的内在领悟及领悟到的感觉、知觉、观念、态度和情感等心理观念因素”,并说“法律意识的主体可以是社会、集体,也可以是个人”,“社会的法律意识始终带有强烈的政治意识形态色彩”。[③]

卓泽渊教授认为:“法律意识是人们关于法的各种认识包括观点、观念、看法等和心理的总称。法律意识包括相关的法治意识在内,法治观念和法治理念等都是法律意识的表现形式。”[④]

朱景文教授说“法律意识是社会意识的一种特殊形式,是人们关于法律现象的思想、观点、知识和心理的总称”,[⑤]同时提出

① 孙国华主编:《法学基础理论》,中国人民大学出版社1987年版,第294页。

② 如李步云教授认为,孙国华教授对法律意识的界定,混淆了法与法律意识,没有正确区分法与法律意识何为第一性、何为第二性这一重大问题。参见李步云:《法律意识的本原》,载《中国法学》1992年第5期。

③ 参见张文显:《法哲学范畴研究》,中国政法大学出版社2001年版,第238～239页。

④ 卓泽渊:《法理学》,法律出版社2009年版,第69页。

⑤ 孙国华、朱景文主编:《法理学》,中国人民大学出版社1999年版,第191页。

了社会主义法律意识的概念,“社会主义法律意识是社会主义社会占统治地位的法律意识,是社会主义法律上层建筑的有机组成部分,是整个社会主义法律制度得以正常运行的必不可少因素”。①

葛洪义教授认为“法律意识是人们关于法的现象的思想观点和心理的总称,是社会意识的一种特殊形式”。②

刘旺洪在《法律意识论》中,提出“法律意识是一种特殊的社会意识体系,是社会主体对社会法的现象的主观把握方式,是人们对法的理性、情感、意志和信念等各种心理要素的有机综合体”。③

当然还有很多著作都对法律意识的概念作出了界定,通过以上列举,可以知道,中国学界对法律意识的界定思路有着高度的一致,即都把法律意识宽泛地界定为对法律现象的观点、看法、心理等的总称。

第二,对法律意识结构的研究。对法律意识结构的研究,在我国法学界主要有“二分法”和“三分法”之说。“二分法”主要把法律意识的结构分为“法律心理”和“法律思想体系”,④“我国法理学学者和法理学教材一般大都采用‘二分法’”。⑤

而“三分法”一般是在“法律心理”和“法律思想体系”中间加上一个“法律观念”层次。例如,卓泽渊教授认为法律意识由“法

---

① 孙国华、朱景文主编:《法理学》,中国人民大学出版社 1999 年版,第 198 页。

② 葛洪义主编:《法理学》,中国政法大学出版社 2008 年版,第 173 页。

③ 刘旺洪:《法律意识论》,法律出版社 2001 年版,第 49 页。

④ 朱景文教授认为“从人的认识过程分为感性认识和理性认识的角度,法律意识可分为法律心理和法律思想体系”。参见孙国华、朱景文主编:《法理学》,中国人民大学出版社 1999 年版,第 195 页。

⑤ 刘作翔:《法律文化理论》,商务印书馆 1999 年版,第 127 页。

律心理、法律观念和法律思想体系三个部分构成”。[①] 葛洪义教授也认为法律意识“可以分为法律心理、法律观念和法律思想体系三个相互依存的有序结构”。[②]

刘旺洪教授把法律意识的结构分为横向结构和纵深结构两种,其认为:法律知识、法律理想、法律情感、法律意志、法律评价和法律信仰五个方面的内容构成法律意识的横向结构;而法律意识的纵深结构包括法律心理、法律观念、法律意识形态或法律思想体系三个方面。[③]

第三,对法律意识功能或作用的研究。葛洪义教授认为法律意识有三方面的作用:一是在法的演进过程中,法律意识起着传承人们关于法的思想、观点和知识的作用;二是在法律创制过程中,法律意识起着认识社会发展客观需要的作用;三是在法的实施过程中,法律意识起着调整作用,使人们的行为与法律规范相协调。[④] 卓泽渊教授认为法律意识决定立法水平、制约法律适用、主导法律遵守、影响法律监督。[⑤] 刘旺洪教授认为法律意识主要有“法制建构功能”“法制运行功能”,以及“社会文化功能”。[⑥] 苗连营

---

① “法律心理是人们对于法律现象所具有的直接心理反应、感受、体验和情绪等。”“法律观念是人们在法律心理基础上形成的,相对比较自觉、稳定并含有一定理性成分的认识。”“法律思想体系是人们对法律现象的系统的、本质的、理性的认识。”参见卓泽渊:《法理学》,法律出版社2009年版,第70页。

② 参见葛洪义主编:《法理学》,中国政法大学出版社2008年版,第174~176页。

③ 参见刘旺洪:《法律意识论》,法律出版社2001年版,第72~91页。

④ 参见葛洪义主编:《法理学》,中国政法大学出版社2008年版,第178~179页。

⑤ 参见卓泽渊:《法理学》,法律出版社2009年版,第71~72页。

⑥ 法制建构功能主要是指它在立法方面的作用和功能;法制运行功能是指法律意识在法律实施和法律制度运作过程中的职能、作用和意义,是它在法律适用和法律遵守方面所具有的功用;社会文化功能是指法律意识在社会物质文明、制度文明、精神文明建设中所具有的价值、功能和意义,是法律意识对社会物质文明和精神文明所具有的可能和实际的影响和作用。参见刘旺洪:《法律意识论》,法律出版社2001年版,第92~124页。

认为:“法律意识是法治模式运行与变迁的先导和基础,直接决定和反映一个国家的法治状态和法治水平,成熟的法治社会必须以全社会健全的法律意识作为观念基础。”①李蕊、孙玉芝认为“公民法律意识是法治的主要精神内涵”,并说法律意识是立法的精神源头,是保证严格执法、守法,实现法治的重要环节,能完善民主和监督机制。②

第四,对法律意识培养或现代化的研究。中国对法律意识培养的表述和对法律意识现代化的表述其大意是差不多的,只是视角不同而已。朱景文教授认为社会主义法律意识不可能自发形成,能自发形成的只可能是法律心理,而法律思想体系必须进行有意识的培养,培养方式主要有灌输和宣传马克思主义的法律观、价值观以及在人民群众与干部中普及法律常识。③ 卓泽渊教授认为法律意识的培养是一个庞大的社会工程,可以针对法律专业人才、社会一般大众等不同对象做不同安排,而对社会大众主要采用“普法”来增强其法律意识,其同时指出,法治实践也是培养法律意识的手段,法律意识培养的最为重要的途径则是执法机关能够办好每一案件、切实地厉行法治和力行法治。④

刘作翔教授认为作为国际社会中的重要成员,中国既不可能游离于世界法律文化现代化进程之外,孤立地实现法律文化的现代化,也不可能完全按照西方法律文化现代化的模式去实现中国

---

① 苗连营:《公民法律意识的培养与法治社会的生成》,载《河南社会科学》2005年第5期。

② 参见李蕊、孙玉芝:《公民法律意识——法治之精神力量》,载《法学论坛》2000年第2期。

③ 参见孙国华、朱景文主编:《法理学》,中国人民大学出版社1999年版,第198页。

④ 参见卓泽渊:《法理学》,法律出版社2009年版,第72~73页。

法律文化的现代化,而必须探索一条符合中国社会主义现代化特点的法律文化现代化道路。[①]

刘旺洪教授对法律意识现代化的概念、标准、动力机制、模式以及当代中国法律意识现代化之实现机制进行了研究。他认为当代中国法律意识现代化的实现机制有:法律至上,即树立公民对法律的依赖感;制定良法,即确立公民的法律正义感;公正司法,即培养公民对法律的信任感;法律仪式,即形成公民的法律神圣感;法律教育,即塑造公民现代法律观念的基本途径。[②]

第五,其他方面的研究。李步云教授曾对法律意识的本原[③]以及法与法律意识的关系[④]等问题进行过研究。朱景文教授曾对法律意识是法产生的前提、还是法是法律意识产生的前提以及法是社会存在、还是社会意识等理论问题进行过阐述。[⑤]

郑永流教授、高其才教授等通过对湖北农村的实证调查,对农村“农户户主”“村组干部”“村组企业厂长”“村组企业工人”等人群的法律意识状况作出了定量分析。[⑥]

徐忠明通过以谚语为范围的文化史考察方式对传统中国乡民的法律意识与诉讼心态进行了研究,[⑦]并且还考察剖析了明清

---

① 但刘作翔教授未就中国法律文化现代化之路进行探讨。参见刘作翔:《法律文化理论》,商务印书馆1999年版,第310页。

② 参见刘旺洪:《法律意识论》,法律出版社2001年版,第153~342页。

③ 参见李步云:《法律意识的本原》,载《中国法学》1992年第5期。

④ 参见李步云、刘士平:《论法与法律意识》,载《法学研究》2003年第4期。

⑤ 参见朱景文、李正斌:《关于法律意识与法的关系的几个理论问题》,载《中外法学》1994年第6期。

⑥ 参见郑永流等:《农民法律意识与农村法律发展》,中国政法大学出版社2004年版,第27~120页。

⑦ 参见徐忠明:《传统中国乡民的法律意识与诉讼心态——以谚语为范围的文化史考察》,载《中国法学》2006年第6期。

时期民间法律意识①。姜起民以中国社会转型期法律意识变迁为核心,对法律意识的概念、法律意识变迁的基础、法律意识变迁的状况和如何促使法律现代化等问题进行了研究。②

侯树栋对中古后期南德农民法律意识的变化进行过研究。③魏晓阳以现代日本人的宪法诉讼为视角研究了现代"制度变革对文化变迁的促进作用,尤其是对现代日本法律意识的生长和成熟的促进"。④

2. 对"法治意识"的研究现状

中国学界于20世纪90年代提出"法治意识"这一概念,1995年黄稻先生主编的《社会主义法治意识》由人民出版社出版,从而拉开了中国学者研究"法治意识"的序幕。当时,中国法治才刚刚起步,对人治与法治还存在诸多争议,对法治的认识还不深入、全面。因此,该书总共分上、中、下三篇,作者就用了前两篇来澄清法治与人治的区别、法治的特征以及中国实现法治的历史必然性,最后一篇才步入正题开始阐述"社会主义法治意识",并对社会主义法治意识的概念、基本构成及特质、地位和作用、社会效应以及培养问题进行了分析。该书认为,"社会主义法治意识是社会主义民主意识与法律意识在宏观上(以国家活动领域为主)

---

① 参见徐忠明:《娱乐与讽刺:明清时期民间法律意识的另类叙事——以〈笑林广记〉为中心的考察》,载《法制与社会发展》2006年第5期。

② 参见姜起民:《中国社会转型期法律意识变迁研究》,中国人民公安大学出版社2013年版,第7页。

③ 参见侯树栋:《从古法到神法——中古后期南德农民法律意识的变化》,载《历史研究》2001年第5期。

④ 参见魏晓阳:《现代日本人的法律生活——从宪法诉讼看日本法律意识变迁》,法律出版社2012年版,第1页。

交融整合的特殊的社会意识”。[①] “社会主义法治意识,是指人们对社会主义法治及法治现象的认知、理想、心理、评价、观念的总和。它体现着法治意识主体(公民)对社会主义法治的认识与觉醒,体现着他们对社会主义民主政治的追求与评价,体现着他们对社会主义法律权威的承认与尊崇,体现着他们对社会法治本质、地位、作用及发展规律的探索与实践的科学态度及科学成果。”[②]

《社会主义法治意识》一书作为“法治意识”研究领域的拓荒之作,其出版发行不仅给刚刚起步的中国法治实践提供了及时的理论指引,而且也让整个法学界学者们耳目一新。该书一经出版立即在法学界引起极大反响,郭道晖教授、孙国华教授在该书序言对其意义进行了高度评价。[③] 王人博教授、赵明教授专门为该书写了评论,认为是“理论性和现实针对性都很强”的一部著作。[④] 1996 年 2 月 29 日,《民主与法制》杂志社、人民出版社及司法部司法研究所,专门为该书的出版联合举办了一个座谈会,与会学者对“社会主义法治意识”问题进行了讨论,并提出“社会主义法治意识问题,是一个带有全面性的问题。各政党、各国家机关的领导干部与工作人员,人民团体及公民个人都必须具备法治意识,树立一种对法律的信仰”。[⑤]

之后,学界对于“法治意识”这一重大主题的研究虽然不及

---

① 黄稻主编:《社会主义法治意识》,人民出版社 1995 年版,第 330 页。

② 黄稻主编:《社会主义法治意识》,人民出版社 1995 年版,第 330 页。

③ 参见黄稻主编:《社会主义法治意识》,人民出版社 1995 年版,第 330 页。

④ 王人博、赵明:《超越“轴心时代”》,载《中国法学》1995 年第 5 期。

⑤ 高贞:《〈社会主义法治意识〉出版座谈会综述》,载《中国法学》1996 年第 3 期。

想象的那么繁荣,但也时有著作、论文问世。到目前为止,专门以“法治意识”为主题的专著只有2部。第一部是柯卫博士的《当代中国法治的主体基础——公民法治意识研究》一书,书中对法治意识的内涵、法治意识的功能与社会基础、法治意识的形成与发展、当代中国公民法治意识的问题以及当代中国法治意识的培育等问题进行了研究。该书将法治意识界定为“法律意识的最高级形态,是作为独立主体的社会成员在实践中所形成的关于法治的心态、观念、知识和思想体系的总称,是符合法治社会建设要求的法律意识,是人们对法律和法律现象的看法和对法律规范的认同的自觉程度最高的一种意识”。[①]

第二部是柯卫与朱海波合著的《社会主义法治意识与人的现代化研究》,该著作对社会主义法治意识的内涵、法治意识与人的现代化的关系进行了研究。书中对“法治意识”的概念界定与前一部著作完全相同。[②] 该书认为,普法教育、法学教育和学校教育是培育和提高公民现代法治意识的三个途径,并且通过学校教育提高当代大学生的法治意识是重中之重。[③]

此外,还有一些与“法治意识”主题相关的著作:

封丽霞教授在研究中注意到了“法治意识”的重要性,并就如何“培育民众的法治意识”提出了独特见解。她认为,“法治意识是实现法治的内驱力”,增强普通民众的法治意识“最重要的

① 柯卫:《当代中国法治的主体基础——公民法治意识研究》,法律出版社2007年版,第34~35页。

② 参见柯卫、朱海波:《社会主义法治意识与人的现代化研究》,法律出版社2010年版,第84页。

③ 参见柯卫、朱海波:《社会主义法治意识与人的现代化研究》,法律出版社2010年版,第276~286页。

是通过法制宣传教育和法治实践使其相信法律、尊崇法律的权威”。①

刘同君的《守法伦理的理论逻辑》从法伦理学的视角对守法问题进行了研究，探讨了守法的道德证明、道德构成、道德机制、道德价值等守法伦理问题。②

辛世俊教授在其著作《公民权利意识研究》中，对公民权利的概念、价值、中国公民权利意识淡薄的原因及培养公民意识的途径等进行了分析研究。③

饶世权在《良善法律意识目标论》一书中对“高校法制教育良善法律意识目标的本体论”“高校法制教育良善法律意识目标内容体系”，以及“高校法制教育良善法律意识目标实现的方法论”进行了论述，提出“高校法制教育应以良善法律意识为目标”。“良善法律意识应当是良法意识、法律至上意识和正确的权力意识、良善权利意识、良善责任意识和程序正义意识紧密联系在一起的有机统一体，是实体法律意识和程序法律意识的统一，也是法律实然意识和法律应然意识的统一。”④

张振国在《农民契约意识与和谐社会研究》一书中，通过对中国传统契约意识的分析和对长三角、环渤海、长江中游、西部等地区农民契约意识进行实证调查，从而对现代农民契约意识与社

---

① 封丽霞主编：《中央党校学员关注的法治问题》，中共中央党校出版社2014年版，第207～208页。

② 参见刘同君：《守法伦理的理论逻辑》，山东人民出版社2005年版，第5～13页。

③ 参见辛世俊：《公民权利意识研究》，郑州大学出版社2006年版，第101～226页。

④ 饶世权：《良善法律意识目标论》，西南交通大学出版社2009年版，第33页。

会和谐的关系进行了评述。①

喻中教授所著《社会主义法治理念概论》一书,把依法治国、执法为民、公平正义、服务大局和党的领导确定为社会主义法治理念的组成部分。②

除以上著作外,还有一定数量的相关论文资料,以下通过一个不完全的列举来予以展示:

李林教授曾发文论及法治的理念、价值内涵及社会主义法治理念在价值取向上的特征。③ 童光政在《论领导干部的法治意识》一文中,认为领导干部的法治意识包括宪法意识、依法行政、依法管理、依法决策和自觉接受监督等内容。④

此外,毕雁英等《论领导法治意识的价值取向及目标模式》、邓启权《唤醒法治意识实施依法治国》、杨小云《实现从人治意识走向法治意识的历史性转变》、肖海军《论法治意识》、张琼华等《论民族地区的法治意识建设》、文琦《论增强我国公民法治意识的途径与措施》、荣仕星《论领导者的法治意识》、吴高庆《论法治意识与法治》、陈文正《法治意识:执政党依法执政之基础》、王春伟《新农村建设中培育农民法治意识的对策思考》、王果纯《程序法治意识初论》、周义程等《公民参与态度与公民法治意识之成长》、童之伟《社会主义法治理念内涵之微观解说问题》等都从不同角度、针对不同主体探讨了法治意识的内涵、价值及培育方式。

---

① 参见张振国等:《农民契约意识与和谐社会研究》,中国检察出版社2011年版,第3~4页。

② 参见喻中:《社会主义法治理念概论》,法律出版社2012年版,第185~250页。

③ 参见李林:《法治的理念、制度和运作》,载《法律科学》1996年第4期。

④ 参见童光政:《论领导干部的法治意识》,载《理论学刊》1996年第6期。

当然还有其他一些关于“法治理论”“法治思维”等方面的相关研究成果，限于本书的研究对象和目的，在此不再进行详细列举评述。

3. 以往有关“法治意识”研究的局限

第一，国外研究的局限。国外对“法律意识”的研究，除苏联以外，主要有以下特征：一是研究者只是把“法律意识”作为一种实然的文化现象，而通过问卷、访谈、案件分析、数据统计等实证方法来揭示特定国家、地区或人群的法律意识现状，并剖析呈现这些现状的背后因素；二是研究者主要以自己国家或地区的文化和法律传统、社会现实作为“法律意识”分析研究的基础，所以得出的结论就有着强烈的地域性；三是由于欧美国家一般都有着深厚的法治文化传统和相对成熟的法治实践，民众普遍具备法治意识，所以对“法律意识”的研究都倾向于实然层面，而较少从应然层面上考虑为推动法治建设而建构现代法治意识，也较少关注对社会成员法治意识的培育问题，所以，他们关于“法律意识”的研究对中国“法治意识”研究来说，主要是提供研究方法、研究思路方面的借鉴，而在研究内容、结论方面则没有直接的帮助。

与此同时，国外对“守法意识”“法律信仰”“法律理想”“法律情感”的研究同样是基于他们的政治、经济、文化、社会的历史与现实情况，即使法治在价值、原则、要求方面有诸多共通性，但更有时空方面的极大特殊性。因此，在关注其在宏观主题、问题方面对中国“法治意识”研究的示范之外，必须认真比较国外与国内在这些研究上存在的差异，切不能生搬结论，造成误导。

综上，国外有关“法治意识”研究，不管其本身如何科学、先进，但其进行研究的思想理论基础、历史文化渊源、社会现实语境以及出发点与目标都与中国的研究相差甚远。可以说，这些研究成果,对今天中国法治社会构建只能提供一些极为模糊的观念指引。这些观念在过去启迪中国推动社会转型、坚定法治目标的过程中,发挥了巨大的作用。然而,今天的中国全面建设法治国家、法治社会的战略目标已经确立,而且在法治探索的过程,我们已经总结出:要建成法治社会,必须进行一场深刻的思想变革,促进全体公民生成法治意识,从而认同法治、参与法治、坚守并信仰法治。蓝图已绘制、问题已明确,需要的只是实践和指导进行实践的系统而有针对性的理论。这一理论应能回答:中国的法治社会需要什么样的公民法治意识以及如何促进公民法治意识之生成。这显然是国外研究所不能提供的。

第二,国内研究的局限。通过对比前述研究现状可知,国内对"法律意识"的研究,一开始主要受苏联影响。中国学界对"法律意识"的定义、分类可以说直接来自苏联。孙国华教授最先将"法律意识"界定为"法律意识是社会意识的一个特殊形式,是人们关于法律现象的思想、观点和心理的总和,是法律现实的特殊组成部分",这一界定也是国内关于"法律意识"概念的通说。而这一概念与卡列娃、费其金的"法律意识是社会意识的一种形式,它是一定阶级的法律观点的总和,而在人民道义上和政治上一致的条件下则是全体人民法律观点的总和"确有极大的相似性。罗马什金把"法律意识"分为法律观点和法律思想的做法,也对国内学者关于"法律意识"的分类影响巨大。

在苏联研究基础上发展起来的中国"法律意识"理论,放在目前中国法治建设的视野中,主要有以下局限:

首先,苏联对"法律意识"的研究带有强烈的阶级性,他们把"法律意识"作为社会主义意识形态的重要组成部分,强调法律意识的正统性、统一性,而且把社会主义法律意识的统一性作为区别资本主义法律意识的标志。为了意识形态统治和阶段斗争的需要,他们抹杀了在遵守法律、信仰法律、尊重程序等方面社会主义"法律意识"与资本主义"法律意识"所具有的一致性。

其次,国内对"法律意识"的概念界定和实际运用分离。在概念上,把"法律意识"界定为人们关于法和法律现象的知识、观点、心理、思想等的总称,是一个没有价值指向的中性概念。而在实际运用中,总会说到"培养法律意识""提升法律意识",此时,又把"法律意识"作为一个具有正向价值的概念使用,因为,如果"法律意识"没有价值指向,就谈不上"培养"或"提升"的问题。在法理学教科书中,凡是涉及法律意识内容的,一般都会提到"法律意识培育"问题。这种内涵界定与实际运用的分离,在一定程度上造成了"法律意识"概念使用的泛化和混乱。质言之,"法律意识"在运用中常常与有价值指向性的"法治意识"是混用的,很多场合学者讨论的"法律意识"其实是"法治意识"。

再次,"法律意识"的研究与公民的日常行为脱节。"法律意识"是观念形态的东西,但观念常常是通过外化的行为表现出来的,对"法律意识"的研究最终目的也是评价、规范主体的行为及其动机。"法律意识"本身是个抽象的东西,而学者一般用观念、看法、态度、思想来界定它,就会出现一种用抽象界定抽象的问题,使人始终对"法律意识"缺乏精确了解,无法确定这一概念的对应物。这是由"法律意识"的界定与其规范对象的主体"行为"脱节造成的。

最后,有将"法律意识"等同于"法律知识"的倾向。这从学者对"法律意识"结构的划分可以看出。学者或者把"法律意识"划分为法律心理和法律思想体系两个层次,或者将其划分为法律心理、法律观念和法律思想体系三个层次,而且认为处于高级阶段的法律思想体系只能是法学家、法律职业者才具备，其他公民则不具备，而法律心理、法律观念则普通民众都可能具备。[①] 这种划分显然是认为对法律有更多了解的专业人士就相应具备更高的法律意识水平。

由于法律有善恶之分，法律意识相应有“良法意识”和“恶法意识”，如果具有“恶法意识”则可能给公民、特定群体或者整个国家带来灾难。历史上很多恶行都以法制之名而行，如德国第三帝国时期的暴行、南非推行种族隔离时期的许多罪行等。因此，对特定地区或人群的法律意识状况进行纯客观描述分析时，使用“法律意识”这一没有价值指向的中性概念才是恰当的。而在讨论促进公民对良法的追求、认同、遵从和信仰以适应法治社会建设时，则应该用“法治意识”概念。换言之，凡是指代有价值指向的法律和法治观念、态度时，都必须用“法治意识”取代“法律意识”概念。

目前国内针对“法治意识”主题缺乏系统深入的研究，还没有关于促进公民法治意识生成方面的专著和博士论文。与此主题相关的博士论文只有两篇：《论当代中国的法治精神》和《中国特色社会主义法治理念研究》。[②] 造成“法治意识”研究相对薄弱

---

① 如葛洪义教授认为：“法律思想体系一般以法律理论、法律学说的形式表现出来，它一般是法学家、法律思想家理性思维的结果。”参见葛洪义主编：《法理学》，中国政法大学出版社 2008 年版，第 175 页。卓泽渊教授认为，“法律心理在社会大众中普遍存在”，“法律观念是比法律心理层次更高的法律意识，在现代社会之中，多数成年公民都具有一定的法律观念”，“作为法律意识的最高理性层次的法律思想体系，特定主体只有经过专门的法律知识教育包括法律培训或者培养才可能具有”。参见卓泽渊：《法理学》，法律出版社 2009 年版，第 70 页。

② 参见王守贵：《论当代中国的法治精神》，吉林大学 2010 年博士学位论文；王会军：《中国特色社会主义法治理念研究》，东北师范大学 2014 年博士学位论文。

的一个重大原因可能是国内学界长期以“法律意识”概念替代“法治意识”概念，另一个原因则可能在于，在中国共产党十八届四中全会之前，党的文件中也很少运用“法治意识”这一概念。在CNKI数据库里以“法律意识”为关键词搜索，共有文献37,023篇，博硕论文793篇，而以“法治意识”为关键词搜索，文献则减少至8482篇，博硕论文则减少到210篇，可见学界对“法律意识”的使用频率远高于“法治意识”。

三、研究意义

在整个世界文明转型的大潮中，可以说，任何一个国家想要谋求生存、发展、富强，都必须积极推动社会变革，从已经落后的农耕文明走向新的先进的商工文明，而文明转型的一个重要特征就是实现国家、社会治理的全面法治化。中国近代积贫积弱、任人宰割的血泪史，更向中国人民昭示，实现国家、社会治理法治化是历史的必然，更是国家富强、民族复兴的出路所在。而实现国家、社会的全面依法治理，于中国来说，不仅是制度的变革，更是一场深刻的思想变革。这场思想变革的主要任务就是，促进全体公民法治意识的生成，使法治融入中华文化之中并成为其中重要的组成部分，催生全社会认同、接受法治的文化自信和厉行、坚守法治的文化自觉，为法治建设提供思想和文化支撑。

作为执政党的中国共产党领导全国人民，在总结历史经验教训的基础上，已经坚定了中国特色社会主义法治道路，并在中国共产党十八大上提出“法治国家、法治政府、法治社会一体建设”的目标，中国共产党十八届四中全会进一步明确了“推动全社会树立法治意识”的历史使命。可见，当下中国不仅有推动国家、社会全面法治化的迫切需要，更有推动全社会树立法治意识的重大机遇。要有效回应社会治理需求、抓住思想变革的机遇、完成促进全体公民法治意识生成的艰巨使命,首先必须建立适合中国实际的科学理论。然而,前已述及,当前中国在促进公民法治意识生成方面的研究还很薄弱。因此,以"公民法治意识生成"主题的研究在理论和实践两个方面都有迫切需求和重要意义。

(一)理论意义

1. 弥补以往关于"法律意识"研究的不足

中国对"法律意识"的研究,主要存在两个问题:一是受苏联影响而带有强烈的阶级性,其从维护国家意识形态出发,强调社会主义法律意识与资本主义法律意识的差异性,而忽视两者的共通性,阻碍了对国外法治精神、原则和经验的吸收;同时,其强调社会主义法律意识的统一性和稳定性,而忽视了个体或群体之间法律意识的差异性以及公民法律意识的变革的重要性。二是将中性意义上的"法律意识"概念与价值意义上的"法治意识"概念混同使用,不利于研究的深化和精确化。而本书则在文明转型的世界历史背景下,立足中国社会治理法治化的现实来界定"法治意识"的内涵和主要内容,来研究"法治意识"的功能和生成过程。这既打破了阶级局限,又解决了价值问题。

2. 充实完善有关"法治意识"研究的理论

由于学界长期存在用"法律意识"替代"法治意识"现象,故而专门针对"法治意识"的研究还很缺乏,尤其是在当前中国法治社会建设视野下,对"法治意识"的研究更是稀少。本书将"法治意识"作为法治社会中的公民对法治的一种内心确信、文化理念来看待,"法治意识"不仅是法治社会建设的观念基础,更是每一个现代公民的必备素质。而本书以商工文明社会为场景、以公民为主体,透过人类历史上众多思想家关于"法治意识"生成的学理阐释,运用心理学、社会学、经济学的视角,围绕公民的人格成长、交往行为、社会化过程等解析“法治意识”生成之谜；同时，立足中国文化、经济、政治、社会和法治建设实际，探索公民“法治意识”生成的路径，为解决公民“法治意识”生成问题提供了一个系统的理论阐释。

“法治意识”研究是当代中国法文化研究的重要组成部分，也应该是当前中国法文化研究的重要任务。法理应该回应社会需求，而当前的法治社会建设，需要促进公民法治意识生成，因此，急需加强“如何促进公民法治意识生成”的理论研究，以备法治社会建设实践之需。可见，对“法治意识”进行深入系统研究正是法文化研究的一个重要而广阔的领域。

（二）实践意义

中国从1986年就开始了全民普法，其目的就是促进公民法治意识之生成。尤其是中国共产党十五大确立“依法治国，建设社会主义法治国家”的战略目标之后，国家法治实践更是迫切需要公民具备与之相适应的法治意识。然而，即使有执政党的高度重视与国家30年的“普法”努力。时至今日，公民质疑法律、蔑视法律、规避法律、违反法律的现象还大量存在，法治信念尚未能深入人心，促进公民法治意识生成的效果并不显著。究其原因当然是多方面的，但缺乏科学的理论指导，以至于对公民法治意识生成的规律、条件、障碍缺乏了解，促进公民法治意识生成之路径设计不具备针对性、科学性，无疑是其中重要原因之一。而当前正值推动法治社会建设和“推动全社会树立法治意识”的攻坚期、关键期，因此，探索建立适合中国法治社会实际的公民法治意识生成理论，正是当前法治社会建设实践和法治宣传教育实践所迫切需要的。

第一章　基本范畴：法治意识之内涵、内容与功能

研究公民法治意识之生成，首先应对法治意识这一概念进行相对准确的界定，以使我们对研究对象的理解能不偏不倚且层层深入。然而诸如法律文化、法治文化、法治观念、法治理念等与法治意识相关的概念颇多，要弄清法治意识的含义，必须对这一系列的概念进行辨析区分。在准确定义法治意识这一核心概念后，必须对其包含的核心范畴进行划定，以此确立公民法治意识的主要内容是什么。一旦明确了法治意识的主要内容，其在法治社会建设中的意义就会清晰凸显。因此，本章研究主要集中在辨析并界定法治意识及与之相关的几个概念，明确公民法治意识的主要内容以及评价公民法治意识在法治建设中的价值。

第一节 法治意识及相关概念辨析

一、法治意识之概念辨析

(一)法治

论及法治,人们往往将源头追溯至古希腊时代。一开始极力主张"哲学王统治"的柏拉图,在几次建立"理想国"的实践失败后,晚年转而承认法律统治的优越性。① 亚里士多德则在其师柏拉图"哲学王统治"和"法律统治"的矛盾中,明确提出"法治应当优于一人之治"。② 在《政治学》的英译本中,提到"the rule of law"(法治)这一概念,相关表述还有"It is better for the law to rule than one of the citizens"(由法律来统治胜于某人之治)及"so even the guardians of the laws are obeying the laws"(因此,甚至是法律的护卫者也遵守法律而行事)。③ 亚里士多德对法治思想的贡献还在于为法治确立了一个对后世影响深远的定义,他认为,"法治应包含两重意义:已成立的法律获得普遍的服从,而大家所服从的法律又应该本身是制定得很好的法律"。④ 其揭示出法治

---

① "在法律服从于其他某种权威,而它自己一无所有的地方,我看,这个国家的崩溃已为时不远了。但如果法律是政府的主人并且政府是它的奴仆,那么形势就充满了希望,人们能够享受众神赐给城市的一切好处。"参见[古希腊]柏拉图:《法律篇》,张智仁、何勤华译,上海人民出版社2001年版,第123页。

② 参见[古希腊]亚里士多德:《政治学》,吴寿彭译,商务印书馆1965年版,第171页。

③ 参见[英]汤姆·宾汉姆:《法治》,毛国权译,中国政法大学出版社2012年版,第3~4页。

④ [古希腊]亚里士多德:《政治学》,吴寿彭译,商务印书馆1965年版,第202页。

不仅包括人们对法律的态度,更应该强调法律本身的良善。可以说,这一定义已经确立了"法律的至尊性"和"良法之治"的法治原则。

一般认为,在制度意义上,现代法治最早是在英国资产阶级革命过程中得以体现和确立的。英国《1215 年大宪章》开始确立"正当程序""自由人之间在法律上平等""国家最高权力应受制约"等法治原则。于是,"萌芽状态的法治已经清晰可辨"。[①] 随后,《1628 年权利请愿书》《1689 年权利法案》《1701 年王位继承法》等重要法律文件,逐步明确了"权利保障""权力制约""司法独立"等英国宪法原则。[②] 此时的法治虽不能说已经完善,但却在制度上得到了承认,成为英国社会的主流。

英国学者戴雪把英国法治的内容概括为三个方面:一是"武断权力的不存在"。非经普通法院依据普通法律手续,证明此人已经破坏法律,任何公民不能无故受罚或被法律处分,以致身体或财产遭受损害。其实这就是通过"正当程序"原则来限制国家权力的专断。[③] 二是"法律平等"。公民不论贵贱贫富,均在法律统治和普通法院管辖之下,任何人不得处于法律之上。[④] 这里既强调了"法律面前人人平等",也明确了"法律的至尊性"。三是公民权利(以人身自由的权利或公众集会的权利为例)的成立缘起于普通法院的司法判决,而不是宪法的一般原则。"即是,在多

---

① [英]汤姆·宾汉姆:《法治》,毛国权译,中国政法大学出版社 2012 年版,第 15～18 页。

② [英]汤姆·宾汉姆:《法治》,毛国权译,中国政法大学出版社 2012 年版,第 25～29、34～37 页。

③ 参见[英]戴雪:《英宪精义》,雷宾南译,中国法制出版社 2001 年版,第 232 页。

④ [英]戴雪:《英宪精义》,雷宾南译,中国法制出版社 2001 年版,第 237 页。

数外国中个人的权利(譬如对于人身自由的权利)靠该国宪法以存在,而在英格兰中,此类权利本先由法院替个人争得,然后由宪法以通则作概括地申明。”①戴雪认为,就这一意义上所体现的法律主治或法律精神的优势是英国制度所专有的德性。

1959年在印度“国际法学家会议”上通过的《德里宣言》,就“法治”问题取得了基本共识,并概括地总结了三条原则:一是根据“法治”原则,立法机关的职能在于创设和维护得以使每个人保持“人类尊严”的各种条件;二是法治原则不仅要对制止行政权的滥用提供法律保障,而且要使政府能有效地维护法律秩序,借以保证人们具有充分的社会和经济生活条件;三是“司法独立”和“律师自由”是实施法治原则必不可少的条件。②

《牛津法律大辞典》中,“法治”被解释为:一个无比重要的、但未被定义、也不是随便就能定义的概念,它意指所有的权威机构、立法、行政、司法及其他机构都要服从于某些原则。这些原则一般被看作表达了法律的各种特性,如正义的基本原则、道德原则、公平和合理诉讼程序的观念,它含有对个人的至高无上的价值观念和尊严的尊重。在任何法律制度中,法治的内容是:对立法权的限制;反对滥用行政权力的保护措施;获得法律的忠告、帮助和保护的大量的和平等的机会;对个人和团体各种权利和自由的正当保护;以及在法律面前人人平等……它不是强调政府要维护和执行法律及秩序;而说政府本身要服从法律制度,而不能不

① [英]戴雪:《英宪精义》,雷宾南译,中国法制出版社2001年版,第239~244页。

② 参见王人博、程燎原:《法治论》,广西师范大学出版社2014年版,第99页。

顾法律或重新制定适应本身利益的法律。①

尽管学者对“法治”的认识和理解各有侧重,但从以上描述中似乎可以总结出“法治”所包含的几个基本内涵:

首先,“法治”是与“人治”不同却优于“人治”的国家治理方略。“人类的本性便谁都难免有感情”,个人统治国家也就难免有权力的恣意妄为,把易于膨胀的权力“寄托于任何一个个人,这总是不合乎正义的”,而“法律恰恰正是免除一切情欲影响的神祇和理智的体现”。② 所以,“法治”提供了一种理性的国家治理方式,而排除了政治运行的“兽性”因素。在此意义上的“法治”,中国的表述更为形象:“必须使民主制度化、法律化,使这种制度和法律不因领导人的改变而改变,不因领导人的看法和注意力的改变而改变。”③

其次,“法治”必然强调法律本身的价值,要求法律要致力于实现正义、保障自由和平等等价值,法律具有至上性与普遍性,司法要独立和尊重程序。

最后,“法治”的概念不仅涉及法律本身,还关乎政治、社会及文化。④ 在这方面“法治”主要意味着一些关系的厘定、一些原则的确立和遵守、一些观念的内化与笃守。关系划定上,主要有法律与国家权力的关系、国家权力之间的关系、法律与社会成员的关系、社会成员之间的关系、国家与公民的关系等。“法治”原

---

① 参见[英]戴维·M. 沃克:《牛津法律大辞典》,李双元等译,法律出版社 2003 年版,第 790 页。

② 参见[古希腊]亚里士多德:《政治学》,吴寿彭译,商务印书馆 1965 年版,第 172 页。

③ 邓小平:《邓小平文选》(第 2 卷),人民出版社 1994 年版,第 146 页。

④ 参见黄稻主编:《社会主义法治意识》,人民出版社 1995 年版,第 22 页。

则遵行则源于对前述关系的明确，即所有的立法、行政、司法及其他权威机构都要服从于某些原则，诸如权力分立与制约、权利保障、依法行政、司法公正等。在这方面很多著名的国际文件都在援引“法治”，《1948年世界人权宣言》（*The Universal Declaration of Human Rights 1948*）在其序言中写道：“为使人类不致迫不得已铤而走险对暴政和压迫进行反叛，有必要使人权受法治的保护。”《1950年欧洲人权公约》（*The European Convention of Human Rights 1950*）把欧洲国家的政府视为有“共同的政治传统、理想、自由与法治……”[①]这些文件所说的“法治”其实都指国家政治运行中应该遵行一些基本的原则。“法治”观念的秉持是针对公民而言的，对公民来说，“法治”意味着，在一个“整体正义的法律体系中”公民必须依据法律而行事，权利的行使、义务的履行、利益的牟取及正义感的满足都须在法律指引下进行。

（二）法治意识

由于中国法学界长期用“法律意识”概念替代“法治意识”概念，所以对“法治意识”的定义并不多。

较早的“法治意识”定义出现在黄稻先生于1995年出版的《社会主义法治意识》一书中。他主要从四个方面界定“法治意识”：第一，“社会主义法治意识是具有时代特征的社会意识”；第二，“社会主义法治意识是社会主义民主意识与法治意识在宏观上（以国家活动领域为主）交融整合的特殊的社会意识”；第三，“社会主义法治意识，是指人们对社会主义法治及法治现象的认知、理想、心理、评价、观念的总和”；第四，“它（社会主义法治意

① 参见[英]汤姆·宾汉姆：《法治》，毛国权译，中国政法大学出版社2012年版，第9页。

识——笔者注）体现着法治意识主体（公民）对社会主义法治的认识与觉醒，体现着他们对社会主义民主政治的追求与评价，体现着他们对社会主义法律权威的承认与尊崇，体现着他们对社会主义法治本质、地位、作用及其发展规律的探索与实践的科学态度及科学成果"。①

此后关于"法治意识"的定义有以下几种：

"所谓法治意识，是指作为生活在现代社会的公民所应当具备的与现代民主政治、市场经济和文明形态相适应的、为法治社会所必需的法律素养、法律精神和法律价值观念。"②

法治意识从属于法意识，是法意识中健康积极的那部分，是指一定社会主体对法治的思想、观点、心态和对由法治所形成的一种良好社会状态所孜孜追求的理念的总称。③

"法治意识是法律意识的最高级形态，是作为独立主体的社会成员在实践中所形成的关于法治的心态、观念、知识和思想体系的总称，是符合法治社会建设要求的法律意识，是人们对法律和法律现象的看法以及对法律规范的认同的自觉程度最高的一种意识。"④

从以上定义可知，学者普遍认同"法治意识"是与"法律意识"有关却不同的一个概念。已有的"法治意识"定义，在一定程度明确了"法治意识"概念的独立性，也指出了"法治意识"与法

① 参见黄稻主编：《社会主义法治意识》，人民出版社1995年版，第330页。

② 肖海军：《论法治意识》，载《湖南大学学报（社会科学版）》2001年第3期。

③ 参见吴高庆：《论法治意识与法治》，载《中共浙江省委党校学报》2002年第2期。

④ 柯卫、朱海波：《社会主义法治意识与人的现代化研究》，法律出版社2010年版，第84页。

治社会建设的联系，奠定了对“法治意识”进行更深入研究的基础。

同时，我们应该注意到以上定义还存在很多值得商榷处：

一是学者对“法治意识”概念的界定似乎与界定“法律意识”是同一思路，还是以“关于……的知识、态度、观念、思想等的总称”来界定“法治意识”。这种“似曾相识”的结构，其实就是把以往“法律意识”定义中的“法律意识”直接换成了“法治意识”。如此简单替换所带来的问题显而易见：“法律意识”只是个中性概念，或许可以界定为“关于法律及法律现象的知识、态度、观念、思想等的总称”，而“法治意识”却是有价值指向的概念，仅仅将其归结于“对法治的知识、态度、观念和思想等的总称”显然表达不出其所具有的价值面向。

二是对“法治意识”的界定过于宽泛化和抽象化，无法相对准确地把握“法治意识”概念的内涵。综观以上定义，几乎把与法治有关的知识、心理、观念和思想等都纳入法治意识的范围，使得法治意识失去了内在规定性，同时也使这个概念失去了帮助认知和研究的意义。根据这些定义，人们对法治意识还是一头雾水，无法确定特定的对应物。同时，已有定义大多用“具有时代特征的社会意识”“法治社会所必需的法律素养、法律精神和法律价值观念”“是法意识中健康积极的那部分”“是法律意识的最高级形态”之类的笼统表述界定“法治意识”。“法治意识”的概念本身较为抽象，但在其定义中出现了“法意识”“法律精神”等更为抽象的概念，这种以抽象定义抽象的做法，使“法治意识”的定义显得过于粗糙和简单，无法使定义对象具体化、准确化。

三是把法治认知、法治知识作为法治意识的内容。法治意识表征主体对作为客体的法治的认识、把握的结果，因此，主体认识、把握法治的过程并非法治意识范畴。而法治认知，从动态来说，是指主体认识法治的活动过程；从静态来说，与法治知识一样是主体所把握的对象，是法治本身的东西，而不是法治意识。因此，法治意识意指主体在对法治（法治知识）有一定把握之后，从而对法治产生的一种理解、认同和信任。单纯的法治认知、法治知识还不是法治意识，只是生成法治意识的一个前提。

四是把主体对法治的心理、评价、观点简单当作法治意识。主体对法治的心理、评价、观点有正确的，也有错误的，有积极的，也有消极的，而法治意识则只包括其中正确与积极的部分，法治心理、评价、观点中错误、消极的部分显然不是法治意识的内容。而且，对法治产生错误、消极心理、评价、观点的人往往是由于各种原因对法治本身的价值、功能认知错误所造成的，法治意识则是基于对法治正确认知的积极心理、评价、观点。

基于对已有定义的批判吸收，本书认为，可以将法治意识界定为：公民在特定的社会历史条件下，通过参与法治实践、接受法治教育等方式，基于对法治的功能、原则、价值等知识的正确认知，而逐步形成的理解、认同、信任、支持并捍卫法治的内心立场、观念和信念。法治意识是公民对法治的要求、原则、功能、价值内化和观念化的结果，表现为对法治原则和要求的理解与遵守、对法治价值的认同与追求、对法治实践的支持与参与。法治意识是推进法治国家、法治政府、法治社会一体建设所必需的观念基础。

首先，正确的法治认知是法治意识之前提。公民对法治的认知行为并不是法治意识，认知的对象法治知识也非法治意识。法治意识是公民对法治有正确理解之后，由知识内化而成的一种积极的内心立场、观念、信念。如果公民对法治的认知是虚假的、错误的，那么这种“失真”的知识，就可能导致公民对法治的失望、厌恶，从而对法治产生一种消极立场、观念。所以，法治意识之生成，必须以正确的法治认知为前提。而公民通过对法治的亲身体验、法治教育、法治宣传都可能达到对法治之“真”的把握，从而生成法治意识。

其次，法治意识属于观念范畴。法治意识的内容主要表现为公民内心的观念、信念，是基于对法治的价值认同而发自内心地接受法治、支持法治、信任法治，同时体现为公民对符合法治的行为的内心赞许和对违背法治的行为的内心谴责两个方面。

最后，法治意识最终关联到公民行为。正是由于公民内心里认可、接受国家法律，法律才能真正作用于公民的行为，成为其行为的评价标准。可见，制度与行为之间存在一座“观念”的桥梁，如果没有公民在观念层面对法律的承认，法律与行为之间往往会脱节，这就是“法律必须被信仰，否则形同虚设”①的原因所在。法治意识虽以观念形式存在，但它却是公民行为的内驱力，是“铭刻在公民内心里的法律”。有了它，文本上的法律规则就转化为公民内心的行为准则，公民会以这种内化于心的行为准则来约束、评价自身行为及要求、评价他人行为。在这个意义上，法治意识将法律的他律成功地转化为公民的自律。此时，公民由遵从法律而行变为遵从自己内心认同的价值观念而行。

二、与几个相关概念之比较

在现有研究文献和中国共产党文件中，与法治意识相关的概念甚多，但目前对它们之间含义与运用的区分还不太明确。为了进一步厘清法治意识的内涵及其与相关概念的界线，以下将把法治意识与法律意识、法律文化、法治文化、法治理念与法治观念的

---

① ［美］伯尔曼：《法律与宗教》，梁治平译，商务印书馆2012年版，第7页。

区别与联系进行简单阐述。

（一）法治意识与法律意识

中国共产党十五大始正式确立“依法治国”方略，加之中国共产党十八届四中全会以前党的文件中几乎没有提及“法治意识”这一概念，所以中国学界针对“法治意识”的专门研究较为稀少。中国法文化研究领域只是把“法律意识”作为其中的重要研究对象，而“法治意识”则往往在法律意识研究中被附带提及。由于“法治意识”概念与“法律意识”概念在语词形式上的相似性和涵盖内容上的部分重合性，以至于在日常表述和学术运用中普遍存在对这两个概念不加区分或区分不明而混同使用，甚至错误使用的现象。目前，我国学界对“法治意识”与“法律意识”关系的阐述主要有两种：一是认为法律意识包含法治意识，法治意识是法律意识的一种表现形式或形态；①二是从广义上认同法治意识属法律意识范畴，但从与法治国家相对应的角度，对二者进行了区分。这种分析对突出法治意识概念的独立性、厘清法治意识与法律意识的关系以及明确法治意识在法治国家、法治社会建设中的地位不啻意义重大。可惜从现有研究成果看，虽然有将二者区分的努力，但结果却不尽如人意。因为，持此观点的学者在具体表述中，同样将法治意识视为法律意识的一个较高层面，仍未

---

①　卓泽渊老师认为“法律意识包括相关的法治意识在内，法治观念和法治理念等都是法律意识的表现形式”。参见卓泽渊：《法理学》，法律出版社2009年版，第69页。柯卫认为“法治意识是法律意识的最高形态，是作为独立主体的社会成员在实践中所形成的关于法治的心态、观念、知识和思想体系的总称，是符合法治社会建设要求的法律意识，是人们对法律和法律现象的看法和对法律规范的认同的自觉程度最高的一种意识”。柯卫：《当代中国法治的主体基础——公民法治意识研究》，法律出版社2007年版，第34页。

体现法治意识本身的质的规定性。[①] 这虽让人遗憾,却也为我们进一步研究法治意识、探索其内涵提供了方向指引。

可见,将“法治意识”归结于“法律意识”范畴,是目前中国学界的普遍观点。但根据我们前面对“法治意识”的界定,这一观点忽视了“法治意识”概念的独立价值,掩盖了其丰富的内涵。每一个概念的提出都有其本身的特殊规定性和独特的追求目标。法治意识概念就是为了适应法治实践而出现的,在法治国家和法治社会构建中,作为公民必须对法治有正确的认知及理性的态度,不仅因为对法律钢铁面孔的恐惧而被动服从,还要因为对法治优越性的认知而主动参与。而把“法治意识”看作“法律意识”之组成部分,是对两个概念的基本内涵和核心要素缺乏深入探究所得出的错误结论。

去掉“意识”二字,就法律与法治进行区分,相信每位研究者都能轻松列举几条。既然我们能清晰辨析法律与法治,却混淆法律意识与法治意识,可能是因为这两个概念内容有诸多重叠之处。但有重叠不等于二者是同一的,如我们不能把两个穿了同样衣服的人说成是同一个人一样。其实,我们可以从以下几个方面来对二者进行区分:第一,在内容上,法律意识是公民关于法律的意识,是公民对作为一种规则的法律的内化与观念化,表现为公民对法律规定、内容、要求发自内心地认可与遵从,严格依照法律指引评价、约束自己行为和评价、要求他人行为。而法治意识是公民关于法治的意识,是公民对法治作为一种治国方略、行为方式、社会治理状态的内心认可与确信,表现为公民充分认同法治的价值、完全肯定法治的功能、坚决遵守法治的原则与要求。具

① 参见肖海军:《论法治意识》,载《湖南大学学报(社会科学版)》2001年第3期。

备法律意识意味着公民必须严格遵照法律的指引而行为,但具备法治意识则要求公民不但严格守法,而且还要在珍视和践行法律至上、程序正当、权利保障、权力制约等原则的基础上完善法律、遵守法律。所以法律意识与法治意识二者的内涵有交叉,并存在绝对的包含关系。第二,在价值上,法律意识是个中性概念,法律有恶法与良法之分,而对恶法的认同与遵守和对良法的认同与遵守,可以说都是一种法律意识,前者是恶法意识、后者是良法意识。历史上,因为具备恶法意识、严格执行恶法而给人类造成巨大悲剧的事例可谓屡见不鲜,如"二战"时期的德国纳粹分子。但法治意识却是一个具有价值指向的概念,因为法治必然意指良法善治,树立法治意识也就相应地要求公民具备守法意识、契约意识、理性意识、人本意识和程序意识等。在这个意义上,法律意识中的良法意识部分是属于法治意识范畴的,而恶法意识部分则是法治意识要坚决摒弃的内容。可见,不仅不是法律意识包含法治意识,相反是法治意识包含了法律意识的部分内容,而且法治意识的内涵远比法律意识广泛得多。第三,在功能上,法律意识中的恶法意识不仅不能推动法治建设,反而会阻碍甚至破坏法治进程。而法治意识则是与依法治国相适应的,是公民在观念层面对法治的理解、接受与认同,是推动法治实践所必需的文化养分。第四,在社会历史条件方面,任何社会、任何历史时代的公民都可能具备法律意识,而法治意识则必须伴随现代商工文明社会与民主政治和市场经济相适应而逐渐生成。

(二)法治意识与法律文化

20 世纪 80 年代末,中国法学界曾掀起一股法律文化研究热,许多著名法学学者都对法律文化有过研究和阐述。追根溯源,中国对法律文化的研究主要受苏联和美国研究视野和研究方法的影响。在西方最早提出并系统论述法律文化定义的是美国学者劳伦斯·弗里德曼。在《法律文化与社会发展》中,他首次提出"法律文化"这一概念,并用列举的方式对其含义进行了说明。[①] 从其定义的核心要素"态度"与"价值"看,弗里德曼的法律文化定义强调公民关于法的观念形态,同时,他还把现实社会实际起作用的一些非正式的法律纳入了法律文化之范围。所以有学者认为,弗里德曼的法律文化概念可以用法律意识形态(legal ideology)代替更为合适。[②] 内行法律文化与外行法律文化是弗里德曼对法律文化的基本分类,[③]显然他认为社会的各个群体都有法律文化,只是其在法律制度形成和发展中的作用不同而已。随后,梅里曼、埃尔曼等著名学者相继对法律文化进行过深入研究,梅里曼强调法律文化的历史沉淀因素而把法律文化归结为"法律传统",[④]埃尔曼认为,这里的"法律传统"概念与他所说的"法

---

① 弗里德曼认为,法律文化是指"与法律体系密切关联的价值与态度,这种价值与态度决定法律体系在整个社会文化中的地位"。同时,他列举了此种"价值与态度"所涉的问题:"律师和法官的训练方式如何? 民众对法律有何想法? 团体或个人是否愿意求诸法院? 人们为何求助于法律职业者、其他官员或仲裁者? 人们是否尊重法律、政府以及传统? 阶级结构与法律制度的运用与否之间存在怎样的关系? 正规社会管理手段之外还有哪些非正规方式? 哪些人喜欢哪些管理方式,为什么。"参见高鸿钧:《法律文化的语义、语境及其中国问题》,载《中国法学》2007 年第 4 期。

② 参见[英]罗杰·科特威尔:《法律文化的概念——以 L. M. 弗里德曼相关研究为参照》,周赟译,载《山东大学学报》2005 年第 3 期。

③ 内行法律文化是指诸如法官、律师等法律职业群体的法律态度和价值,它在很大程度上决定着法律制度的建立和发展方向;而外行法律文化是普通社会成员群体的法律态度和价值。参见[美]弗里德曼:《法律制度》,李琼英、林欣译,中国政法大学出版社 1994 年版,第 223 页。

④ 梅里曼将法律传统定义为:"关于法律的性质、关于法律在社会与政治体中的地位、关于法律制度的专有组织和应用以及关于法律实际或应该如何制定、适用、研究、完善及教授的一整套植根深远、并为历史条件所制约的观念。"参见[英]埃尔曼:《比较法律文化》,高鸿钧等译,生活·读书·新知三联书店 1990 年版,第 20 ~ 21 页。

律文化”概念相吻合，于是在著作中沿用了前者关于“法律传统”的定义来界定“法律文化”。[①] 1980 年美国学者 L. S. 温伯格、J. W. 温伯格在《法律与社会》一书中论道：“法律文化这个概念包括人们对法律、法律机构和法律判决的制作者，诸如律师、法官和警察等人的知识、价值观念、态度和信仰。”[②]这一系列关于“法律文化”的界定说明，尽管美国学者对法律文化的界定在涵盖范围、关注内容等方面存在差异，但他们却一致地把法律文化看作公民对法律及其相关因素的主观态度、价值，强调观念形态的内容。

苏联学者对法律文化的解释与研究路径则与美国不同，他们中最早进行法律文化研究的是 E. A. 罗卡斯希娃，她把法律意识与法律文化归结到法律认识，并认为法律文化是法治意识的高水平状态，即认为法律文化包含在法律意识之中。[③] C. C. 阿列克谢耶夫称，“法律文化是一种特殊的精神财富”，[④]而且他认为法律文化属于法律意识的一部分。这两位苏联学者皆视法律文化为法律意识中有正向价值的部分。中国法学界在承接苏联和美国学者关于法律文化定义的同时，也根据本国的实际情况进行了必要改造。综合中国学界关于法律文化研究的主要观点，法律文化的界定可粗略概括为四种：一是把法律文化归结为有关法律现象的一切成果，涵盖法律制度、法律设施、法律实施、法律观念、法律价值等领域，相对而言这是在最广义的层面上确定法律文化的含

---

① 参见[英]埃尔曼：《比较法律文化》，高鸿钧等译，生活·读书·新知三联书店 1990 年版，第 20～21 页。

② 刘作翔：《法律文化理论》，商务印书馆 1999 年版，第 43 页。

③ 参见刘作翔：《法律文化理论》，商务印书馆 1999 年版，第 48 页。

④ [苏] C. C. 阿列克谢耶夫：《法的一般理论》，黄良平等译，法律出版社 1988 年版，第 220 页。

义，照此类界定几乎可把有关法律现象的一切都纳入法律文化中，包括静态与动态、历史与现实、主观与客观等诸方面法律现象；①二是将法律文化理解为观念层面之法，具体即公民关于法律现象的观念、态度及价值，不涵盖制度、设施等客观方面的法律现象和成果，持此观点的学者较多，可谓中国在法律文化界定上的较为主流的观点；②三是把法律文化视为法律意识的一部分，即法律意识中能体现人类历史经验、智慧成果之内容才是法律文化，这种观点是把公民在历史中关于法律现象的正向、成熟的认识归之于法律文化，这种认识显然是受苏联学者影响；③四是在

① 武树臣教授曾认为："法律文化是人类文化的组成部分之一，它是社会上层建筑中有关法律、法律思想、法律制度、法律设施等一系列法律活动及其成果的总和。它是以往人类活动的凝结物，也是现实法律实践的一种状态和完善程度。"并进一步道："法律文化由法律思想、法律规范、法律设施和法律艺术组成。"参见武树臣：《中国法律文化探索》，载北京大学法律系：《法学论文集》，光明日报出版社1987年版，第317页。他在《中国传统法律文化》一书中的界定也与此相似。参见武树臣：《中国传统法律文化》，北京大学出版社1994年版，第32～34页。刘作翔教授表示法律文化的含义是多层面的，其中有一层面的含义是"法律文化是由社会的物质生活条件所决定的法律上层建筑的总称，即法律文化是法律意识形态以及与法律意识形态相适应的法律规范、法律制度及法律组织机构和法律设施等的总和"。参见刘作翔：《法律文化理论》，商务印书馆1999年版，第81页。

② 如张文显教授把"法律文化理解为法律现象的精神部分，即由社会的经济基础和政治结构决定的、在历史进程中积累下来并不断创新的有关法和法律生活的群体性认知、评价、心态和行为模式的总汇"。参见张文显：《法哲学范畴研究》（修订版），中国政法大学出版社2001年版，第235页。高鸿钧教授则更为明确指出"我们只有从法律观念的角度理解和界定法律文化的概念，才能避免对这个概念的泛化和滥用，才能使得这个概念具有分析上的可操作性"，并把法律文化表述为"法律文化是指特定社会中植根于历史和文化的法律价值和观念"。参见高鸿钧：《法律文化的语义、语境及其中国问题》，载《中国法学》2007年第4期。

③ 孙国华教授论道：法律意识包含法律意识形态和法律文化两部分，前者是一个社会法律意识的核心与本质部分，后者是人们调整社会关系的智慧、知识和经验的结晶，反映了历史积累起来的有价值的法律思想和有关法的制定、法的适用等法律技术，反映了法律调整所达到的水平。参见孙国华主编：《法学基础理论》，中国人民大学出版社1987年版，第306页。

方法论的意义上理解法律文化，即用文化的视角、立场与方法去阐释法律现象。①

在进行以上简单纵横比较后，我们知道基于法律文化概念本身的复杂性、学者研究法律文化时参照体系与论述目标的差异性以及人们使用法律文化概念时语境的多样性，有必要抛弃对法律文化进行唯一精准界定的努力，而代之以一种包容、全面、适当照顾不同语境并不失简洁的界定方式来概括法律文化之内涵。为达至这一目标，可以从广义和狭义两个角度来概括法律文化之内涵：广义上的法律文化指人类文化系统中与法律现象相关的部分，具体言之，即在人类法律实践活动中于一定地域或群体中已经形成和正在统一形成的有关法律现象的主客观层面的产物，包括显性的法律制度、法律设施、法律知识及其背后隐性的法律态度和法律价值观等，这也是一般意义上的法律文化概念；狭义上，法律文化指人类法律实践活动中于一定地域或群体中已经形成和正在统一形成的有关法律现象的观念层面的产物，仅包括公民的法律态度、法律价值观，这是去除了广义法律文化中物质部分的内容而突出其精神部分内容得出的定义。

通过对法律文化概念的这番界定之后，我们知道法治意识与广义的法律文化概念之间是很好区分的，在一定意义上，可以说广义的法律文化定义包含了法治意识的主要内容。而与法治意识概念内涵接近的显然是狭义上的法律文化概念，虽然这两个概念有许多重合的地方，但细思之，尚可进行如下辨析：第一，从内

① 此类法律文化观的代表人物是梁治平，他坚持“把应用文化解释方法的法律研究叫作‘法律文化’”。参见梁治平：《法律的文化解释》，生活·读书·新知三联书店1994年版，第57页。

涵上，法律文化中的主体可以是国家、民族，但至少也是一定群体，而不存在个人的法律文化。但法治意识的主体却可以是社会、群体或个人。第二，从内容上，法律文化的内容是在一定地域或群体中形成的，有系统和整体的特征。而法治意识可能是系统、统一的，亦可能是个别、即时及随机的。第三，在时空上，任何时代、任何国家都有一定的法律文化。一般而言，只有法治社会的主体才会具备法治意识。未推行法治的时代和国家，其社会成员则可能普遍不具备法治意识。

（三）法治意识与法治文化

我们知道现代意义上的“法治”（rule of law）概念来自西方。19 世纪中晚期，西方列强倚仗现代枪炮之坚利及现代思想之先进侵入吾国领土之时也把浸润在几千年文化传统中的国人驱赶到了世界潮流之中。堂堂中华竟然遭遇如斯，仁人志士们在痛定思痛后，窥见了“法治”之优越，致力将之视为复兴中华之良方，于是排除万难，推动“变法”。自此，虽时有反复，但对法治及其相关制度、观念、价值的吸收传播在中国一直缓慢而持续地进行着。

党的十一届三中全会确立了“发展社会主义民主，健全社会主义法制”，并提出“有法可依、有法必依、执法必严、违法必究”的重要方针，明确了法治的地位。中国共产党十五大明确提出“依法治国，建设社会主义法治国家”，1999 年宪法修正案将“中华人民共和国实行依法治国，建设社会主义法治国家”载入宪法总纲，标志着中国开始摆脱“人治”走向“法治”。但“法治”来自西方，一直以来关于“法治”的内涵、功能、价值都是在西方话语下得以阐释，“法治”的实践尤其是实现也主要体现在西方的国家和社会治理之中。中国要建立“社会主义法治”显然不能照搬西方的“法治”方式及价值观念，而探索适合中国国情的法治经验、方式就成了建设和完善“社会主义法治”的首要任务。党的十五大之后，法学界开始广泛运用“法治文化”概念并展开了一系列研究，党和国家文件中也开始运用“法治文化”概念，于是“法治文化”概念应中国法治实践而生。

目前中国学界对“法治文化”之界定各有侧重，研究参差不齐。代表性的观点可粗略概括如下：

其一，把“法治文化”看作一个社会整体性的一级文化概念而不是部门性的二级文化概念，并认为“法治文化的意义，就是要从文化的视野来展望法治”，在法治国家和法治社会里，法治应该是一种特定的社会文化类型和文化体系，在此意义上，“法治文化”是别于“人治文化”的政治文明体系。这种观点，坚持整体而非部分的简单相加之立场，正确指出了法治文化不是法治与文化两个概念的叠加，而是“实现了法治的国家和社会所具有或应具有的文化”，使其区别于法律文化。但这种定义的一个疏忽是把“法治文化”视为是实现了法治的国家和社会所特有的，那么正在建设而还未实现法治的国家有“法治文化”吗？显然是应该有的，不然如我国这样还未能完全实现法治的国家现在就没有进行“社会主义法治文化”发掘和研究的必要了。[①]

其二，将“法治文化”定位为一个价值概念而使其区别于法律文化，认为“法治文化”是包括诸如民主、人权、平等、自由、正义、公平之类价值在内的优秀的法律文化类型。这实质上是把“法治文化”归为法律文化的一种，即其中有正向价值的部分。

---

① 此乃李德顺教授对“法治文化”的阐述。参见李德顺：《法治文化论纲》，载《中国政法大学学报》2007年第1期；李德顺：《怎样理解法治文化》，载《中国政法大学学报》2012年第1期。

个人认为这种定义方式有将“法治文化”概念泛化、模糊化的危险，因为人类的优秀价值何止上述种种，那么到底哪些价值属于“法治文化”范畴呢？而且在法律现实中也很难将这种意义的“法治文化”与法律文化区分开来。①

其三，通过列举“法治文化”的具体范畴或内容的方法来阐述“法治文化”。这种界定方法的优点是对“法治文化”的描述比较具体化和对象化，但缺点是很难将“法治文化”的所有范畴都列举穷尽，可能不同的人还会有不同的列举标准和内容，列举中可能时而范围过窄而对法治文化的内容有所遗漏，时而范围过宽而使法治文化失去本质规定性。②

虽然法律文化从广义上可以包含法治文化，但不宜简单地把法治文化纳入法律文化之中。因为，法治文化是为了适应法治建设和法治进步而产生的一种文化类型，是正在建设或已经实现了

① 这是刘作翔教授关于“法治文化”的定义。通过对比他对“法治文化”和“法律文化”的定义，可以发现他对这两个概念的区分还不太明确。“法治文化就是法律的意识形态和与其相适应的社会制度和组织机构”与“法律文化是法律意识形态以及与法律意识形态相适应的法律规范、法律制度及法律组织机构和法律设施等的总和”是他分别对“法治文化”和“法律文化”的定义，我们看到这两个概念的内涵几乎是一样的。而且在关于“法治文化”结构的列举中，他把法律规范、法律制度、法律组织机构、法律设施等归入法治文化的表层结构，而把法律心理、法律意识、法律思想体系纳入法治文化的深层结构。这一分析进一步表明法治文化的范畴与法律文化是完全重合的。参见刘作翔：《法治文化的几个理论问题》，载《法学论坛》2012 年第 1 期；刘作翔：《法律文化理论》，商务印书馆 1999 年版，第 81 页。

② 刘斌教授把“法治理念文化、法律制度文化、法律组织文化、法治设施文化（物质）、法治行为文化、法律语言与文本文化六个方面的内容”纳入法治文化的范畴；而李林教授认为广义的法治文化分为三个层面：作为精神文明成果的法治文化、作为制度文明成果的法治文化以及作为社会行为方式的法治文化。而狭义的法治文化仅包含前两个层面。显然他们对法治文化的界定都有过于宽泛的倾向，以至于很难让人捕捉到法治文化本身的特殊性。参见刘斌：《中国当代法治文化的研究范畴》，载《中国政法大学学报》2009 年第 6 期；李林：《中国语境下的文化和法治文化概念》，载《中国党政干部论坛》2012 年第 6 期。

法治的国家和社会才可能出现和具有的一种文化类型。简言之,法治文化即实行或实现法治的国家和社会所具有的关于法治的系统知识、理论、设施和观念等,只有实行或实现法治的国家和社会才有自身的法治文化。

基于对法治文化的以上阐述,其与法治意识的区分显而易见。主体内涵上,法治文化为特定国家、地区、社会所具有,不存在个体意义上的法治文化,而法治意识的主体可以是群体、也可以是个体;内容上,法治文化包括知识、理论、设施和观念等,而法治意识则排除知识、设施部分,主要是观念形态的存在物。

(四)法治意识与法治观念、法治理念

党的十八届三中全会提出"健全社会主义普法教育机制,增强全民法治观念"。[①] "法治观念"一词多是政策文件和日常表述中的用语,还没有在学术研究中得到广泛使用,或许是因为"观念"一词的涵盖范围太过广泛,其无法在学术研究上进行精准指代。一般而言,"观念"系公民在实践中形成的各种认识之总称,推而言之,法治观念当然是公民在法治实践中对法治的种种认识,其中可能有感性粗浅的部分,也可能有理性深刻的部分。在此意义上,法治观念与法治意识是不难区分的,前者是对法治的综合认识,后者是对法治的积极的态度、评价和信念。法治观念是一个外延和内涵都大于法治意识的概念,因为法治意识作为建构法治国家的观念基础,主要指代那些对法治理性认知基础上的内心立场、观念、信念。

---

① 《中共中央关于全面深化改革若干重大问题的决定》,人民出版社2013年版,第32页。

“法治理念”一词在中国语境下几乎没有被独立使用，而是冠以“社会主义”构成“社会主义法治理念”方成为研究和运用的对象。“社会主义法治理念”这一概念由胡锦涛同志于2005年11月提出，[①]随后在中央号召组织下，全国开始开展社会主义法治理念教育活动。党的十七大报告进一步提出“坚持依法治国基本方略，树立社会主义法治理念，实现国家各项工作法治化”。[②]许多学者根据中央的讲话精神将社会主义法治理念的内容归结为依法治国、执法为民、公平正义、服务大局、党的领导等诸方面。《法学家》杂志在2006年第5期，集中刊载了张恒山、张文显、刘金国、朱景文、徐显明等几位知名学者关于探讨“社会主义法治理念”的文章。其中，刘金国教授主要探讨了中央强调树立和坚持社会主义法治理念的重大战略意义和树立社会主义法治理念的路径问题，[③]徐显明教授和朱景文教授则对中央提出的法治理念之内容进行了阐述和反思。[④] 张恒山教授与张文显教授分别在文中对“社会主义法治理念”的概念内涵进行了分析。张恒山教授认为：社会主义法治理念是指对社会主义法治实践起着指导、引导作用的抽象精神原则，这一原则根源于人们自身的需要，据

---

① 参见张亦嵘等：《社会主义法治理念教育：触及政法干警灵魂的教育活动》，载法制网2007年8月24日，http://www.legaldaily.com.cn/bm/content/2007-08/24/content_686560.htm。

② 《中国共产党第十七次全国代表大会报告》2007年。

③ 参见刘金国：《社会主义法治理念略论》，载《法学家》2006年第5期。

④ 徐显明教授集中阐发了把“公平正义”作为社会主义法治理念要求之一的重要意义。参见徐显明：《公平正义：当代中国社会主义法治的价值追求》，载《法学家》2006年第5期。朱景文教授则对社会主义法治理念中“服务大局”这一重要使命进行了反思与论述。参见朱景文：《服务大局与“法学家的幻想”》，载《法学家》2006年第5期。

此定义,他把正义作为社会主义法治之最高理念。[①] 张文显教授指出“社会主义法治理念是社会主义法治的内在精神和灵魂”,引领着立法、执法、司法及守法行为,并在多元的视角上把社会主义法治理念概括为党的领导、人民民主、服务大局、尊重和保障人权、公平正义、诚实信用、正当程序与和谐善治等几个方面。[②] 总之,根据以上学者的研究,我们可以把法治理念理解为基于对法治和法治实践核心要素的正确认知,而总结提炼出的指引法治建设的最高精神内核和原则。与法治意识比较,法治理念因是统领法治建设的总的最高指导原则而在内容上具有抽象性和最高性。此外,法治理念不是源于社会、群体或个人的随机感知,而是由国家和社会的治理者在考虑多种因素的前提下通过各种途径来总结提炼的。

从中国共产党十五大确立“依法治国”基本方略以来,中国共产党对促进公民“法治意识”生成问题有一个不断加深的过程,概念使用的不断精准化是一个重大表现。中国共产党十五大和十五届三中全会时期,主要使用“法制观念”“法律意识”这两个概念,但已注意到了公民关于法律和法制的内在观念对法治建设的意义。到了党的十六大时期,开始使用“法治精神”这一概念,对社会主义法治的本质和要求有了进一步的认识。党的十七大继续沿用“法治精神”概念,并提出了“法治理念”一词,

---

① 参见张恒山:《略谈社会主义法治理念》,载《法学家》2006 年第 5 期。后来,张恒山教授对社会主义法治理念的概念进一步表述为“我们认为,社会主义法治理念就是对社会主义法治这一客观事物的理想态的本质性、关键性要素的认识表述,是主导、引导人们从事社会主义法治实践活动的精神范式”,而且把社会主义法治的最高理念补充为“公平正义”。参见张恒山:《社会主义法治理念的内涵及最高理念》,载《北京人民警察学院学报》2008 年第 2 期。

② 参见张文显:《社会主义法治理念导言》,载《法学家》2006 年第 5 期。

目的在于确立社会主义法治的最高精神原则,把握依法治国的基本方向。在此期间“法律意识”的概念也时有使用,但可以从“深入开展普法教育,增强全民的法律意识”“加强农村法制宣传教育,搞好法律服务,提高农民法律意识,推进农村依法治理”等表述中看出,中国共产党文件中出现的“法律意识”这一概念,在内涵上应该是“法治意识”。直到中国共产党十八届四中全会才明确提出“法治意识”概念,并将其内容阐述为“自觉守法、遇事找法、解决问题靠法”。中国共产党相关文件中对法治意识及与之相关的概念使用,大体上经历了这样一个过程:由“法制观念”“法律意识”到“法治精神”,再由“法治精神”到“法治理念”“法治观念”,最后统一到“法治意识”这一概念上(见表1)。

表1　中国共产党十五大至十九届五中全会对“法治意识”及其相关概念的运用情况

党的文件	关于法治意识及与法治意识相关概念的表述
党的十五大报告	深入开展普法教育,增强全民的法律意识,着重提高领导干部的法制观念和依法办事能力。法制建设同精神文明建设必须紧密结合,同步推进
党的十五届三中全会决定	加强法制教育和宣传,使农村干部增强法制观念和依法办事能力,使广大农民知法守法,履行应尽义务,用法律保护自己的合法权益
党的十六大报告	深入开展法制宣传教育,弘扬法治精神,形成自觉学法守法用法的社会氛围。尊重和保障人权,依法保证全体社会成员平等参与、平等发展的权利。各级党组织和全体党员要自觉在宪法和法律范围内活动,带头维护宪法和法律的权威

续表

党的文件	关于法治意识及与法治意识相关概念的表述
党的十七大报告	坚持依法治国基本方略，树立社会主义法治理念，实现国家各项工作法治化/深入开展法制宣传教育，弘扬法治精神，形成自觉学法守法用法的社会氛围。各级党组织和全体党员要自觉在宪法和法律范围内活动，带头维护宪法和法律的权威
党的十七届三中全会决定	加强农村法制宣传教育，搞好法律服务，提高农民法律意识，推进农村依法治理
党的十八大报告	深入开展法制宣传教育，弘扬社会主义法治精神，树立社会主义法治理念，增强全社会学法尊法守法用法意识。提高领导干部运用法治思维和法治方式深化改革、推动发展、化解矛盾、维护稳定能力
党的十八届三中全会决定	健全社会主义普法教育机制，增强全民法治观念
党的十八届四中全会决定	推动全社会树立法治意识/深入开展法治宣传教育，引导全民自觉守法、遇事找法、解决问题靠法
党的十九大报告	加大全民普法力度，建设社会主义法治文化，树立宪法法律至上、法律面前人人平等的法治理念
党的十九届五中全会	深入开展法治宣传教育

第二节　公民法治意识之主要内容

公民法治意识的主要内容指包含在公民法治意识中，能促进现行法律的有效实施、实现，推动法律内容和形式不断进化完备而接近良善的认识、态度和信念。对公民法治意识主要内容的研究，可以在法治意识概念辨析的基础上，进一步明确抽象法治意识的主要对应物，把法治意识这种似乎不可捉摸、无以评价的主观抽象物和公民的思维、行为模式有机联系起来。如此，我们不仅可以实现抽象法治意识的相对具体化，把握法治意识的核心对应物，而且还可在较为微观的层面上有针对性地促进公民法治意识之生成。以往对法治意识内容的确立因缺乏和公民行为的关联而显得抽象、空洞甚至模糊，无法相对精确地把握公民法治意识之主要内容，更无法为促进公民法治意识生成这项复杂而重大的工程提供科学有效的指引。

一、确立公民法治意识主要内容的依据与原则

公民法治意识之内容涵盖广泛，要科学严谨地确立其主要内容，首先应细致琢磨并确立作出某一划分的依据。所谓划分公民法治意识主要内容的依据，乃是能够据之把某些内容认定为公民法治意识的核心内容，而另一些则不是的标准。那么这个作为划分依据的标准又据什么而定呢？我们说，之所以认可一种划分而舍弃另一种，是因为我们的划分都要受到划分目的的指引，目的确定，就会选择与之相应的划分标准，标准乃立，便可据此而确立核心之内容。前已言明，我们确立公民法治意识的主要内容，是为了将抽象的公民法治意识概念相对具体化、对象化，使之能与公民的日常思维判断、行为模式、生活条件对应起来，让公民法治意识从抽象模糊转变为具体确定、从宏观泛化浓缩至微观简洁、从观念与心理层面关联到思维与行为层面，从而使我们能基于对公民法治意识之精准把握，在促进公民法治意识生成的行动中抓住核心要素。而公民法治意识中的核心要素必然是为了最终保证法治在国家或社会中得以推行或实现。根据亚里士多德极富洞见而超越时空局限的法治理论，我们可将确立公民法治意识主要内容的依据

归结为促进法律之有效实施和促进法律本身之良善这两条。[①]

（一）促进法律之有效实施

亚里士多德所言法治的第一重意义“已成立的法律获得普遍的服从”，实则是形式法治之要求。其中“已成立的法律”现在看来包括一国现行有效之法律、法规、规章以及司法机关生效的裁判文书，“普遍服从”乃包括国家与社会依法治理、政党依法执政、政府（含司法机关）依法行政、社会组织及全体公民依法办事在内的全面普遍守法。全体公民普遍遵守现行法律是法治的最基本要求，也是保证法律得以有效实施的必要条件。其实，法律得到遵守和法律得以实施对法律运行状态的描述是差不多的，只是角度不同而已：法律得到遵守是从公民一端（结果上）表述法律的运行状态，法律得以实施是从国家一端（过程上）表述法律的运行状态。法律得以有效实施是法治之第一要义，法律得不到有效实施是法治之第一屏障。罗斯科·庞德曾深刻洞见：“法律的生命在于其实施。”习近平总书记强调：“制度的生命力在执行，有了制度没有严格执行就会形成‘破窗效应’。”[②]现行法律之效力必须通过实施得以保证和体现，现行法律之功能必然通过实施得以发挥和实现，现行法律之价值定然通过实施得以彰显和传播。公民唯有感受到法律之效力才能敬畏法律，认可法律之权威；公民只有了解了法律之功能，才能依赖法律，增加对法律之信任；公民唯有接受了法律之价值，才能维护法律，珍视法律之治理。总之，法律唯得以实施才

---

① 亚里士多德指出：“法治应包含两重意义：已成立的法律获得普遍的服从，而大家所服从的法律，又应该本身是制定得良好的法律。”参见［古希腊］亚里士多德：《政治学》，吴寿彭译，商务印书馆1965年版，第199页。

② 中共中央文献研究室编：《习近平关于全面依法治国论述摘编》，中央文献出版社2015年版，第72页。

能与公民互动，唯有良性的互动，法律才能将公民引向理性，公民才能将法律推向良善。毋庸置疑，公民法治意识作为法治运行的观念基础和文化支撑，必然应将其中能促进法律有效运行的部分列为其主要内容。根据这一依据，我们将公民的主动守法意识、理性意识、程序意识列为公民法治意识的主要内容。

（二）促进法律本身之良善

法律之有效实施固然有利于法治之实现，然物极必反，如果我们仅强调现行法律的实施和公民对现行法律之遵守，而不问正在实施和被遵守之法律本身如何，那么公民很可能成为法律的奴隶，而法律却可能成为满足私欲和进行压迫的工具，国家将不久走向法治的反面而成为人治、专制的舞台。故亚里士多德极具远见卓识地把另一重意义上的法治表述为“大家所服从的法律，又应该本身是制定得良好的法律”，此即实质法治之要求，也就是我们今天经常提到的“良法善治”——要遵守法律，但要求法律本身是良善的。习近平总书记更是明确指出，现阶段“人民群众对立法的期盼，已经不是有没有，而是好不好、管用不管用、能不解决实际问题；不是什么法都能治国，不是什么法都能治好国；越是强调法治，越是要提高立法质量”。[①] 所谓良善的法，一是法律内容上的良善，二是法律形式上的良善。前者涉及的范围极宽，富勒“程序自然法”的八项规定也可算作对法律内容良善的部分要求。在最为宽泛的意义上，法律内容的良善可概括为：法律应该在照顾少数公民的同时，体现大多数公民之合意、承载大多数公民之利益，并致力于保障公民的权利和自由、促进国家的民主与文明等。后者的

① 中共中央文献研究室编：《习近平关于全面依法治国论述摘编》，中央文献出版社 2015 年版，第 43 页。

要求则相对单一，主要指法律制定、颁布以及司法裁判文书的制作、送达等保证法律效力的行为本身具有合法性。提到“良法善治”，人们会觉得这似乎主要是立法机关或立法方面需考虑的问题，与普通公民关系则不大。表面上此看法仿佛有理，细思之，其不仅错误且甚是危险。法律虽在形式上是由国家立法机关制定，但依据“契约论”思想，法律最终的来源是全体社会成员的合意或同意，法律的内容实质上由全体公民来决定，立法机关只是作为全体公民的代表而将民众认可的内容表述为法律。[①] 在立法权异化现象普遍存在的现代社会，立法机关很可能违背全体公民意志而制定仅保护少数人利益或授予少数人特权的法律，一旦此种情况发生，公民必然饱受专制之苦。可见，积极参与立法和严格监督立法以保证法律内容上良善，不仅是公民的权利，更是公民的义务。因此，旨在保证法治有效运行的公民法治意识中能促进法律本身良善的部分理应被视为公民法治意识主要内容之组成部分。因此，本书照此标准将“契约意识”“人本意识”亦列为法治意识的主要内容。

有人可能会合理质疑，法治意识的内容涵盖丰富，即使按照上述两条标准，也可以在守法意识、理性意识、程序意识、契约意识、人本意识之外，将权利意识、公正意识、民主意识等纳入其中，因为它们同样符合上述确立依据。因此，为了使我们对公民法治意识主要内容的确立更为科学精细，本书公民法治意识之确立还注意遵循以下原则。

---

① 法律来源的契约论思想在西方起源很早，到十七八世纪时，人们普遍接受了“契约等同于法律”的观念，且张恒山教授还强调“契约论是当代中国法治建设的观念基础”，本书在法律的理论来源上接受这一观念。参见张恒山：《法理要论》，北京大学出版社 2009 年版，第 65 ~ 67、143 ~ 145 页。

(三)必要性原则

坦诚地讲,本书不否定,以上两条用以确立法治意识的标准不仅范围仍显宽泛,而且边界也不甚明确,显然不足以充分地论证照此标准仅能将上述五个方面作为公民法治意识的主要内容,而明显地排除其他。然一个不言自明的事实是,如果公民法治意识主要内容之确立标准过于广泛,会同时淡化这里的“主要”一词和对公民法治意识主要内容进行划分的意义。故我们引进必要性原则,从消极层面,把不具备就不能满足以上两条标准的因素作为公民法治意识的主要内容。换言之,把满足以上确立依据的必要内容划归到公民法治意识的主要范围之内。据必要性原则,如果公民能同时具备以上五种法治意识内容,当可同时促进法律的实施和法律的良善。

(四)关联性原则

如前文所述,本书讨论法治意识极为注重其与公民的行为与思维之联系。故在划分公民法治意识主要内容之时,除了遵守必要性原则之外,还致力于遵守让公民法治意识的主要内容与公民的行为模式和思维方式相关联的原则。摒弃以往研究法治意识者以抽象界定抽象的方式,把法治意识的主要内容限定在对公民法律行为塑造和法律思维训练关联性较强的范围之内。简言之,就是当公民具备这些法治意识的主要方面时,就能在面对法律现象时,据此进行符合法律规定和精神的思维判断和行为选择。而上述公民法治意识的五个方面的内容中,守法意识关联公民对法律规定的判断,契约意识关联公民对法律来源的判断,人本意识关联公民对法律价值的判断,理性意识关联公民对行为选择的判断,程序意识关联对法律运行的判断,且它们都与立法、执法、司法、守法等行为中的部分项或全部项相关联。

二、公民法治意识之主要内容

根据以上标准和原则，本书把公民法治意识的主要内容确立为以下五个方面。下面我们拟对公民法律意识的主要内容进行逐一详细分析。

（一）守法意识

公民对现行法律的态度不仅关乎现行法律之实效，而且更关乎在现行法律体系和制度支撑下的国家政权的稳定。公民信赖并笃守法律实则表明他们对社会政治秩序的认可和尊重，而他们轻视并抵制法律则体现对社会政治秩序的对立或冷漠。守法意识是公民依据法律（包含司法机关作出的生效裁判）要求选择、约束自己行为以及评价、要求他人行为的一种态度、信念。质言之，守法意识将指引公民珍视一个整体正义的社会中来之不易的法律秩序，此种珍视无疑能同时促进政治秩序之稳固和现行法律之实施。因此，守法意识正是公民法治意识的核心内容。卢梭曾强调："所有法律中的第一条就是要尊重法律。"①

作为指引、评价公民法律行为之内在标准，守法意识绝非人们日常理解之中性概念，而是带有强烈伦理道德性。具有守法意识意指公民不仅于行为层面能遵照法律规定作为或不作为，而且在心理层面有应当依法作为或不作为的道德压力：当感觉自己可能不守法或已经未守法时内心会产生强烈的愧疚感和自责感，而看到他人可能不守法或已经不守法时内心则会涌现强烈的愤慨和谴责。这样，关于公民守法的制度与关于公民守法之意识之间就出现了区别，前者只要求公民外部行为服从现行法律即可，而后者则

---

① ［英］韦恩·莫里森：《法理学：从古希腊到后现代》，李桂林等译，武汉大学出版社2003年版，第165页。

因包含行为服从法律时的内心确信及行为违背法律时的内心紧张而要求行为选择时必须观照内在动机，于此，守法意识不啻就上升为一种守法的道德要求。[①] 这种守法道德的形成，源于公民内心对守法正当性之确信，据此确信，公民无须任何外部的物理性强制，就会在面临守法与否之选择时不仅于个体内心产生，而且于外部环境感受到一种强大的道德压力，而这种压力往往足以促使公民选择守法。守法意识一方面体现为公民个体对守法正当性的内心确信，另一方面还体现全体公民对守法正当性的道德共识，其既包含公民个体对自己和他人行为的要求，又涵盖整个社会（公民共同体）对单一成员的要求，既属独立的个人内心信念，又属系统的社会道德氛围。因此，守法意识就能在公民面临守法与否的矛盾时，同时感受到来自自己内心和外部环境（由他人内心确信的集合而成）的道德要求。

作为促进公民守法的内心信念，公民是否具备守法意识关系到一国公民能否普遍守法，国家、社会能否实行法治，因为公民普遍守法是现行法律得以实施的保证和表征。故人类历史上许多伟大的思想家都极为强调公民守法之意义并注重公民守法精神之培育。其中较为典型的有以下几种观点：

第一，守法能维护正义。古希腊伟大的思想家苏格拉底在与智者希皮阿斯的谈话中坚称“守法就是正义”。在他看来“城邦的律法”是“公民们一致制定的协议，规定他们应该做什么和不应该做什么”，而守法即遵守这些协议，亦即行正义。他还以约生于公

---

① 因为博登海默曾说：“法律不考虑潜在的动机问题，只要求人们从外部行为上服从现行的规则和法规，而道德则诉助于人的良知。”参见［美］E. 博登海默：《法理学：法律哲学与法律方法》，邓正来译，中国政法大学出版社1998年版，第389页。

元前8世纪的古斯巴达立法者卢库格斯为例，说明在一个城邦建立守法精神的重要性。同时，他还论述了守法对于城邦、领导人及公民个人的意义。在他看来：对于城邦来说，人民守法可以让城邦在和平时最幸福，而在战争时最强大，所以每个城邦都应教导公民在遵守法律一事上同心协力；对于领导者来说，能否使人民守法是衡量其是否是好的领导者之标准；而就公民个人来说，守法可以博得城邦、城邦人民、亲朋好友、同盟者甚至是敌人的信任而收获最大限度的利益。[①] 苏格拉底不仅用精辟的语言、更是用宝贵的生命刚毅地向世人昭示守法的伦理价值和现实意义。西塞罗亦曾表示，法是正义的体现，公民应该服从它。[②]

第二，守法能保护贤人。伊壁鸠鲁认为，法律乃为贤者而颁布，是其防范和抵御“愚者”的工具，唯有遵守法律方可使“贤者”免遭厄运，同时，守法还可让人们摆脱恐惧而得到灵魂安宁和生活快乐。[③] 阿奎那在强调所有人（包括君主）服从法律的同时指出，好人意志与法律相一致，而坏人反之，故在此意义上，“好人不受法律支配，只有坏人才受它支配”。[④]

---

① 参见［古希腊］色诺芬：《回忆苏格拉底》，吴永泉译，商务印书馆1984年版，第164～166页。

② 西塞罗在法律篇中表示：“官吏的职能是治理，并发布正义、有益且符合法律的指令”“指令应是正义的，公民们应尽责地并毫无怨言地服从它们。”［古罗马］西塞罗：《国家篇 法律篇》，沈叔平、苏力译，商务印书馆1999年版，第223～225页。

③ 参见谷春德主编：《西方法律思想史》，中国人民大学出版社2004年版，第47页。

④ 阿奎那称：（1）“所有服从某种权力的人也就受那种权力所颁布的法律的支配。”（2）“无论何人，如为他人制定法律，应将同一法律应用于自己身上。”“权力服从法律的支配，乃是政治管理上最重要的事情。”“按照上帝的判断，一个君王不能不受法律的指导力量的约束，应当自愿地、毫不勉强地满足法律的要求。”（3）“好人的意志同法律相一致，而在坏人身上则意志与法律背道而驰。”“按这个意义来说，有德行的和正直的人士不受法律的支配，只有坏人才受它的约束。”参见［意］阿奎那：《阿奎那政治著作选》，马清槐译，商务印书馆1963年版，第121～123页。

第三,守法可摆脱野蛮。正如柏拉图所言,“服从法律,这也是服从诸神”。[①] 否则,人类的生活将像野蛮兽类,不是陷入极端自由便是忍受专制。

第四,守法能促进法治。亚里士多德极富远见地将守法的意义与法治实现联系起来,他指出,法律的成效在于民众的服从,应确保法律的相对稳定性来长期培养城邦公民的守法习性,否则法律的威信就会削弱。同时,他从两重意义即“普遍服从法律”和“良好的法律”来定义法治,进一步明确守法不仅对法律自身效力而且对整个邦国之法治都是举足轻重的。[②]

可见,在法治思想发端之初,守法及守法精神就得到思想家的高度重视和专门论述,他们用体现高度理性的文字记载和充满示范效应的行为践行之守法精神,正是将人类导向法治的主要观念支撑。任何法律能见成效,任何社会能脱野蛮,任何国家、社会得以法治,都必须仗公民之守法精神,都必须赖公民之守法行为。基于以上充分理由我们认为,接受先贤之警示而把守法意识珍视为公民法治意识的核心内容是极为明智之举。习近平总书记明确指出:“全面推进依法治国,必须坚持全民守法。全民守法,就是任何组织或者个人都必须在宪法和法律范围内活动,任何公民、社会组织和国家机关都要以宪法和法律为行为准则,依照宪法和法律行

---

① [古希腊]柏拉图:《法律篇》,载西方法律思想史编写组编:《西方法律思想史资料选编》,北京大学出版社 1983 年版,第 26 页。

② “法律所以能见成效,全靠民众的服从,而遵守法律的习性须经长期的培养,如果轻易地对这种或那种法制常常作这样或那样的废改,民众守法的习性必然消减,而法律的威信也就跟着削弱了。”“我们应该注意到邦国虽有良法,要是人民不能全都遵循,仍然不能实现法治。”[古希腊]亚里士多德:《政治学》,吴寿彭译,商务印书馆 1965 年版,第 82、202 页。

使权利或权力、履行义务或职责。”①

在揭示公民守法意识的思想渊源和重要意义之后,有必要对与“守法”有关的几个问题进行剖析:一是守法的公民是指全体公民,当然公民在社会中各自扮演着特定的社会角色,或是官员或是知识分子或是商业人士或是社会名流或是普通民众,但此处只是强调全体社会成员作为普通公民时的守法义务。二是守法之对象——“法”是在广义上使用的,既有立法机关或被授权立法的机关颁布的法律法规规章,又有司法机关生效的法律裁判,且同时包括实体法和程序法。三是守法内容包括依法行使权利和依法履行义务。权利义务既是法律规则的核心内容亦是法学理论的核心范畴,故我们本有理由将公民的权利义务意识纳入其法治意识的主要内容之中。但从守法内容的范围可知,只要公民能够守法,他们就已经依法行使了权利和履行了义务;反之,只有公民依法行使了权利和履行了义务,才能表示他们已经守法。因此,公民之守法意识中业已包含了权利义务意识,更为广泛的是,守法意识不仅涵盖公民自己必须依法行使权利和履行义务之想法,而且还涉及必须监督他人依法行使权利和履行义务之要求。四是守法的状态从程度上可递次分为被迫强制守法、消极被动守法、自觉主动守法。被迫强制守法乃守法的最低状态,之所以守法是震慑于法律的制裁,但在法律强力不及或强力取消的情况下就不再服从法律甚至违反法律,法律机会主义者多处于此种状态。消极被动守法是公民守法的较高状态,公民能恪守法律,做到不违反法律,但也不主动利用法律来约束保护自己和评价要求他人,即不违法但也不主动参

① 中共中央文献研究室编:《习近平关于全面依法治国论述摘编》,中央文献出版社 2015 年版,第 87 ~ 88 页。

与法律之实施，在行为、态度和情感上对法律比较冷漠。自觉主动守法是守法的最高状态，是指公民不仅在行为上遵循法律规定去行使权利和履行义务，而且在内心里认同并确信如此行为的正当性，不只外部行为合法，而且内心动机良善。这就是公民在具备守法意识之后，在其指引之下的守法状态，具体表现为：严格服从法律之规定，自觉维护法律之实施，致力推动法律之良善，积极参与法律之治理。

正因为公民守法意识指引下的守法行为旨在推动法治运行、享受法治之益，故一旦失去"良法善治"之前提和背景，就会产生例外。西方著名的"公民不服从"和"非暴力反抗"思想[①]，正是守法及守法意识之例外。阿奎那在著作中就已经论及了"公民不服从"问题，他曾指出法律可能在两种情况下成为不正义的，而"不公道的法律不能称为法律"，这种法律不可服从，也不使人在良心上感到应服从。[②] 此后，在资产阶级革命时期，诸如洛克、卢梭、杰斐逊、潘恩等大批古典自然法学派思想家都基于不同的理由主张公民有不服从或反抗政府及法律之权利，只要政府与法律非正义。

在"非暴力反抗"理论中尤其值得关注的是约翰·罗尔斯和罗纳德·德沃金各自系统深入的分析。罗尔斯承认特定情境下公

---

①　公民不服从与非暴力反抗虽有许多细微差别但在实际中的指代往往是重合的，本书统一将之作为公民守法的例外而不作区分。

②　"法律也可以由于两种缘故而成为非正义的。首先，当它们由于违反我们刚确定的标准而与人类幸福不利时……这种法律与暴力无异，而与合法性并无共同之处……因此，这种法律并不使人在良心上感到非遵守不可，除非偶然为了避免诽谤或纷扰。""其次，法律可以由于与神的善性相抵触而成为非正义的……这种法律在任何情况下也不可服从。"参见［意］阿奎那：《阿奎那政治著作选》，马清槐译，商务印书馆1963年版，第120～121页。

民不服从的正当性,但以审慎的态度而持相对保守观点。在论述“非暴力反抗”之前他居先言明,出于支持正义宪法及其中多数裁决这一主要规则,只要法律和政策不超过某种不正义的限度就必须服从它们或至少不用非法手段反对它们。[①] 他的“非暴力反抗”理论主要包含以下内容:

第一,非暴力反抗的背景。罗尔斯从国家政体、社会性质、公民政治法律立场方面,给非暴力反抗限定了一些背景:适用于一个接近正义的社会,产生于多少是民主的国家,针对那些承认并接受宪法合法性的公民。[②]

第二,非暴力反抗的定义。罗尔斯认为非暴力反抗是“一种公开的、非暴力的,既是按照良心的又是政治性的对抗法律的行为,其目的通常是使政府的法律或政策发生一种改变。”[③]而且,他还详细强调了定义中的四个因素:非暴力反抗行为违反的不一定是遭到抗议的法律,即公民可通过不服从其他法律来表达对另一法律不正义之抗议;非暴力反抗行为是违反法律的;非暴力反抗是一种政治行为,即它求助的是构成政治秩序基础的大家的正义感,而非个人的道德原则和宗教理论;非暴力反抗是一个公开和平的行为,即它是在忠诚于法律的范围内公开而不隐藏地表达对法律的不服从。非暴力反抗以反抗者对法律的忠诚以及反抗行为在政治上的认真、真诚而区别于与法律秩序对立的好

---

① 他还断言“在一个近于正义的状态里,我们通常根据那个支持正义宪法的义务而具有遵守不正义法律的义务”。参见[美]约翰·罗尔斯:《正义论》,何怀宏、何包钢、廖申白译,中国社会科学出版社 1988 年版,第 354 页。

② 参见[美]约翰·罗尔斯:《正义论》,何怀宏、何包钢、廖申白译,中国社会科学出版社 1988 年版,第 363 页。

③ [美]约翰·罗尔斯:《正义论》,何怀宏、何包钢、廖申白译,中国社会科学出版社 1988 年版,第 364~365 页。

斗、破坏和武力抵抗行为。罗尔斯还不无细致地在非暴力反抗中析出良心拒绝行为，这种行为是不服从直接法令或行政命令，且不公开诉诸多数人的正义感也不必然建立在政治原则上（它可能建立在那些与宪法秩序不符合的宗教原则或其他原则之上）。同时，他又承认在实践中，良心拒绝与非暴力反抗没有明确区分。[①]

第三，非暴力反抗的依据。罗尔斯循着他的正义理论为针对特定社会内部（排除国际法）的非暴力反抗设定了三个条件。一是被反抗之对象存在各种错误的性质，主要指该对象严重侵犯了正义的第一个原则（平等自由原则）和公然违反了第二个原则的第二个部分（公平的机会均等原则）。[②] 这一条件主要界定了哪些是非暴力反抗的恰当条件，我们姑且称其为非暴力反抗之对象条件。二是非暴力反抗的恰当对象（条件一所谈及之对象）出现后，公民已经真诚对政治多数正常呼吁过了但无效，即法律纠正手段因多数表现出的不可被感动和冷漠被证明无效（但并非合法手段在程序上已经穷尽）。但如果出现肆无忌惮之不正义对象，自然无须要求再通过正常的政治程序来反抗它，因为此时即使直接进行

---

① 参见[美]约翰·罗尔斯：《正义论》，何怀宏、何包钢、廖申白译，中国社会科学出版社1988年版，第364～371页。

② 关于这一条件罗尔斯还论述道“如果我们把这种反抗看成是一种诉诸共同体的正义感的政治行为，那么在其他条件均等的情况下，把非暴力反抗的对象限制于实质性的和明显的不正义的情形，尤其是那些阻碍清除其他不正义的不正义看来是合理的”。以及“对平等自由原则的侵犯是非暴力反抗的较合适的对象。这个原则规定了在一个宪法制度中平等公民权的共同地位，构成了政治秩序的基础。当这一原则得到充分尊重时，我们可以设想其他的不正义（虽然可能是持久的、严重的）将不会不可控制”。[美]约翰·罗尔斯：《正义论》，何怀宏、何包钢、廖申白译，中国社会科学出版社1988年版，第372、373页。

非暴力反抗都或许太过温和。[①] 可见这一条件要求对“恰当对象”的非暴力反抗有一个先致力寻求政治和法律程序的前置条件,所以将之视为非暴力反抗的程序条件。三是可谓非暴力反抗之公民条件,因为它主要是对非暴力反抗公民资格方面的一个限定,即同时参与非暴力反抗的公民不能超过一定范围而破坏对法律和宪法之尊重并对所有人带来不幸后果。如果许多公民同时以非暴力反抗方式而为,严重无序或许会发生,宪法效率可能遭破坏。[②]

第四,非暴力反抗之作用。罗尔斯高度赞扬了非暴力反抗在一个接近正义的社会中的作用。他认为:(1)非暴力反抗可以稳定宪法制度;[③](2)非暴力反抗能通过禁止并纠正不正义来维持和加强正义制度,维持自由与平等的人们之间的自愿合作。非暴力反抗需要诉诸社会多数的正义感,因之其反抗行为必然凸显社会的一种共同的正义感;[④](3)非暴力反抗表征了一个社会中正义感发挥作用的程度。因为“只有在某种在相当高的程度上由正义感控制的社会中,正当的非暴力反抗通常才是一种合理有效的抗议

---

① 参见[美]约翰·罗尔斯:《正义论》,何怀宏、何包钢、廖申白译,中国社会科学出版社1988年版,第373页。

② 参见[美]约翰·罗尔斯:《正义论》,何怀宏、何包钢、廖申白译,中国社会科学出版社1988年版,第374页。

③ “在忠于法律的范围之内,它确立了维持一种正义宪法稳定性的最终手段。虽然这种行为方式严格说来违反了法律,但它无论如何是一种维持宪法制度的道德纠正方式。”[美]约翰·罗尔斯:《正义论》,何怀宏、何包钢、廖申白译,中国社会科学出版社1988年版,第385页。

④ 对此,罗尔斯言道:“连同自由和定期的选举制度和一种有权解释宪法(不一定被书写下来)的司法体系等等一起,具有适当限制和健全判断的非暴力反抗有助于维持和加强正义制度。通过在忠于法律的范围内反对不正义,它被用来禁止对正义的偏离,并在偏离出现时纠正它们。一种参与正当的非暴力反抗的普遍倾向把稳定性引入一个社会中或接近正义的社会中。”[美]约翰·罗尔斯:《正义论》,何怀宏、何包钢、廖申白译,中国社会科学出版社1988年版,第383~384页。

形式”。[1]

第五,非暴力反抗正当性的决定者。罗尔斯指出,在宣布于何时和何种环境下非暴力反抗是正当的这一问题上,在平等人之间无须确定任何的最高仲裁者,自律且负责的每个人都必须通过诉诸一些构成宪法基础并指导解释宪法的政治原则作出自己的决定。所以“所有人都是决定者,即所有能够审慎考虑的人都是决定者”。[2]

与罗尔斯温和折中的观点不同,德沃金就“公民不服从”问题毫不含糊地摆出“如果法律本身的有效性是令人质疑的”,公民就可以遵循他自己的判断而不服从法律要求甚至不服从法院据此法律做出的判决。[3] 可见,他是“公民不服从”问题上走得较远而立场激进的学者,他以“抵制美国征兵法者”为例而展开的“公民不服从”理论可简要概括如下:

首先,公民不服从的特殊性。“公民不服从”虽然也违反现行法律,但与其他违法的动机不同,它是“出于良心”。这是它值得甚至应该得到宽容的根本原因。[4]

其次,公民不服从的条件。他指出,出于良心而不服从法律是由于法律本身的有效性令人质疑。不服从者并非主张一种不遵守法律的特权,而是他们对法律的看法与官员们和法官们不同,而且

---

① [美]约翰·罗尔斯:《正义论》,何怀宏、何包钢、廖申白译,中国社会科学出版社1988年版,第387页。

② [美]约翰·罗尔斯:《正义论》,何怀宏、何包钢、廖申白译,中国社会科学出版社1988年版,第389～391页。

③ 参见[美]罗纳德·德沃金:《认真对待权利》,信春鹰、吴玉章译,上海三联书店2008年版,第280～281页。

④ 参见[美]罗纳德·德沃金:《认真对待权利》,信春鹰、吴玉章译,上海三联书店2008年版,第296～297页。

"双方都可能有令人信服的理由来支持各自的立场"。①而且在出于良心的不服从中,道德问题与法律问题联系明显,而宪法又使得传统的政治道德与法律有关,损害政治道德的任何法规都可能违宪而致有效性存在争议。同时,"当法律的含义不确定时,亦即当律师们对于法院应当作出什么样的判决可能提出合理的不同意见时,经常的原因是不同的法律原则和政策互相抵触了,而且如何才能最好地调解这些冲突的原则和政策是不清楚的"。②

再次,公民不服从的意义。他把公民不服从而引发的各方讨论看作一种检验社会对法律和法院判决反应的实验,认为宽容甚至鼓励在法律有效性不确定时,为不同团体去追求他们自己的理解(出于良心而不服从)提供了检验相关假设的一种手段。这些假设有:具体的规则是否会带来某些不合意的后果或者这些后果所带来的结果是有限的还是无限的、一个具体的决定是否以及在何种程度上将会侵犯该社会十分尊重的正义与公平对待原则等。同时他还坚持,公民不服从是一种根据道德理由来改变法律的主要渠道,如果被堵死,随时间推移,法律的公平公正以及公民自由必然受损。所以,公民不服从能发展并检验法律。他最为强调的是出于良知而违法对于促进法治的作用。③

最后,对出于良心不服从者的保护。他主张"政府对根据一项法律是有效的合理判断来行为的那些人负有特殊的责任。当与其

① 参见[美]罗纳德·德沃金:《认真对待权利》,信春鹰、吴玉章译,上海三联书店2008年版,第277页。

② [美]罗纳德·德沃金:《认真对待权利》,信春鹰、吴玉章译,上海三联书店2008年版,第283页。

③ 参见[美]罗纳德·德沃金:《认真对待权利》,信春鹰、吴玉章译,上海三联书店2008年版,第283~297页。

他政策相一致的时候,政府应当尽可能为这些人提供便利”。[①] 公诉人(其可以消除或推迟司法管辖)、国会(可以审查讨论中的法律,以弄清可以给予这些持不同政见者多么大的宽容余地)和法院(它应该宣布不服从者无罪,因为由于不服从效力值得怀疑的法律而受罚是不公平的)都应该对不服从者负起责任。[②]

通过对公民不服从(或非暴力反抗)的深入分析,可知这种对守法的例外,并不是对公民守法意识的破坏,相反是为了巩固公民的守法意识尤其是为了加强守法意识对法治建构的促进作用。因为,公民不服从是在忠诚于国家宪法制度和整个法律体系的基础上,冒着被法律制裁的风险去抵制不正义的法律。对法治必需的正义法律的追求与维护和对与法治不容之非正义法律的抵制及纠正,无疑能培养公民强烈的法感情,并且本身也表明了公民所具有的法感情,而这也正乃公民守法意识所应有的内容。

(二)契约意识

作为公民法治意识主要内容之契约意识是指公民对法律是出自全体公民之合意这一事实之内心确认,并基于此确认将参与立法视为向全体表达自己意见、把遵守法律看成服从全体同时服从自己意见、把维护法律尊严当作捍卫全体及个人意愿、将依法治国视为根据全体及自己意见治理的内心信念。据此,公民契约意识关联着公民对法律来源的认识,更关联着守法、立法(公民经不同方式参与立法)、护法等行为。契约意识系法律即契约的意识,自然引申出积极参与立约、信守契约、捍卫契约的意识。

---

① [美]罗纳德·德沃金:《认真对待权利》,信春鹰、吴玉章译,上海三联书店2008年版,第290页。

② 参见[美]罗纳德·德沃金:《认真对待权利》,信春鹰、吴玉章译,上海三联书店2008年版,第293~297页。

具体包括:第一,法律即契约的意识。这是一个极为重要的意识,关系到公民对法律来源及本质的正确认识和在此认识基础上的行为选择。唯有公民洞悉了法律本质上是全体公民之合意,才能认可法律来源的正义性,才能确信法律是全体公民包含自己利益的集中体现,亦才能领悟现实的正义承载于现行法律之中。第二,立法即立约的意识。法律既是全体公民的契约,立法就是订立契约的行为,而作为立约结果的法律,自然就是公民合意的体现,亦自然就是公民行为的依据和社会正义之标准。一旦在立法过程中,因诸多主客观原因而导致法律的内容(契约的条款)失去合意基础,其必将偏离社会正义、侵害全体利益,以此激励公民审慎对待立法、积极参与立法、严格监督立法,以使法律这一契约总体上始终是全体及自己的真实意思表达。第三,守法即守契约的意识。既然法律是全体社会成员在相关事务上的一种协议,那么对自己之行为自律并负责的公民就有了遵守法律之应当性。因为遵守法律即是履行自己在契约中对全体的承诺,你若要从别人信守契约的行为中获益,你必报之以相同行为。你可能用投机背弃契约而损人利己,但他人亦可回敬你以相同行为。所以遵守法律就是忠诚于全体及自己。具备这一意识,公民就能自觉且自由地遵守法律。第四,护法即捍卫契约合意的意识。法律本质上是全体的合意、是现实的正义,亦是全体利益所在,但法律总是由少数人直接参与订立和执行。少数人在自利心与理性、良知之间的摇摆中,难免做出在具体立法、执法行为中偏离全体合意之行为,同时,部分参与订立契约的公民也会因眼前利益的诱惑而背弃协议。因此,公民若操心自己的利益并珍视社会之正义就必须始终关注立法者是否忠诚记载了全体之合意、执法者是否完全贯彻了合意之内容、参约者是否切实履行了自己的承诺,并将与所有有损契约正义、效力、权威之行为作斗争作为自己的责任，维护契约之合意基础，捍卫全体及自己在社会事务处理上的意愿。可见，契约意识与守法意识是相辅相成的，契约意识是守法意识的前提，守法意识是契约意识的体现。

把契约意识列为公民法治意识的主要内容是基于把法律之来源归结为契约论的认识。人类思想史上，关于法律来源有诸多争论与见解，主要的观点有神源论、圣贤论、强者论、习惯论、统治阶级意志论及契约论等。[①] 面对诸种学说，为什么选择契约论作为法律来源上的解释，并给契约意识以如此重要的地位而将之作为公民法治意识的主要内容呢？因为，在以上种种学说中，唯契约论能同时满足以下三个条件：

一是能全面反映法律产生的历史事实。而其他各种解说则只能反映某一时期法律产生的历史状况，如神源论只能反映宗教在国家统治中居主导地位的时期人们关于法律来源的普遍看法，而圣贤论也只是反映人类古代的少数领导者立法的事例，习惯论仅能解释在简单社会中规则的来源问题，而复杂社会的许多规则已远远超出了习惯的范围，强者论与统治阶级意志论在古代社会有明显体现而现代民主国家的法律却并非体现少数人意志。而且以上几种解说都只关注了法律来源之表面事实，根本没有从根源上追问先贤、强者或统治者凭据什么而立法、他们的立法权力来自何处这样一些根本性的问题，正如我们不能因为代议制立法中直接由少数人组成的议会立法，而短视地把法律来源归于议会。而契约论则从本质上全面反映了人类法律产生的历史，其实神意立法

---

① 关于法律来源的各种解说的具体内容张恒山教授有详细论述。参见张恒山：《法理要论》，北京大学出版社2002年版，第59～64页。

要体现人类理性、圣贤立法要了解人民意愿、强者立法须重视实施基础、习惯立法反映的民族精神更是在一定程度上包含了民众合意,故从根本上讲,在法律产生的历史事实方面契约论可以包含此诸种解说。

二是能合理解释遵守法律之应当性。法律之所以应当被遵守,是因为法律来源存在正义。契约论主张法律是全体公民之合意,遵守法律即服从公民全体同时亦是服从自己,这显然破解了守法应当性的难题。而神源论把守法应当性归于神意而很难说服一些无神论者遵守法律。正如英国人莫里森正确指出的一样,"卢梭的社会契约是要为'人们为什么应该遵守现代社会的法律'这一问题提供一个答案"。[①] 圣贤论把守法的应当性归结为圣贤或英雄的人格,但在人们不承认有圣贤或英雄存在的时代难道就无须守法了吗?强者论和统治阶级意志论把守法的必要性(因为谈不上应当性)归结为强力,那么就暗示了在强力不及处就无法律了。习惯论把守法的应当性归结为公民的习惯,但无法说明遵守处于公民习惯范围之外诸多法律的应当性以及一个没有养成某一习惯的公民(如刚移居某地的公民)守法的应当性。

三是能推动人类的法治进程。凡兼具理性与良知的人都不会否认,法治是迄今为止处理人类事务的最正义最有效的方式,我们对法律来源的解释理应把推动法治作为其价值评判标准。推动法治就至少意味着能同时有益于法律的实施和法律本身的良善。在各种解说中,契约论是最有利于推动法治的理论。神源论、圣贤论、强者论、统治阶级意志论等皆把法律的意志属性及立法的权力

---

① [英]韦恩·莫里森:《法理学:从古希腊到后现代》,李桂林等译,武汉大学出版社2003年版,第164页。

授予极少数人而在立法者与守法者之间造成了一种对立，不仅容易造成专制而且使立法者与守法者之间因关系紧张而致社会秩序经常动荡，且少数人立法正是法律不正义的重要根源。习惯论虽然体现了一定程度上的公民合意，但它强调法律的自然进化，往往使法律与社会发展脱节而无法满足社会进步需要甚至成为社会进步的阻力。契约论一方面极有说服力地赋予了法律遵守的应当性，把守法上升为一种道德要求和义务、一种自律行为，有利于法律的有效实施；另一方面，契约论把法律的产生建立在自由平等公民之间的交流沟通协调之上，使法律去除明显对立而体现全体合意，保证了法律的正义性和法律万一偏离正义时纠正的可能性、便利性。①

契约论思想在西方源远流长，据马克思的考察，"国家起源于人们相互间的契约，起源于 contrat social［社会契约］，这一观点就是伊壁鸠鲁最先提出来的"。② 伊壁鸠鲁曾明确把正义和法律的起源归结为人们之间的契约。一方面，他认为，公正由人们之间相互约定而来，目的是避免彼此伤害，公正不能独立存在，亦不能离开约定而成立。③ 另一方面，他提出，公正由法律来宣布，只

① 此处列举的三个关于判断法律来源正义性、恰当性的标准，其中前两条是借用了张恒山教授的观点，第三条为笔者补充。"所以，关于法律规则来源的思考，绝不仅仅是对法律所由以产生的客观实际历史状况的描述，而是包括着对法律的应受遵从性的解说。"参见张恒山：《法理要论》，北京大学出版社 2002 年版，第 57 页。

② 《马克思恩格斯全集》（第 3 卷），中共中央马克思恩格斯列宁斯大林著作编译局译，人民出版社 1960 年版，第 147 页。

③ "自然公正，乃是引导人们避免彼此伤害和受害的互利的约定。""凡不能相约彼此不伤害的动物，是没有公正或不公正可言的。如果有一些民族不能或不愿有一种尊重相互利益的约定，其结果也和上述情形一样。""公正没有独立的存在，而是由相互的约定而来，在任何地点，任何时间，只要有一个防范彼此伤害的相互约定，公正就成立了。"参见［古希腊］伊壁鸠鲁：《格言》，载周辅成编：《西方伦理学名著选辑》（上卷），商务印书馆 1986 年版，第 96 页。

要法律确认一件事为公正而其又无损于社会关系，就是真正公正的事。[①] 这样他就把契约、公正与法律三者之间的关系打通了，公正源自约定，公正又由法律认定，那么推定人们之间的约定就是法律，或者法律源自相互约定就是合理的。而柏拉图在《理想国》一书中记载，智者格劳孔在与苏格拉底讨论"正义的本质和起源"时就宣称正义起源于人们之间所立的契约。他的基本观点是，人们既可获利于不正义（损人利己），便亦可受害于不正义（被他人损人利己所损），但总是害大于利，于是大家通过契约或法律约定，自己不因不正义而受惠，同时也不让他人因不正义而受害，且遵守这契约或法律就是合法和正义。[②]

对契约论思想进行系统深入阐述并集大成者当推古典自然学派的思想家。他们当中，霍布斯、斯宾诺莎、洛克、卢梭及康德等人都曾主张并致力于研究契约论思想。由于这一流派中持契约论的思想家人数众多、见解各异，在此，我们只打算选择他们思想中的一致部分做一个最为广泛概括的介绍：

第一，古典自然法学派的思想家们都预设人类在相约进入政治社会之前生活于自然状态，根据自然法而享有自然权利。尽管他们对自然状态的总体设想、对自然法的具体要求、对自然权利的具体内容有不同见解，但他们都将自由的自然状态、公正的自然法

---

① 如伊壁鸠鲁论道："一件事一旦为法律宣布为公正，并且被公认为有利于人们的相互关系，就变成真正公正的事，不论是否被普遍认为公正。"［古希腊］伊壁鸠鲁：《格言》，载周辅成编：《西方伦理学名著选辑》（上卷），商务印书馆1986年版，第97页。

② "人们说：做不正义事是利，遭受不正义是害。遭受不正义所得的害超过干不正义所得的利。所以人们在彼此交往中既尝过干不正义的甜头，又尝到过遭受不正义的苦头。两种味道都尝到了之后，那些不能专尝甜头不吃苦头的人，觉得最好大家成立契约：既不要得不正义之惠，也不要吃不正义之亏。打这时候起，他们中间才开始订法律立契约。他们把守法践约叫合法的、正义的。"参见［古希腊］柏拉图：《理想国》，郭斌和、张竹明译，商务印书馆1986年版，第46页。

和平等的自然权利作为人们订立社会契约进入政治社会的推定情景，他们都把人们订约成立国家接受法律治理的动机解释为为了克服自然状态中的种种不便，即使他们对这些不便的列举各异。

第二，古典自然法学派的思想家一个极大的贡献是通过社会契约使国家成为具有正当性的抽象的非个人化的法人实体，从而摆脱了“朕即国家”的道德责难。[①] 卢梭论道，人们将自身的一切权利全部转让给集团而结合为公意的行为产生了一个道德的与集体的共同体。[②] 如此，国家就成了一个合法的有生命的政治体。霍布斯反复证成，人们为了抵御外敌和消除互侵唯有一法，即把大家所有的权力都托付于一个人或一个集体，而把大家的意志集合为一个意志并服从于这个意志，使全体统一于一个人格之中，如此统一于唯一人格中的一群人就称为国家(也即利维坦)。[③]

第三，古典自然法学的契约思想把国家和法律皆视为全体或

---

① 正如凯利所言：“我们将会看到，卢梭的社会契约论不仅仅是对国家的解释，更是一种证成。”参见[爱尔兰]约翰·莫里斯·凯利：《西方法律思想简史》，王笑红译，法律出版社2010年版，第220页。

② “我们每个人都以其自身及其全部的力量共同置于公章的最高指导之下，并且我们在共同体中接纳每个成员作全体之不可侵害的一部分。”“只是一瞬间，这一结合行为就产生了一个道德与集体的共同体，以代替每个订约者的个人……而共同体就以这同一个行为获得了它的统一性、它的公共的大我、它的生命和它的意志。”参见[法]卢梭：《社会契约论》，何兆武译，商务印书馆1980年版，第20～21页。

③ “如果要建立这样一种能抵御外来侵略和制止相互侵害的共同权力，以便保障大家能通过自己的辛劳和土地的丰产为生并生活得很满意，那就只有一条道路——把大家所有的权力和力量托付给某一个人或一个能通过多数的意见把大家的意志化为一个意志的多人组成的集体。这就等于是说，指定一个人或一个由多人组成的集体来代表他们的人格，每一个人都承认授权于如此承当本身人格的人在有关公共和平或安全方面所采取的任何行为或命令他人作出的行为，在这种行为中，大家都把自己的意志服从于他的意志，把自己的判断服从于他的判断。这就不仅是同意或协调，而全体真正统一于唯一人格之中……用一个定义来说，这就是一大群人相互订立信约、每人都对它的行为授权，以便使它能按其认为有利于大家的和平与共同防卫的方式运用全体的力量和手段的一个人格。”参见[英]霍布斯：《利维坦》，黎思复、黎廷弼译，商务印书馆1985年版，第131～132页。

大多数社会成员的合意，是社会成员在自由自觉协商下达成的协议，每个参与订约的成员都应当且必须遵守法律。洛克称，只有大多数人的同意和决定才能将一个共同体形成一个整体并使之具有作为整体行动的权力，因此只有愿意服从大多数进入政治社会的自由人的同意才能创立合法的政府。而民主政制的法律也是由联合组成政治社会的大多数来制定，并通过他们委派官员来执行。[①]卢梭指出，法律是全体人民就公共事务对全体人民的规定，作出规定的意志体现着全体人民的合意，而规定的对象则是普遍性、抽象性的，不会考虑个别人和个别行为，法律的创作者就应当是服从法律的人民。既然法律是公意行为同时也体现个人意志，就总会体现着正义，就必然要求所有国家成员（包括君主）都要遵守。[②] 康

---

① 《政府论》下篇第八章："当某些人基于每人的同意组成一个共同体时，他们就因此把这个共同体形成一个整体，具有作为一个整体而行动的权力，而这是只有经大多数人的同意和决定才能办到的。要知道任何共同体既然只能根据它的各个个人的同意而行动，而它作为一个整体又必须行动一致，这就有必要使整体的行动以较大的力量的意向为转移，这个较大的力量就是大多数人的同意。"及"开始组织并实际组成任何政治社会的，不过是一些能够服从大多数而进行结合并组成这种社会的自由人的同意。这样，而且只有这样，才曾或才能创立世界上任何合法的政府。""当人们最初联合成为社会的时候，既然大多数人自然拥有属于共同体的全部权力，他们就可以随时运用全部权力来为社会制定法律，通过他们委派的官吏来执行那些法律，因此这种政府形式就是纯粹的民主政制。"参见[英]洛克：《政府论》（下篇），叶启芳、瞿菊芳译，商务印书馆1964年版，第59、61、81页。

② 在论及法律时，卢梭坚定宣称："但是当全体人民对全体人民作出规定时，他们便只是考虑着他们自己了；如果这时形成了某种对比关系的话，那也只是某种观点之下的整个对象对于另一种观点之下的整个对象之间的关系，而全体却并没有任何分裂。这时人们所规定的事情就是公共的，正如作出规定的意志是公意一样。正是这种行为，我就称之为法律。""我说法律的对象永远是普遍性的，我的意思是指法律只考虑臣民的共同体以及抽象的行为，而绝不考虑个别的人以及个别的行为。""我们无须再问应该由谁来制订法律，因为法律乃是公意的行为；我们既无须问君主是否超乎法律之上，因为君主也是国家成员；也无须问法律是否会不公正，因为没有人会对自己本人不公正；更无须问何以人们既是自由的而又要服从法律，因为法律只不过是我们自己意志的记录。"参见[法]卢梭：《社会契约论》，何兆武译，商务印书馆1980年版，第46～47页。

德陈述道，只要人们仍生活在任意自由的非法律社会状态，就根本不存在公正与否的问题，也不存在什么权利。“需要有一个法律的社会组织，把他们组织起来服从一个意志，成为国家，他们可以分享什么是权利。”①“国家是许多人依据法律组织起来的联合体。”②而法律则产生于人民的联合意志。因为个人决定一切事情就可能对他人不公，而大家同时又是每个人自己决定就既不会伤害别人也不会伤害自己。③

当然，我们这里所说的契约意识，对以上思想家们的论述有扬弃，但主要是吸收。虽然，由于主张契约论的思想家们在用契约论论证国家、法律的来源以及正义问题时，本身存在的诸如未能揭示人们在订立契约形成国家和法律时理性是如何发挥作用的、大多数或全体的意志是通过什么方式统一的、人们相约组成国家和制定法律的契约是以什么形式存在的等一系列缺憾，以致在18世纪以后对契约论思想的质疑氛围渐浓，人们开始从历史事实、理性推断方面否认契约的真实性和人类自觉联合订立契约的可能性。④但是在国家与法律的起源、正义性，公民与国家、法律的关系等问题上，不容我们不赞叹，坚持并论证契约论的思想家所具备的远见

① ［德］康德：《法的形而上学原理——权利的科学》，沈叔平译，商务印书馆1991年版，第134～135页。

② ［德］康德：《法的形而上学原理——权利的科学》，沈叔平译，商务印书馆1991年版，第138页。

③ “立法权，从它的理性原则来看，只能属于人民的联合意志……如果任何一个个人按照他与别人相反的观点去决定一切事情，那么，他就可能经常对别人作出不公正的事情。但是，如果由大家决定，并颁布作为他们自己的法律，就绝不会发生这种事情。”［德］康德：《法的形而上学原理——权利的科学》，沈叔平译，商务印书馆1991年版，第139页。

④ 休谟曾表示“‘明确要求普遍服从的契约和协议’这种观念‘远远超出了野蛮人的理解力’”。转引自［爱尔兰］约翰·莫里斯·凯利：《西方法律思想简史》，王笑红译，法律出版社2010年版，第219页。

卓识。本书所强调的公民契约意识正是吸收了契约论的这些真理性观点,主张公民应具备国家和法律起源于公民的合意、法律是全体公民意志和利益的体现、制定法律就是以既不伤害自己也不伤害他人的方式处理公共事务、服从法律就是服从全体及自己等观念和信念。习近平总书记强调,"努力使每一项立法都符合宪法精神、反映人民意愿、得到人民拥护"。[①]

(三)理性意识

乍看之下,把理性意识列为公民法治意识的主要内容之一似乎是很令人费解和奇怪的,但只要略微考察西方法律思想史,尤其是自然法思想史,就会充分相信理性概念在法学中举足轻重的地位。可以说,没有对理性概念的提出和运用,就没有西方思想家在正义和自然法理论上的成果,当然也就不可能有今天这样较为系统成熟的西方法学。[②] 纵观中国的思想史,几乎找不到重视理性并对其进行系统阐述的踪迹,当然就更没有把理性概念引入法学领域的努力及其成果。故此,要认知理性之含义及其在法学研究中的运用和地位,唯有考察西方哲人们的思想。

在西方,可以说凡是对理性有过研究的人,都有自己相对独特的关于理性之界定,甚至他们中很多人对理性的指称也各有所好。[③] 但总体而言,他们都认同理性是与感觉(感性)相对的一种认知和(或)实践的能力,通过这种能力人可以洞悉事物的本质而

---

① 中共中央文献研究室编:《习近平关于全面依法治国论述摘编》,中央文献出版社 2015 年版,第 47 页。

② 张恒山教授断言:"在西方,可以说没有理性概念,就没有法学。"因为"西方法学就是建立在对理性的认识和理解的基础上"。参见张恒山:《法理要论》,北京大学出版社 2002 年版,第 13 页。

③ 如与理性大致同义的有笛卡尔的"精神"或"理智"、斯宾诺莎的"心灵"或"理智"等。

获得真理性知识,可以控制自己的欲求并采取合理性行为。质言之,通过理性,人可以感知“真”和判断“善”,达到“实然”之事实认定和“应然”之价值选择。柏拉图曾用“洞穴”之比喻说明,人们把握“可知世界”可用感觉和理性两种方式,前者是通过感官判断完成的,它只能把握可变的“不同时引起相反感觉的东西”,后者是不能仅凭借感官判断,它能帮助把握实在的“能同时引起相反感觉的东西”。可见柏拉图认为,只有迫使灵魂使用纯粹理性才能通向真理本身。[①] 此后,笛卡尔亦举“蜂蜡”之例子证实,人们并不能通过将味道、气味、颜色、形状、声音等诉诸味觉、嗅觉、视觉、触觉、听觉等而从感官上认识某物包括自身的本性,而只有理智才能够领会它。换言之,只有通过我们心里的理智功能,才能真正认识事物及我们自身。[②]

以上两位思想家都洞见了理性在认知事物本质方面的功能,但如果理性只能停留在实然世界进行事实认定,那么就无法有效沟通与应然世界的联系而作用于价值选择、开启人们探寻正义规则之大门。所幸的是,富于智识的哲人们,不仅发现了理性在认知层面的作用,还揭示了其在实践(行为)层面的功能,提出理性不仅能指导人们通过错综复杂且变幻无穷的感官映象,洞察事物之本质、把握事物的内在规定性,同时,还能以准确地认知材料为基础,通过预判行为的可能后果,克服本能欲求冲动而选择适当合理

---

① 参见[古希腊]柏拉图:《理想国》,郭斌和、张竹明译,商务印书馆 1986 年版,第 272 ~ 300 页。

② 他在举例的最后还总结道:“既然事情现在我已经认识了,真正来说,我们只是通过在我们心里的理智功能,而不是通过想象,也不是通过感官来领会物体,而且我们不是由于看见了它,或者我们摸到了它才认识它,而只是由于我们用思维领会它,那么显然我认识了没有什么对我来说比我的精神更容易认识的东西了。”参见[法]笛卡尔:《第一哲学沉思集》(反驳和答辩),庞景仁译,商务印书馆 1986 年版,第 24 ~ 36 页。

的行为,并进而在重复的理性行为基础上形成理性行为规则以指导人们类似的普遍行为。

亚里士多德出于实践的目的(如何使自己有德性),首先把灵魂划分为无理性和有理性两部分(一个无逻各斯的部分和一个有逻各斯的部分),其次再将无理性的部分区分为一个所有生物普遍享有而与理性不发生联系的植物性的部分及一个反抗并分享着理性的欲望的部分,后者要么因不节制的冲动而与理性相背,要么因劝诫、指责、制止而听从理性。这里亚里士多德已经明确,有理性的人们是可以控制欲望从而去做正确的事和追求最好的东西。[①] 令后学更为欣慰的是,他随后据与实践有无联系而将理性部分细分为知识的部分和推理的部分:前者对应沉思的理智,它与实践没有关系,其只负责判断对象的真伪,并且把握的是本然的没有目的的真(笔者认为,就是实然的真);后者对应实践的理性,它直接指导实践,是在各种欲求之间,基于沉思的理性获得的真在某种目的指引下经考虑选择出"欲求的真"(在几种活动欲求中筛选真实的、合适的,确定什么是善的行为)。[②] 在此,亚里士多德已经把理性明确区分为获取真知的认知理性和选择行为的实践理性,前者探究真,后者把握善。

阿奎那在谈论"人类的动作"时,认为"理性是人类动作的第一个原理,一切其他原理多少得服从理性"。[③] 其还说"人类动作

---

① 参见[古希腊]亚里士多德:《尼各马可伦理学》,廖申白译,商务印书馆2003年版,第32~39页。

② 参见[古希腊]亚里士多德:《尼各马可伦理学》,廖申白译,商务印书馆2003年版,第165~190页。

③ [意大利]阿奎那:《神学大全》(论题五十八),载周辅成编:《西方伦理学名著选辑》(上卷),商务印书馆1986年版,第375页。

的原理,只有两层,即理智或理性与意欲"。[①] 前者的完善叫理智的德性,后者的完善称实践的德性,意欲之所以成为动作的原理以及实践德性之所以具备人类德性之物质,是因为分享和符合理性。意欲驱动的实践德性必须和正当理性联系,否则其完善就会似瞎马奔驰,速度越快,危险越大。[②] 阿奎那也阐释了理性通过对意欲(欲望)的控制来促进善行,选择达到正当目的之合宜手段,作出正当取舍。

康德明确提出了纯粹理性和实践理性的概念,并分别论述了它们在行为选择中的作用。他认为,在行为选择中纯粹理性从积极方面抛开具体选择对象而为选择行为规定行为原则,而实践理性则是接受纯粹理性所规定的选择原则,在不受感官冲动或刺激的决定下,有意选择行为。[③]

综上所述,理性是与感性相对并相区别的一种认知和实践能力,其有认知理性和实践理性之分:认知理性是指公民克服感官映象片面、粗糙、多变等缺点,而调动多种思维方法透过表象得到关于事物本质规定性认识的一种思维形式;而实践理性是指公民在认知理性提供的可靠知识基础上,克服本能欲望、刺激、冲动而在多种行为方式中做出正当性判断并据此选择的一种思维形式。前者主要是获取关于对象的全面、准确之知识,而后者则是做出可能行为之间体现正当性的权衡与选择。[④] 实践理性在认知理性的参

① [意大利]阿奎那:《神学大全》(论题五十八),载周辅成编:《西方伦理学名著选辑》(上卷),商务印书馆1986年版,第375页。

② 参见[意大利]阿奎那:《神学大全》(论题五十八),载周辅成编:《西方伦理学名著选辑》(上卷),商务印书馆1986年版,第375~378页。

③ 参见[德]康德:《法的形而上学原理》,沈叔平译,商务印书馆1991年版,第16~17页。

④ 参见张恒山:《法理要论》,北京大学出版社2002年版,第20~25页。

与下,往往可以形成指导行为选择的正当规则。因此,理性可以说是形成人类正当行为规则的必备因素之一。

而作为公民法治意识主要内容之一的理性意识就是指公民在法律认知和实践过程中珍视理性、培育理性并自觉运用理性进行事实认定、价值判断和行为选择的主观态度和信念。把理性意识纳入公民法治意识主要内容之列,原因之一是人类理性直接指引人类如何超越本能驱使而去正当行为,并在行为选择的正当性上达成共识、形成行为规则(包括道德规则和法律规则)。既然法律来自人类理性指引并体现着人类理性,作为受法律规范的公民就必须在主观上有重视理性并积极培育和运用理性的意识才能真正理解法律本身的意义和法律规定的目的,从而珍视法律、遵守法律。原因之二是公民理性意识是推进法治之必要条件。法律之治,是一种依照事先确定的普遍、一般、抽象规则来处理国家公共事务的方式,一方面它基于全体公民的合意而能在总体上体现并维持社会正义,促进社会安全、自由、平等价值的实现,另一方面它既可能存在个人层面或个案层面的不公(不能照顾特殊,可能因一个较大正义牺牲一个较小正义或可能为大多数人考虑而忽视少数人)和短期层面的不便(可能因长期利益而舍去短期眼前利益)使其本身存在一些局限。如果没有理性意识,公民将很难理解与包容法治存在的这些问题而在内心和行动上始终坚持法治。

再者,作为个体的人其行动总是易受感性欲望刺激、受自身利益驱使、受眼前便利牵引而违反既定规则,只有在理性指引下才能不断克服自己的短视、本能、利益限制而把自己作为共同体之一员进行考虑,把自己的欲望与他人的需求、全体利益相对照,把自己的恣意妄为与他人的同等回应相权衡,既追求自身利益又照顾他人相同利益以维持共同体的统一,既克制自己的任意自由又反对他人的任性而为以保证规则之权威。可见,没有理性意识,公民既不能使自己服从于规则之治而获规则之便与利,又不能使规则本身保持良善而体现全体之合意。先贤们或许正是因为洞察了理性能体现公正,而法治又能保持理性才极力推崇法治。在这个意义上,与其说他们看到了法治的优越性,毋宁说他们看到了理性的优越性。习近平总书记之所以提出"我们提出全面推进依法治国,坚定不移厉行法治,一个重要意图就是子孙万代计、为长远发展谋"①,其实就是洞察到了法治当中所闪现的理性光芒。

亚里士多德宣称,法律之统治即神祇和理智的统治,个人(包括贤良)之统治则是混入了兽性之统治。② 尤其是古典自然法学派的思想家,他们中的部分甚至全部或者认为自然法就是人类(或上帝)理性,或者相信人类理性可以发现自然法。一句话,自然法与人类理性须臾不可分,若人类没有理性或人类没有认识到理性的作用,就不可能有自然法及其理论,也就可能没有实在法或者至少可能没有包含今天我们公认的原则与价值的实在法。梅因在探寻自然法的现代史时,虽然承认其理念在哲学上的缺陷,但还是大

---

① 中共中央文献研究室编:《习近平关于全面依法治国论述摘编》,中央文献出版社 2015 年版,第 12～13 页。

② "谁说应该由法律遂行其统治,这就犹如说,唯独神祇和理智可以行使统治;至于谁说应该让一个人来统治,这就在政治中混入了兽性的因素。常人既不能完全消除兽欲,虽最好的人们(贤良)也未免有热忱,这就往往在执政的时候引起偏向。法律恰恰正是免除一切情欲影响的神祇和理智的体现。"可见,亚里士多德正是窥见了理性之光芒和法律保持理性之奥妙才如是重视法治。参见[古希腊]亚里士多德:《政治学》,吴寿彭译,商务印书馆 1965 年版,第 172 页。

为肯定自然法对思想史甚至人类史的重要意义。① 尽管有人对自然法学家们关于理性与正义关系之观点提出质疑,如凯尔森和罗斯就认为有关正义观念必须被视为是非理性的理想,②但基于我们的理性和我们对理性与正义及规则关系的理性判断,我们有理由相信,无论是之前法治的提出、落实,还是今后法治的推进、完善,都离不开公民之理性意识及其培育。

(四)人本意识

如果说理性意识是现代法治的思维基础的话,那么人本意识就是其价值内核。从法律的产生发展到法治的成熟完备,理性意识始终发挥重要的认知与实践作用,甚至本身就成为法律及法治的组成部分。然而,乐于感恩的人类,总倾向于把曾拯救自己的东西推向绝对,如对上帝、对圣贤,当然对理性也不例外。在经历两次世界大战和资本主义的经济和精神危机之沉重打击后,人类终于借助反思这一强大力量认识到人的理性不仅有限而且在被绝对化、被异化后还会有害。人类若要在改造和创造物质世界之同时,能坚守和完善自己的精神家园,一并享受物质上的丰富自足、身体上自由健康和灵魂上闲适安宁,除了珍视理性意识还得拥有人本意识。纵观人类历史,可以毫不夸张地断言,凡是能为人类构建幸福图景的理论都归功于饱含人本价值的理论,凡能激发人类行动

---

① “但是,这个理论在哲学上虽然有其缺陷,我们却不能因此而忽视其对于人类的重要性。真的,如果自然法没有成为古代世界中一种普遍的信念,这就很难说思想的历史,因此也就是人类的历史,究竟会朝哪一个方向发展了。”参见[英]梅因:《古代法》,沈景一译,商务印书馆1959年版,第50页。

② 参见[美]E.博登海默:《法理学:法律哲学与法律方法》,邓正来译,中国政法大学出版社2004年版,第276页。

力创造力的时代都属于高扬人本精神的时代。在遍尝中世纪人性被压抑、两次世界大战人性被摧残以及资本主义工业文明人性被忽视的恶果之后，人们真切地意识到"无人性"的恐怖和人本意识的重要。① 在以交换为中心的"商工文明"社会，以人（包括自己和他人）的需求为出发点和落脚点的人本价值观逐渐得到广泛传播与赞同，作为商业交换规则和人的活动准则之法律，也必然要体现人本精神。因此，作为社会公民的人，若要在包含人本精神的统一的法律规则安排下，更好地维持彼此间的合作，享受"自律"之下的安全、自由、平等，其自身的法治意识中必须具备人本之重要养分。因此，本书将人本意识作为公民法治意识的主要内容视之论之。

人本意识在中西方文化中均有颇深渊源，马克思主义哲学更是强调人本价值观。在中国古代，很多思想家都强调了以民为本、民贵君轻以及民在国家统治方面的决定作用。② 虽然他们提出的这些思想都是从成就帝王霸业或稳固国家统治的角度把"民本"作为统治方式来看待，与现代"以人为本"的人本思想有很多本质区别，但客观上却为人本思想在中国的培育与传播提供了思想基础。而现代意义的人本主要来自西方，早在古希腊时代，少数思想

① 正如弗洛姆所言："十九世纪的问题是上帝死了，二十世纪的问题是人死了。在十九世纪，无人性意味着残忍；在二十世纪则意味着精神分裂般的自我异化。"参见[美]埃利希·弗洛姆：《健全的社会》，欧阳谦译，中国文联出处公司1988年版，第370页。

② 例如，管仲提出"夫霸王之所始也，以人为本。"（《管子·霸言》）"民惟邦本，本固邦宁。"（《尚书·夏书·五子之歌》）孟子强调："民为贵，社稷次之，君为轻。"（《孟子·尽心下》）荀子曰："水可以载舟，亦可以覆舟，民犹水也，君犹舟也。"唐太宗非常重视荀子的这一思想，常用以教太子（《资治通鉴·唐纪十三》）。

家就看到了人的公民性。智者普罗泰戈拉最早提出:"人是万物的尺度。"[①]苏格拉底将普罗泰戈拉"人凭感觉认识事物"的观点纠正为"人凭理性认识事物",并提出"认识你自己"的观点而把"哲学从天上拉到了人间"。[②]

人本主义思想的活跃和普及是从文艺复兴开始的。雅各布·布克哈特将文艺复兴称为"人的发现"的伟大时代,[③]哲学、文学、法学、艺术都开始以人为公民,肯定人的价值、承认人的需求、关注人的前途。康德率先明确提出,人是目的不是手段,如果没有人,就没有绝对价值的东西。[④] 马克思更是将"为人类幸福和我们自身的完善"作为其人生目标,从而由始至终把人本主义思想作为其理论的价值基础。他把专制社会称为"庸人的世界",认为"旧世界是属于庸人的",而自由的人却是共和主义者。专制社会的原则

---

① 其原文意思是:"人是一事物是什么的尺度,也是事物不是什么的尺度。"即人是认识的主体,只有人才知道事物为什么是这样而非那样的道理。赵郭华:《西方人本主义传统与马克思的"以人为本"思想》,载《北京大学学报(哲学社会科学版)》2004 年第 6 期。

② 参见西方哲学史编写组编:《西方哲学史》,高等教育出版社 2011 年版,第 46～47 页。

③ 同时他还强调:"文艺复兴于发现外部世界之外,由于它首先认识和揭示了丰满的完整的人性而取得了一项尤为伟大的成就。"参见[瑞士]雅各布·布克哈特:《意大利文艺复兴时期的文化》,何新译,商务印书馆 1979 年版,第 302 页。

④ "人,总之一切理性动物,是作为目的本身而存在的,并不是仅仅作为手段给某个意志任意使用的,我们必须在他的一切行动中,不管这行动是对他自己的,还是对其他理性动物的,永远把他当作目的看待。""人之为物,其存在本身就是目的,而且是这样一种目的,这种目的是不能为任何其他目的所代替的,是不能仅仅作为手段为其他目的服务的,因为如果没有人,就根本没有什么具有绝对价值的东西了。""所以,实践律令就是下面这句话:你的行动,要把人性,不管是你身上的人生,还是任何别人身上的人性,永远当作目的看待,决不仅仅当作手段使用。"参见[德]康德:《道德形而上学的基础》(第二节),载北京大学哲学系外国哲学史教研室编:《西方哲学原著选读》(下卷),商务印书馆 1982 年版,第 317～318 页。

就是“轻视人,蔑视人,使人不成其为人”。[①] 可以说在马克思的著作中处处闪耀着人本主义的光辉,如《德法年鉴》《1844 年手稿》《资本论》及后期的笔记都体现对压迫人的旧制度旧思想的批判和对人的价值的推崇。可见,西方的人本主义思想虽然在各个时期表述不一、内容不同,而且在马克思全面阐述它之前都带有一定的局限性,但是在它们中体现的诸如确立人的公民地位、赞扬人的崇高伟大、肯定人的价值、维护人的尊严、照顾人的需求等进步思想,是值得我们自觉吸收的。

古典自然法学的思想家们,正是在人本主义思潮的启迪下而提出了天赋人权、社会契约、法律至上、自由平等等构成现代法治思想内核和价值体系的重要原则,从法学理论上确立了人本主义的法律观。随后正是在这些原则指导下取得国家政权的资产阶级,开始把人本主义法律观渗透在国家现行的法律制度和司法体制中,而使立法民主、司法公正、权利保障与权力制约等原则从理论进入实践,也使法律人从以神为本、以物为本逐渐向以人为本转变,并主要以现实的人的行为、需求、价值、权利作为法律制度存在的基础。

坚持马克思主义的中国特色社会主义法学,近年来也十分强调人本法律观。李龙教授把人类历史上法律观的演变依次归结为神本、物本、社本和人本四个阶段,并认为前面两个阶段都属于法律的异化,法律成为压迫人奴役人的工具,而从社本法律观开始,法律逐渐向人回归,最终步入了人本法律观的正途。在他看来,人本法律观要求法律制度的安排必须致力于实现人的

---

① 《马克思恩格斯全集》(第 1 卷),中共中央马克思恩格斯列宁斯大林著作编译局译,人民出版社 1956 年版,第 409～411 页。

全面发展、保障人的合法权利并服务于社会和全体人民。[①] 李步云教授强调人本法律观是建构法治和保障人权的根基,社会主义法治应该坚持人本法治观,并把社会主义人本法律观的内容概括为十个方面。[②]

在全面考虑法律的发展演变趋势和法治之目的功能并吸收中国古代"民本"思想、西方人本主义精神尤其是马克思主义"以人为本"理念以及当代中国人本法律观思想之基础上,本书认为,作为公民法律意识主要内容之人本意识,是指公民在对法律的认知中坚持法律是因人的需要而生、必须以人为公民以维持人与人之间的合作、保障人的权利、实现人的全面发展的内在观点、态度和在法律实践活动中坚持法律面前人人平等、在维护自己权利的同时尊重他人同样的权利等内心看法和信念。简言之,人本意识就是法律认知与实践活动中秉持以人为本的精神,把灵与肉相统一、独立与合作相统一、自治与他律相统一的人作为法律的公民,使法律符合人的治理需求、服务于人。可以说,现代法治所强调的立法民主、有限政府、权利保障等观点都是人本意识之具体体现。习近平总书记指出:"要把体现人民利益、反映人民愿望、维护人民权益、增进人民福祉落实到依法治国全过程,使法律及其实施充分体现人民意志。"[③]

---

① 参见李龙:《人本法律观简论》,载《社会科学战线》2004 年第 6 期。

② 这十个方面包括:"人的价值高于一切;人是目的,不是手段;人是发展的中心主体;促进人的全面发展;崇尚和彰显人性;坚持人的独立自主;尊重人的首创精神;权利优位于义务;尊重和保障人权。"参见李步云:《法的人本主义》,载《法学家》2010 年第 1 期。

③ 中共中央文献研究室编:《习近平关于全面依法治国论述摘编》,中央文献出版社 2015 年版,第 29 页。

(五)程序意识

即使已制定的法律在内容上是完全正义的,然承载于文本与制度中的正义安排与公民的日常生活仍有很大的距离,从作出正义规划与安排到公民实际感知、体验并享受到正义带来的好处,期间有一个漫长的过程。而在这个漫长过程中能保证正义从制度的源头不走样地再现到公民生活的终端之重任,唯正当严密的法律程序可担负之。程序一般指为达到某一目标而精心设计并严格遵循的一些操作步骤和运行次序。作为法律学的核心概念之一,法律程序指在限定一定主客体资格及角色分配、主客观条件及具体要求、时空范围之基础上,公民遵循严格的次序、步骤行动而作出相应法律决定的过程。①

法律程序一般集中体现在程序法中,与规定利益分配、权利义务内容等实质正义安排的实体法相对。实体法的正义安排是为社会奉献了实现正义的前提和标准,程序却通过调动所有参与者的积极性并展现他们的利益价值立场来把这个前提与标准与具体事件细节反复对比,而使实体法之正义以看得见和让人信服的方式实现。根据公民的行为内容和具体决定的结果之不同,法律程序大致可分为立法程序、司法程序(主要是审判程序)、执法程序(行政程序)、参政程序(如选举程序)等,无论哪一种程序,都可以使

---

① 季卫东教授曾给法律程序下了一个简单的概念:"程序,从法律学的角度来看,主要体现为按照一定的顺序、方式和步骤来作出法律决定的过程。"参见季卫东:《法律程序的意义——对中国法制建设的另一种思考》,载《中国社会科学》1993 年第 1 期。但本书认为,法律程序并不能仅仅归结为作出法律决定的顺序、方式和步骤等技术方面,还包括对参与决定的主体资格的确定,对影响决定结果的各种标准、条件、情形的规定,对与决定相关的时空范围的限定,甚至还包括在这些资格、条件、范围的规定中所体现的价值目标等。因此,本书对季教授的概念进行了一些扩充,即便如此,还是感觉并没能涵盖法律程序的主要内容,尤其是价值部分的。

公民在相应事件上的重叠性共识（可能也是社会在这一事件上的公平正义观）通过一个可控的过程得以最大限度的实现。在一个利益诉求强烈而价值判断又多元的时代和社会中，即使国家强制力也再难胜任将一种普遍性的实质正义理想强加于全体成员的工作，甚至一种实质正义立场完全压倒另一种实质正义立场的做法不仅徒劳而且有害。在具备体现实质正义安排的实体法或不具备实体法依据的情况下，利益冲突、价值多元、立场各异的公民唯有通过正当法律程序才能最大限度地寻求和平、有序的沟通和协调机制来陈述各方意见谋求一种基于共识的平衡，从而把实体法规定与具体的个案情节衔接起来，形成合意、达成妥协。

如果没有正当法律程序的体系和意识，可能出现的情况可以设想如下：一是决定者（或少数握有权力者）可能把自己对实体法的理解视为一种普遍的正义观而在没有任何阻碍的情况下通过权力护航将之强加于所有参与者甚至是全体社会成员，显然这是走向专制恣意的捷径；二是参与者各自将自己对实体法的理解视为唯一正义的观点，并以完全捍卫之决心，在各自孤立和封闭的状态中因无法沟通协调、共享信息、交涉利益而长期对抗，使分歧或纠纷持续存在甚至不断发酵，这可能埋下社会管理无序的祸根。简言之，缺乏正当过程，或者会因决定权失之分化对抗而造成决定者之专断与恣意，[①]或者会因参与者无法开放、充分地陈述、协商而不能达成重叠性共识或妥协性认同。

因此，再理想的正义安排如果没有正当且适当的法律程序作

① 季卫东先生明确指出："程序公正的实质是排除恣意因素，保证决定的客观正确"以及"程序的对立物是恣意，而分化和独立才是它的魂。分化是指一定的结构或者功能在进化过程中演变成两个以上的组织或角色的过程"。季卫东：《法律程序的意义——对中国法制建设的另一种思考》，载《中国社会科学》1993 年第 1 期。

为实现路径，都只能是“镜中花、水中月”。这也就解释了罗尔斯的正义理论为何具有程序倾向，他假定的“无知之幕”和“原初状态”在某种意义上就是关于达成正义原则共识的程序性设计，只有在切断现实信息并隐藏公民优势的假定的纯粹程序正义情形下，公民方能基于一个理想的商谈环境而就制度性条件取得一致。①在考虑分配正义的实现时，罗尔斯明确将实现方式定为纯粹程序正义，并且通过对比完善的程序正义与不完善程序正义说明了纯粹程序正义的实践优势，即：“在满足正义的要求时，它不再需要追溯无数的特殊环境和个人在不断改变着的相对地位，我们避免了将由这类细节引起的非常复杂的原则问题。”②

无独有偶，哈贝马斯也从20世纪80年代将正义理论逐步转向程序主义，并声称他与罗尔斯、柯尔伯格的理论可并列为三种程序性正义论。③ 在论述程序主义的法律观对法治国危机的消解作用时，他认为，程序性法律范式能让社会团结的力量以交往自决实践的形式再生，而使“民主过程对于权利体系之实现获得了一种新的意义、一种以前所忽视的作用”。而且，程序性法律范式不仅能形成法律专家的自我理解而且也能形成所有参与者的自我理解，从而不偏向于一种特定的社会理想、良好的生活设想或特定的政治选择。④

---

① 参见季卫东：《法律程序的形式性与实质性——以对程序理论的批判和批判理论的程序化为线索》，载《北京大学学报（哲学社会科学版）》2006年第1期。

② ［美］约翰·罗尔斯：《正义论》，何怀宏、何包钢、廖申白译，中国社会科学出版社1988年版，第84～90页。

③ 参见季卫东：《法律程序的形式性与实质性——以对程序理论的批判和批判理论的程序化为线索》，载《北京大学学报（哲学社会科学版）》2006年第1期。

④ 参见［德］哈贝马斯：《在事实与规范之间：关于法律与民主法治国的商谈理论》（修订译本），童世骏译，生活·读书·新知三联书店2011年版，第527～547页。

可见,在实体法做出整体正义安排的情况下,正当法律程序一方面可以限制职权主义的强制灌输,而避免把一种关于正义的精英理解或权威理解硬塞到参与者的头脑里,造成擅断与恣意,另一方面,它能够鼓励参与者带着对正义的自我理解在一个相对封闭可控的时空中充分发表自己的看法,同时也全面倾听别人的观点并在信息充分的基础上自觉收缩自己的过度主张和自愿接纳对方的正当请求从而达到必要共识、消解先前对立,并且即使不能达成合意,但由于已经给予各方以自由的选择和证成观点的机会,那么经由正当法律程序生成的决定也能让各方信服。

现实的程序法律体系要在促进制定法的良善及公民对法律和司法裁判的遵守上发挥应有效用,还必须普遍具备程序意识。习近平总书记强调:“要守法律、重程序,这是法治的第一位要求。”①作为公民法治意识主要内容之一的程序意识,主要指公民内心坚定凡任何公民(无论社会、群体还是个人)追求的实质正义和利益都必须经过正当法律程序,以及凡经正当法律程序作出的决定约束者必须遵从该决定之信念。程序意识一方面要求在实现正义或作出决定的过程中严格遵守正当法律程序,另一方面还要求严格遵守据正当法律程序作出的决定。换言之,既要遵从过程中的程序,又要服从程序后的结果。前者可以调动公民积极有序参与关系社会整体利益和个人利益的决定,保证决定过程中实现权力分化和全程交涉,并在相互抗衡和妥协中达成作为决定基础的合意;后者可以让参与者在充分表达诉求的基础上以一种看得见的方式感知并认可决定的拘束力和权威性,或基于合意而乐于服从,或基

① 中共中央文献研究室:《习近平关于全面依法治国论述摘编》,中央文献出版社2015年版,第125页。

于愿赌服输式的无可指责性而必须服从,从而达到合意的终局权威或纠纷的终极消解。

第三节 公民法治意识对于法治建设之功能

通过对法治意识概念的梳理与辨析和对法治意识主要内容的归纳与剖析,公民法治意识对于法治建设之重要意义已经得以凸显。若照我国传统对法治的理解,即把法治视为是“实现国家秩序和社会治安的手段”①,法治的运行就似乎与公民没有多大的互动,此时法治于国家来说是积极的主动的,而对公民来说则是消极的被动的,公民只要不违背法律就不会遭到国家强力,只要处在不遭国家强力状态,公民就认为法律与他无关。这种法治状况下,与其说公民是在遵守法律,毋宁说他们是在逃避法律。这种法律运行环境中,自然对公民法治意识的需求不高,同时也不利于公民法治意识之生成。而现代法治的基本内涵和基本价值要素已经得到了广泛认同,即法治必须通过对国家权力之限制来保障公民最大限度的彼此相容的自由与权利。即使在缺乏法治传统的中国社会,已在多年的法治实践中明显地开始从前一种法治观点和现实(传统法治)向后一种法治观念和现实(现代法治)转变了。习近平总书记明确指出:“全面推进依法治国,必须坚持全民守法”,“法律要发挥作用,需要全社会信仰法律”。②

---

① 季卫东:《法治中国的可能性——兼论对中国文化传统的解读和反思》,载《战略与管理》2001年第5期。

② 中共中央文献研究室编:《习近平关于全面依法治国论述摘编》,中央文献出版社2015年版,第87~88页。

此时，法律从国家管理社会的手段变成了公民维护自己自由和权利之法宝，法律之力就由国家而转向公民手里。法律因是公民捍卫自身利益的武器而与公民的生活须臾不可分离，与以前公民只能在恐惧感与陌生感中警惕地遥望法律不同，现在公民应该而且可以将法律作为护身符随时牢牢拽在手里，从立法、司法、守法到法律监督，公民都必须全程积极参与。为了能适应这种参与带来的行为方式、思维方式、生活方式、评价方式的改变，公民必须具备与法治运行相适应的法治意识，否则，公民不可能有效参与法治，而缺乏公民参与的现代意义的法治是绝对不可能得以构建和实现的。因此，将公民法治意识对法治建设的意义简单概括如下是恰当而有说服力的。

一、公民法治意识为法治建设提供文化支持

毋庸置疑，法治的现实与法治的观念是相辅相成的。法治运行良好的现实环境必然会促进公民法治意识的生成，同时法治意识成熟的观念基础也一定会支持法治之进步与完善。所以法治传统深厚久远之社会，一般不会出现法治现实与公民法治意识之间的紧张而会清晰凸显出法治意识在法治建设中的文化支持作用，尽管这种作用本身是存在的。而缺乏或者根本没有法治传统的社会，在经济贸易和文化交流全球化的时代背景下，为了生存和发展，必然会主动引进或被迫吸收现代民主法治国家的社会治理方式。如此，它们一般会从法治完备的社会移植大量法律制度，这些法律制度在运行过程中必然会遭遇社会原有法律观念的排斥。此时，公民法治观念与法治运行之间的鸿沟就会一览无余，这一鸿沟无疑表明在法治的运行中观念的阻碍力是巨大无比的。

相反，与法治运行相适应的公民法治意识则会为法治建设提供必要的文化支持。主要表现在：

第一,法治意识作为一种观念存在物,是一个社会文化的重要组成部分,它往往在经年累月中不知不觉浸入了特定社会每一位公民的血液当中,一旦有法律或法治现象的刺激就会通过思维向公民输送特定的评价和行为模式,而公民往往也会依据这种输送模式而思维和行动。这种对法治的内心确认是通过法与公民的反复互动而内化生成的,这也是法律从一种外部的规制力转化为一种内心确信力的过程。只要法律在循环往复的实施过程中实现了这种内化与转变,公民也在某种程度上从他律转变为自律。面对他律的法律,他们行为时总会刻意想着法律的规定,总会为了不超越法律的界限而时刻警惕,一旦有了内化的法治意识,公民在日常生活和交往中会不假思索地依据法律来思维和行动。具备如此的观念基础,公民就能把法治作为一种生活方式,可以说,公民法治意识对法治来说就在一定程度上充当了吉尔兹提到的"地方性知识"的角色。①

第二,作为法治重要组成部分的法律制度、法律机构及其运作,因极具专业化而时常处于与公民的生活疏远的危险之中。而这种疏远一方面会使法律沦为恣意专横的工具,从而使法治遭到破坏,另一方面会让公民因无法感知法律的正义和法治优越而动摇法律的权威和对法治的信赖,这同样会阻碍法治建设。为了防止这种疏远就需要在制度事实与公民之间建立起一种媒介,它可以支持公民从认知上深刻把握法治的含义及意义,在内心里建立对法治的信念和责任,从行为上积极参与、捍卫法治,使法律及其实施都倾注公民的热情与理性。而作为文化层面的法治意识正好

① 参见梁治平编:《法律的文化解释》,生活·读书·新知三联书店1994年版,第73~171页。

起到这种媒介作用。具备法治意识的社会公民把法律作为实现自己利益和参与公共事务的手段,他们通过言语、行动始终与法律保持互动,避免法律因被少数人操控而脱离自己或因被自己忽视而疏远自己。所以法治意识是公民与法律现实之间有效互动的观念媒介。

第三,公民法治意识一旦生成就具有相对独立性,它往往是一个社会正统性正义观的浓缩,因而会反过来成为评价现行法律制度是否正义、当前法治目标是否良善的标准,同时,也会成为修正偏离社会正义之制度和调整法治方向的观念和文化力量。

总之,良好的法治意识状况可以使公民在内心和文化上认同和支持法治建设。

二、公民法治意识为法治建设争取社会共识

法治作为一种治国方略、一种社会治理状态和一种生活方式,其在构建过程中必须争取最大限度的社会共识。通过直观的经验观察发现,法律的运行似乎只是少数专业的精英人士在推进,就像社会领域中其他一些技术含量稍高的职业一样。而本质上法治国家的法律却直接关乎每一个公民的自由与权利,关乎国家的民主与文明,关乎社会的正义与和谐,关乎政府的正当与节制。全面法治就需要法治国家、法治政府、法治社会一体建设,一个直接关系国家治理、政府行为及社会生活的浩大工程,其影响势必会覆盖到各地区、各领域、各行业和每一位公民。可以说,在国家与社会治理方式上由人治而法治的过程,是一场从思想到行为的革命。显然这一影响深远之革命不能也不应该由少数人完成,必须有一种持续而有效的全民动员来争取全民的认同以及自觉和积极地参与。既然是推进法治,这种动员显然不能仅仅依靠国家政策号召、行政命令强制,更不能通过群众运动突击,而必须借助公民法治意识的文化引导。

在凝聚社会共识中，法治意识的文化引导作用具体体现在：

一是公民之法治意识能保证公民始终从整体上认同并接受法治这种治理方式，乐于让自己、自己所在的国家和社会置于法律的统治之中，从而过一种有节制、有边界亦有保障的自由生活。这种对法治整体所给予的认同和在法治价值上的共识正是法治运行的前提。

二是公民法治意识能在法治运行过程中，调动大众参与法治建设的具体环节，以保证其运行的群众基础与社会力量。法治在整体上得到社会认同只是构建的前提，其要真正在国家与社会治理中起作用甚至起支配作用，还必须在诸如立法、执法、司法、守法、法律监督等法治运行的每一个具体环节、细节上得到社会支持。而被法治意识武装起来的社会公民正是推动科学民主立法、严格高效执法、公平公正司法、自觉普遍守法、持续有力监督的中坚力量。他们因有共同的法治意识而在法治实施的具体行动上达成共识，又因共识而结成一支推动法治、捍卫法治的强大力量。而且随着法治意识的不断成熟完备，在法治运行正常顺利时，他们会在各自的工作岗位和生活空间各司其职并为法治代言，一旦发生破坏法治的行为或事件，他们会很快因认知与行动上的共识而结成同盟，共同抵制任何有损法治的行为。这种对破坏法治之行为容忍度低而又迅速凝聚的社会力量，足以让任何破坏者感受到强大的社会威慑并付出高昂的行为成本。可见，公民法治意识完全可能引导公民在法治问题上达成共识，而且这种共识力量不但足以推动法治而且还足以保障和捍卫法治。

三、公民法治意识为法治建设培育运行土壤

考察世界或特定地区法治建构的历史，都会发现在一个长期实行人治的社会里法治的引入、建构和实现莫不遭遇来自固有人治观念的极大阻碍。法治在曾经人治横行的社会所表现出来的"水土不服"说明,其运行并不是靠少数社会精英来推动,即使我们毫不怀疑精英们在引进法治思想、移植先进制度等方面的重要作用,纵使一个因精英引领而决心弃人治兴法治的社会,可以引进其他法治成熟社会的理念、制度、文化并通过国家强制力硬性输送到社会中,迫使公民接受、改变、理解。这种方式在推行法治之初可能是必须和无奈的,但因其成本高、效率低而终非长久之计,没有可持续性,更不可能促进法治在社会中自动进化。所以在威权之下开启法治之后,社会必须有相应的机制帮助公民生成法治意识,以使社会从内部接纳法治的移植而不产生强烈的排异现象。唯有社会的内部接纳才能使法治真正在特定社会生根发芽,所以这种以法治意识为指引的内部接纳正是法治运行之观念土壤。欠缺了与法治相适应的公民法治意识,法治行于社会就若种子播于沙漠,终究会因没有必需养分而枯竭或夭折。人治社会向法治社会转变一般都是从社会精英层对法治理念的引进和国家层面对大量制度的移植开始的。理念和制度一开始都只能得到少数人的认同,对社会大多数人来说,他们都是陌生甚至是无法接受的,所以理念受到排斥、制度遭到破坏或被原有的潜规则所替代都是正常现象。

在一个习惯于人治的社会建构法治,先决条件至少两个:一个是有一批理解法治、坚决捍卫法治的社会精英;另一个是有一个坚定法治方略且有权威的政府。具备了这两个条件,法治基本上能得以启动,并在遇到既有观念阻碍时,可以通过国家强制力推动,让法治通过与社会已有的管理观念碰撞博弈展示出自身的优越从而使其逐渐得到理解与接纳。但这只是在法治推行之初的无奈之法，随着法治治理的深入和全面，少数人奔走宣传会因时空范围限制而暴露出影响面狭窄和影响力缓慢的弊端，国家强力推进一方面会产生巨大成本，另一方面这种推动法治的威权因存在扩张之可能也会一定程度上反过来损害法治，因而这两种方式虽然在特定的时期是法治推行的先决条件却终非长久之计。欲使国家与社会法治常态化，就不仅涉及制度实施问题，还会涉及治理理念、生活方式、思维方式和行为习惯方面的更深层次的问题。社会必须有计划、有步骤地促进公民法治意识之生成，只有社会具备了法治意识之软实力，人们才能真正从观念到行为上自觉接受并珍视法治，只有具备了公民对法治的心理接纳，法治运行才算有了适合之土壤，法治才能逐渐植根于社会。

第二章 理论分析：公民法治意识生成之过程与条件

关于公民法治意识生成问题的专门研究在西方法律思想史上可以说是鲜有问津，仔细考察也只能在一些主要法学流派的著述中，零星地窥见一些与现代意义上的公民法治意识生成相关的论述。纵然论述不多，但对其进行挖掘分析，却能在漫长的历史长河中发现，历代法学家对这一问题有意无意的关注，也能了解社会历史变迁过程中这一问题在思想史上的一些理论渊源和在社会治理中被实际需要的情况。同时，通过系统梳理历代思想家关于公民法治意识生成相关问题之观点，必能在前后连贯的思想链条中触摸到一些规律性、原则性的东西，以助我们对公民法治意识生成的过程与条件有较为精确之把握。因此，本章的思想大致为：一是梳理归纳西方法律思想史上几个主要法学流派有关公民法治意识生成问题的主要论述；二是根据思想史上的经典阐释结合心理学、经济学、社会学等学科视角剖析公民法治意识生成的基本过程；三是基于对公民法治意识生成之经典理论的挖掘和基本过程的展示，探究总结公民法治意识生成之基本条件。

第一节　关于公民法治意识生成的几种学理阐释

本节主要通过梳理古希腊思想家以及自然法学、分析实证主义法学、功利法学、历史法学、法社会学、经济分析法学等学派的部分思想家理论中能够解释公民法治意识生成原理的理论，借助西方法律思想史上众多思想家的智慧和论述来阐释公民法治意识生成的基本过程及方式。

一、古希腊思想家的理论阐释：正义追求、教育训练及示范指引

早在古希腊思想家的著作中就把公民内心尊重法律、行为遵守法律作为一项重要义务来看待。可见，以法律（自然法或人定法）来评价、约束自身行为及评价、要求他人行为的公民法治意识在古希腊时期就已经被主张和重视。就如何能促进公民法治意识生成问题在古希腊思想家的著作中虽然没有明确系统提出，但从他们对公民守法精神的稀少但精辟的阐释中我们大约可以推导总结以下观点：[①]

---

① 这里的推理思路主要是围绕思想家们关于公民守法的内在原因展开的，笔者的想法是：公民尊重和遵守法律的动机受个体内心对法律的认识和接纳程度所决定，如何能促进公民发自内心地遵守和接纳法律，其实与如何促进公民法治意识之生成在很大程度上是一回事。所以只要结合思想家们的法律思想，深入剖析他们如何促进公民守法的理论就能揭示他们在公民法治意识生成问题的主张。

“正义追求”与公民法治意识生成。此乃苏格拉底关于公民法治意识生成的一个重要主张。在与海尔莫盖尼斯的谈话中他坚定声称，正义正是他始终主张和毕生践行的。[①] 众所周知，他把正义分为个人正义和城邦正义，个人正义是一个人自身内的理智、欲望、激情三种品质友好和谐的作用，城邦正义是城邦内的每个人按照各自天性分工而各司其职。而且他雄辩地论证了做正义之事和做正义之人（不管他人是否知道）都是有利的。[②] 基于对正义的珍视，苏格拉底认为公民必须守法，甚至声称“守法就是正义”。因为法律是公民们一致的协议，规定了应该做什么和不应该做什么，守法就是行正义，违法即是不义。[③] 公民的守法精神正是来自对个人和城邦正义的内心笃信和行为支持，而且在即将被雅典不公正的判决处以极刑之际，苏格拉底在与克力同关于是否应遵守城邦判决（即使是不公正的）问题的讨论中，充分展示了他所笃信、践行的正义观是如何指导他放弃轻松的越狱而自愿选择服从法律判决的。

在他看来，对法律及依法律所作出的判决自觉服从的内心信念，主要由以下因素促成：一是公民个人在行为上的正义要求。在生活中，公民有意为错误之事是不正当的，以错还错、以恶报恶亦是不正当的。即使面对错误的法律判决，正义的人也不应该以非法的方式抗拒，正义理念支撑着公民以身护法。二是公民与法

---

① 参见［古希腊］色诺芬：《回忆苏格拉底》，吴永泉译，商务印书馆 1984 年版，第 187 页。

② 参见［古希腊］柏拉图：《理想国》，郭斌和、张竹明译，商务印书馆 1986 年版，第 154～172 页。

③ 参见［古希腊］色诺芬：《回忆苏格拉底》，吴永泉译，商务印书馆 1984 年版，第 165～167 页。

律关系上的正义要求。在公民未受法律判决之前,是在城邦法律的保护认可下出生、成长,在这个意义上说,公民都是由法律所生、所养、所教,在法律的保障下获得了诸多利益。所以当法律判决某个公民有罪并应该承担责任时,公民就不能以非法的抵抗来破坏平时如父母般呵护自己的法律,而必须坚持"法律至宝""法律为贵",通过无条件承受法律所施加的惩罚来回报法律、维护法律,否则就是非正义的。三是公民对国家信守诺言的正义要求。公民出生在一个法律体系之中,在法律没有强制居留的情况下,自愿留在那里而未选择离开,并且始终享有法律所带给公民的利益,就表明他愿意认可这个国家及其法律,他和国家之间就成立了一项契约,他享有法律的利益也遵守法律的规定和判决。如若任意背约,就是不正义的。① 可见,苏格拉底关于公民法治意识(尤其是守法意识)生成的理性推理是这样的:只要公民心中信守个人和城邦的正义,并且认识到城邦的律法承载着这些正义,公民就能自觉尊重法律、遵守法律,包括自愿接受法律所施加的任何惩罚。简言之,正义赋予公民自觉守法以崇高的意义,并使得公民守法具有强大的内心动力,甚至成为一种义务。

教育训练、示范指引与公民法治意识生成,这主要是柏拉图与亚里士多德关于公民法治意识生成之观点。柏拉图在认同其老师苏格拉底关于对正义的追求能促使公民尊重并遵守法律这一观点的同时,还对公民守法意识的生成进行了更为细致、系统的阐述。在柏拉图的思想中,其认为公民守法意识的培育主要得益于教育训练和示范指引。他的几部重要著作都强调了教育对

---

① 参见[古希腊]柏拉图:《游叙弗伦·苏格拉底的申辩·克力同》,严群译,商务印书馆1983年版,第88~97页。

于培养治国者和公民的作用，且不厌其烦地对教育训练的方式、内容、管理、人员等内容进行了安排。

就通过教育训练培养公民守法习惯和促进公民守法精神而言，柏拉图主要有以下论述：

第一，对公民守法习惯的培养必须从孩童时代抓起。柏拉图非常重视对城邦儿童的教育训练，并且主张将教育训练儿童的方法、人员安排、具体内容通过城邦立法确定下来。他强调在儿童的游戏安排、体育训练、音乐教育中都应该强调对法律内容的遵守。儿童必须参加符合法律精神的正当游戏，否则他们就会成为违反法律的孩子，而不能成为品德端正的守法公民。[①] 孩童时期是培养公民守法精神的最佳时期。

第二，对公民守法习惯的培养应该包括在公民日常的教育训练项目之中。柏拉图强调对公民童年时代进行的美德教育，这类教育能"使人们产生一种强烈的成为一个完善公民的渴望，这个完善的公民懂得怎样依照正义的要求去进行统治和被统治"，[②] 他还强调统治者和被统治者都必须自愿服从城邦法律。柏拉图尤其强调儿童游戏、音乐、舞蹈等在说服和训练公民守法上的重要作用。他认为，儿童游戏关乎整个国家的立法和已制定法律的存废，游戏中的法律规范对公民守法精神的培养是至关重要的。[③] 而音乐、舞蹈中的团队合作和服从大众、整体的特征，很容

---

① 参见[古希腊]柏拉图：《理想国》，郭斌和、张竹明译，商务印书馆 1986 年版，第 140 页。

② [古希腊]柏拉图：《法律篇》，张智仁、何勤华译，上海人民出版社 2001 年版，第 27 页。

③ [古希腊]柏拉图：《法律篇》，张智仁、何勤华译，上海人民出版社 2001 年版，第 215 页。

易使儿童在长期潜移默化的影响中具备守法精神。[①] 柏拉图反复强调要在儿童游戏和教育中,通过长期训练甚至强制转化的方式,使他们适应和习惯法律的指引。

除教育训练外,柏拉图亦强调示范指引对公民守法精神的塑造,这里的示范主要是国家统治者和年长者的示范,指引是法律本身在内容上的指引。在选任城邦统治阶层时,他认为年长和最能守卫城邦法律应该是必备要件。[②] 唯其如此,才能在有效保证城邦法律的实施和示范教育公民尊重并服从法律。同时,柏拉图主张,法律本身的形式和内容安排也是指引公民守法的重要因素。在形式上,法律应该由序言和正文组成,而序言的作用就是为了说服公民更好地与法律合作。[③] 在内容上,法律应该给公民行为提供确定的指引,明确告诉公民应该做什么和不应该做什么,否则公民在行为选择时就会无所适从,无法养成守法习惯。[④]

亚里士多德更是极其重视公民守法,由于法律规定在于促进所有人的共同利益,故凡经法律规定为合法的行为都是公正的,与苏格拉底一样,他用守法来解释公正,认为违法的人是不公正的,而守法的人则是公正的,所有合法行为在某种意义上都是公正的。[⑤] 并且他认为,法律成效和法治的实现都必须依赖于公民

---

① [古希腊]柏拉图:《法律篇》,张智仁、何勤华译,上海人民出版社2001年版,第47、219页。

② 参见[古希腊]柏拉图:《理想国》,郭斌和、张竹明译,商务印书馆1986年版,第119、124、201、228页。

③ 参见[古希腊]柏拉图:《法律篇》,张智仁、何勤华译,上海人民出版社2001年版,第132页。

④ [古希腊]柏拉图:《法律篇》,张智仁、何勤华译,上海人民出版社2001年版,第127~129页。

⑤ 参见[古希腊]亚里士多德:《尼各马可伦理学》,廖申白译,商务印书馆2003年版,第128~129页。

对城邦法律的服从。对于如何促进城邦公民对法律的尊重和遵守,其著作中直接论述并不多,但细观他在公民德性和城邦治理方面的著述,可以推知,他与其师柏拉图一样在促进城邦公民法治意识生成方面也是极力主张教育训练方法的。他认为,这一方法有效的前提在于人类在本性上是一个政治动物,自然地趋向于过城邦生活而不能隔离于城邦之外,正是由于生来即有合群之性情,所以人类总是善于彼此合作,也总是趋向于遵守城邦礼法,维护城邦正义。① 有了这一基础,人类完全可以在教育训练中,很好地按照城邦立法的指引过上有德性的生活。但"遵守法律的习性须经长期的培养",②再加上"从小养成这样的习惯还是那样的习惯绝不是小事",③所以对公民守法习惯的训练必须从儿童时期开始,并且终其一生都要强调重视。

同时,他也提到了法律的稳定性对促进公民守法也是至关重要的,如果法律频繁变动,显然会使公民无所适从,削弱法律之威信,消减民众守法之习性。比较有特色的是,亚里士多德指出应该根据城邦政体(宪法)来实施公民教育,使得到公民赞同的完善法制能始终为城邦公民所信守而不至于危及政体安全。④ 在强调通过教育培养使公民节制守法之同时,亚里士多德也洞察到,过法律之下的节制生活,对于多数人,尤其是对于青年人来说是不快乐的,必须在一种压力的环境中,经长期管束甚至强制方

---

① 参见[古希腊]亚里士多德:《政治学》,吴寿彭译,商务印书馆 1965 年版,第 7~9 页。

② [古希腊]亚里士多德:《政治学》,吴寿彭译,商务印书馆 1965 年版,第 82 页。

③ [古希腊]亚里士多德:《尼各马可伦理学》,廖申白译,商务印书馆 2003 年版,第 37 页。

④ 参见[古希腊]亚里士多德:《政治学》,吴寿彭译,商务印书馆 1965 年版,第 280~282 页。

能使公民养成守法习惯、接受法律所规定的正确德性。所以,他认为必须运用法律本身的鼓励和惩罚功能来引导和强制人们在法律规定之内生活。简言之,公民守法意识的养成还应发挥法律的鼓励和强制作用。①

二、古典自然法学的理论阐释:个体社会化、社会公意及人的自治

古典自然法学的思想家大都推定人类在进入文明社会之前,处于完全自由的自然状态,这时人们拥有毫无限制的权利,可以运用一切手段对一切事物主张权利,唯一的限制可能仅来自公民自身体力方面。但这种人人平等自由的自然状态或者因战争对抗,或者因诸多不便而迫使人类必然地寻找各种方式趋向于政治社会、自愿让渡自身权利而将其置于某一公共权力和由此产生的规则统治之下。只要我们仔细考察从自然状态的自由生活到政治社会的规则生活这中间经历了怎样的过程,就能揭示人类法治意识生成之过程,大概这也能算古典自然法学的先贤对法学的又一重大贡献。

公民法治意识伴随个体社会化而生成。我们知道,霍布斯对自然状态的描述可谓独树一帜,自然状态中人在身心两方面的能力都大致相等,虽然体力和脑力有个体差异,但显然不至于达到一人对另一人有控制性力量而获得任何利益的程度,而且最弱的人联合起来,也可战胜最强的人。同时,每个人都能对一切事物主张相同的权利,由于竞争、猜疑、荣誉等原因,人们始终处于每一个人对每一个人的战争状态。人人都惧怕因为他人的伤害而

---

① 参见[古希腊]亚里士多德:《尼各马可伦理学》,廖申白译,商务印书馆2003年版,第313页。

失去生命,所以他们时刻准备着运用一切可能的手段来保存自己。此时人类行为靠欲望和激情驱动,没有是与非、公正与不公正的观念,没有“你的”“我的”之分,能依仗自己的力量保有的东西就是自己的。而且这种战争状态,并非以某一次或几次具体战役或战斗行动的方式存在,而是以一种人与人彼此间持续进行战斗的方式而存在,即战争无处不有、无时不在。这种人所共知的战斗意图,使每个人都处于暴力死亡的恐惧和危险之中,孤独、贫困、卑污、残忍和短寿包围着人类。

而人类由于激情(对死亡的畏惧,对舒适生活的向往)和理性又可能超脱这种可怕状况。[①] 那就是人们之间达成方便易行的和平条件,这些和平条件被霍布斯归结为十多条自然律。其实从自然律产生的过程和具体内容来看,达成和平条件的过程,就是人们的生命逐渐有所保障、对战争的恐惧减轻而防范加强的过程,每一条自然法都围绕着避免战争、保证和平这一终极目标而订立。[②] 总结这些和平条件达成的过程,可以发现,人们摆脱自然状态进入政治国家,是基于自然状态的生活体验和生存经验,在反复交往、对抗与战争中,彼此妥协的结果。人们长期处于自然状态、按照自己的激情和欲望而行动,或许少数强者会在个别的战斗中获胜而得到更多利益,但随时发生而无限持续的战争状况足以让每个人体验到战争对每个人的威胁和伤害大致是等同的,如果不通过适当方式结束这种状态,每个人都难以保证能幸免于暴力伤害。于是,在这种反复较量与博弈中,人们逐渐从对

---

① 参见[英]霍布斯:《利维坦》,黎思复、黎廷弼译,商务印书馆1985年版,第92~97页。

② [英]霍布斯:《利维坦》,黎思复、黎廷弼译,商务印书馆1985年版,第97~123页。

抗走向了合作，自愿放弃自然权利而置身于国家公共权力的统治之下，过规则指导之下的有安全保障的生活。所以在霍布斯看来，公民法治意识的生成是在重复交往和反复博弈中逐渐进化的结果。人们在战争状态中，体验到了拥有足以威慑各方公共权力和指引各方行动、裁判各方纠纷的法律的必要性和优越性，而渐渐催生了服从公共权力和法律统治的意识。

公民法治意识产生于个人意志消融于公意的过程中。这是卢梭著述中有关公民法治意识生成的阐述。在《论政治经济学》中卢梭声称："所有法律上的第一条就是要尊重法律"，[①]这不只是对法律治理和守法意识的空洞宣扬，而是对人类本性和社会演变深入全面考察之后得出的结论。为了证成人类步入政治社会、服从公意和法律治理的必然性，与霍布斯一样，他推定人类在前政治社会处于自然状态之中，而且他完全坦诚，这种推定只是为了创设一个假设性的模型和意象来探寻现代性的正统条件。卢梭认为，自然状态是人人自由的状态，因为自由是人性之产物，这是一种自然自由，人类凭着本能和嗜欲对所企图和所能得到的一切东西拥有无限制的权利。

在人类交往的过程中，一方面，自然状态渐次暴露出对人类生存的障碍，这种障碍远远超过了每个个人在那种状态中为自存所能运用的力量范围，致使自然状态难以维系，人类为了生存必须改变个人应对的生存方式，因为个人并不能从自身产生新的力量来克服生存障碍，此时，理性就会导引人类通过合作增加力

① [英]韦恩·莫里森：《法理学：从古希腊到后现代》，李桂林等译，武汉大学出版社2003年版，第165页。

量。[1] 另一方面,人类的自然自由使他们始终在本能和嗜欲冲动下行动,实质上这并非真正的自由,人类仍然处在奴隶状态,人类在社会化的过程中,开始发现"社会的自由"和"道德的自由"的踪影。社会的自由克服了个人独自维持生存的弊端,使每个人如以往一样自由的同时,人身和财富获得全部共同力量的卫护和保障,使其对他所享有的东西拥有所有权。[2] 卢梭认为,人性由于涉足社会而变,[3]在社会化进程中,人类逐渐赋予自己的行动以前所未有的道德性,正义取代了本能,权利代替了嗜欲,人类因此从愚昧、局限的动物转变为智慧的生物,真正成为自己的主人,实现了道德的真正自由。[4] 正是由于自然的逼迫和在社会化过程中对"社会的自由"和"道德的自由"的觉醒,人类找到社会契约这一结合形式,来形成公意和建构法律的效力基石。至此,人类已经完全脱离了自然状态的随心所欲,而服从于自己对自己规定的法律。可见,人类正是在综合因素的作用下,从个人意志向公意进化的过程中,发现了政治社会之可贵,并通过自愿结合而步入了政治社会,同时通过立法来赋予它以行动和意志。法律作为

---

① 参见[法]卢梭:《社会契约论》,何兆武译,商务印书馆1980年版,第5~18页。

② "它能以全部共同的力量来卫护和保障每个结合者的人身和财富,并且由于这一结合而使得每一个与全体相联合的个人又不只不过是在服从其本人,并且仍然像以往一样地自由"。[法]卢梭:《社会契约论》,何兆武译,商务印书馆1980年版,第19页。

③ 参见[英]韦恩·莫里森:《法理学:从古希腊到后现代》,李桂林等译,武汉大学出版社2003年版,第162页。

④ "由自然状态进入社会状态,人类便产生了一场最堪瞩目的变化;在他们的行为中正义就取代了本能,而他们的行动也就被赋予了前此所未有的道德性。""虽然在这种状态中,他被剥夺了他所得之于自然的许多便利,然而他却从这里面重新得到了如此之巨大的收获……使他从一个愚昧的、局限的动物一变而为一个有智慧的生物。"参见[法]卢梭:《社会契约论》,何兆武译,商务印书馆1980年版,第25~26页。

社会结合的条件必定就在人类结合过程中产生,并由于社会化过程中的社会体验而获得了人们的尊重和服从。

公民法治意识是人类在理性指引下走向自治的产物,这是我们可以从康德思想中推导出的结论。霍布斯和卢梭对法治意识生成的论述,皆明显建基于经验世界中人在特定条件下心理和行为的必然性,他们认为,人们接受法律统治、服从法律,归根结底是公民在社会化过程中的一种情感和心理需求,正是由于公民认识到法律对于自身情感、心理需求满足的功能,才从内心接纳它、认同它,在行动上服从它。

而康德则认为"人既可以活动在经验性的又可以活动在道德性的领域中"①,不必依赖经验科学,纯粹理性就可能传达出有关世界的真实知识,而纯粹理性可以指引我们发现铭刻于所有人心中的道德律,从而冲破感官冲动和刺激的影响为自己立法,并在实践理性的指引下决定自愿选择的行动,使人摆脱在自然状态受制于自然律的"他治"状态,而出于对法律本身的接受遵守法律,实现自治之下的自由。通过这个推论过程,康德实际是把人类制定法律、服从法律的心理和行为归结为纯粹理性和实践理性的指引。

作出这推断的前提有:(1)人是理性存在者,其本性是理性的,纯粹理性无须考虑我们的心理愿望或者社会用处,就能找到指导我们行为的道德律,因为"道德的主要法则就包含在理性本身的结构中"。② 于是,道德律就先天地被理性存在者服从,而法

① [英]韦恩·莫里森:《法理学:从古希腊到后现代》,李桂林等译,武汉大学出版社2003年版,第145页。

② [英]韦恩·莫里森:《法理学:从古希腊到后现代》,李桂林等译,武汉大学出版社2003年版,第138、147页。

律与道德是应该一致的，并且实在法只是道德律的可能的公共表达。[①] (2)康德认为，人类由独立的道德个体组成，他们能够在各自的人生实践中理性地指导自己，[②]“只有一种天赋的权利，即与生俱来的自由”[③]。而他声称，唯人实现自治方有自由，受制于自然规律甚至是服从于上帝都是他治，都非自由。[④] “人的自由的真正状态存在于他对自己所制定的道德律的服从中：而当人承认这种律法的必要性以及它对身心行动的绝对权威时，自由就达到了最高状态。”[⑤]因此，在康德看来，人的自由的实现必然要求人在理性指引下为自己立法并服从这些法则。(3)“人的内在经验和实践理性告诉他，人是一种自由且道德的能动力量，他能够在善与恶之间做出选择。”[⑥]每个人自身的自由是能与他人自由相协调的，人本身即是目的，人类社会也是“目的王国”。康德把人类史看作一个自然隐藏的计划的实现过程，这一计划就是渐次建立一个内在完美、同时外在也完美的基本政治体制，从而使人类的一切自然权能得以施展。[⑦] 而在这一计划实现过程中，人借助于道德这一条件，成为目的王国的立法成员。在康德的观点中，人类法治意识的生成必须有道德条件作为前提。

---

① 参见[英]丹尼斯·劳埃德：《法理学》，法律出版社2007年版，第76页。

② [英]丹尼斯·劳埃德：《法理学》，法律出版社2007年版，第138页。

③ [德]康德：《法的形而上学原理》，沈叔平译，商务印书馆1991年版，第50页。

④ 参见[英]丹尼斯·劳埃德：《法理学》，法律出版社2007年版，第77页。

⑤ [英]韦恩·莫里森：《法理学：从古希腊到后现代》，李桂林等译，武汉大学出版社2003年版，第157页。

⑥ [美]E.博登海默：《法理学：法律哲学与法律方法》，邓正来译，中国政法大学出版社2004年版，第78页。

⑦ 参见[英]丹尼斯·劳埃德：《法理学》，法律出版社2007年版，第76页。

三、新自然法学的“互惠的匿名合作关系”理论

新自然法学的代表人物富勒所论及的“互惠的匿名合作关系”理论对公民法治意识生成过程有极大的解释力。富勒对法律的界定是:“使人类行为服从于规则之治的事业。”[①]就此可知,他把法律看作一种有目的性的人类活动,是人类逐渐走向规则之治的社会过程。同时,在他的理论中法律与道德有着必然联系,对道德的把握是理解法律的前提。因此,剖析富勒关于公民法治意识生成的思想,就必须先从他对道德的阐述开始。他认为,所有的自然法理论都假定,道德发现的社会过程,有一种对共同分享的目的的精心表述,借此表述人类可更好地理解其目的和更清楚实现它们的手段。寻求社会秩序原理正是自然法理论的“家族相似性”,而在这种寻求中肯定人类理性的作用是自然法最为根本的信条。[②] 简言之,自然法旨在保证人类实现共同的道德目的,即道德是人类在社会秩序这种目的性追求过程中被发现的重要手段。

富勒极富创见地通过划分向往的道德与义务的道德,实现了道德与法律关系的厘定。愿望的道德是古希腊哲学中所倡导的善的生活的道德,是人在发挥其最佳可能性时方能达到的目标,指向人类所能达到的最高境界。它与法律没有直接相关性,但却指引着法律不断排除其非理性因素,推动法律的完善。义务的道德从人类行为的最低点出发,旨在确立“使有序社会成为可能或者使有序社会得以达致其特定目标的那些基本规则”,通常以“你应当……”“你不得……”的方式表达。它与法律之间

① [美]富勒:《法律的道德性》,郑戈译,商务印书馆2005年版,第124~125页。
② 参见[英]丹尼斯·劳埃德:《法理学》,法律出版社2007年版,第83页。

有着直接的关系,这种道德的立法者无须对其判断与表达方式进行重大改变就可以转换成法律规则制定者。它不是强迫人类过上理性的生活,只是把较为严重和明显的投机和非理性排除于他们的生活,这是人类进入理性生存状态的必要而非充分条件。①

那么这两种道德是如何在人类生活中分别而又协作地发挥作用的呢?富勒独自运思,用经济学的方法分析了两种道德进入社会成员生活的过程,当然这也是富勒对人类接受法律安排、服从法律指引的内心考量的分析过程。富勒认为,向往的道德与义务的道德恰恰能分别对应经济学中的边际效用原则和交换原则。愿望的道德与边际效用经济学一样追求一种最大化,但由于缺乏对最高的道德至善或经济利益的理解,便只能诉诸"平衡"和"中道"。② 这种道德引领人类向着生活的最高的善,所以对人类如何服从规则的心理机制解释还不明确,但它可以解释人类在规则之治下,如何不断趋近理性的生活,又如何在各种价值之间实现平衡,从而促进法律的良善、改进法律制定和裁判技术。

而义务的道德则与交换经济学有着亲缘关系,"义务,无论是道德上的还是法律上的,都可能从一项交换中产生,比如一项承诺的交换或者一项承诺与一项当下行为的交换。因此,在交换的概念与义务的概念之间存在一个交叉地带"。③ 而"互惠关系"即是义务与交换之间亲缘关系的媒介,富勒举《马太福音》的例子

---

① 参见[美]富勒:《法律的道德性》,郑戈译,商务印书馆2005年版,第5~12页。
② [美]富勒:《法律的道德性》,郑戈译,商务印书馆2005年版,第19~23页。
③ [美]富勒:《法律的道德性》,郑戈译,商务印书馆2005年版,第24页。

说明,关于义务的道德的文献总会提到类似互惠原则的东西,而他对互惠原则的理解是,如果你希望我以某种方式对你,你就应该以这种方式对我,这一原则正是义务诉求的正当化理据,社会就被互惠关系的纽带绑在了一起。如果让受某项法律或道德义务影响的人更好理解和更容易接受它,必须要满足三项条件:一是互惠关系,即直接受影响的当事人之间基于互惠自己创造了这种义务;二是互惠交换中对象的等值性,这是当事人之间平等的表现;三是社会中关系的流动性,即交换双方经常会转换角色。①

至此,我们可以全面总结富勒关于公民自觉接受法律、服从法律的内心确信的确立过程。富勒把道德划分为向往的道德与义务的道德,并分析了两者与法律的关系:前者指引法律不断趋于良善,后者则直接与法律交叉,成为法律规则的主要来源;前者追求至善,对应于边际经济学,通过引进"平衡"原则可化解不同法律义务之间的价值冲突,后者体现互惠,与交换经济学亲近,直接体现法律义务是如何为人们所接受和服从的。在富勒看来,人类生活并非偶然的、随机的,而是有共同目的,而"法律制度是一种规则复合体,人们设计它是为了把人类从偶然性中拯救出来,把人们放心地置于通往目的性和创造性活动的道路上"。② 人们在实现共同目的过程中,必然会彼此交往、实现社会的互动,为了各自的角色身份在不同的时候都能得到平等保障,于是人们之间达成了一种亲密无间的"匿名合作关系",思考和行动时,通过类

---

① [美]富勒:《法律的道德性》,郑戈译,商务印书馆2005年版,第24~28页。

② 参见[英]韦恩·莫里森:《法理学:从古希腊到后现代》,李桂林等译,武汉大学出版社2003年版,第410页。

似于换位的方式实现彼此之间利益的互惠，他们行为受这样一种内心确信的影响：明天你想别人怎样待你，今天就得怎样待别人，否则，明天你变成了别人，别人就会以相同方式待你。于是一些彼此认同的规则就为大家所共同服从，公民的法治意识由此而生。简言之，有目的的人类活动，催生社会交往互动，而互动中的角色互换，使人们发现了互惠原则，基于互惠可能带来的利益或惩罚，人们选择了服从于彼此间创造的法律义务、接受规则指引。在这些推理逻辑和情境之下，富勒认为，法律义务的自觉履行在"一个由经贸人士组成的社会中"最有可能实现，于是他断言，"只有在资本主义制度下，道德和法律义务的观念才能得到充分发展"。①

四、分析实证主义法学的理论阐释：制裁、习惯性服从及法的内在观点

1. 公民法治意识生成与"制裁"和"习惯性服从"

在《法理学的范围》第一讲中奥斯丁开宗明义地列举了他对法律的几种陈述。② 他对法律的定义常被学界概括为，法律是主权者发布的、以制裁为后盾的命令，简称"命令理论"。"奥斯丁

① 参见[美]富勒：《法律的道德性》，郑戈译，商务印书馆2005年版，第29～33页。

② "法理学的对象，是实际存在的由人制定的法，亦即我们径直而且严格地使用的'法'一词指称的规则，或者，是政治优势者对政治劣势者制定的法。""'法'这一术语，就其最为普遍的理解方式而言，并且，就其严格含义的语词使用而言，可以认为是一个理性存在为约束(for the guidance of)另外一个理性存在而制定的规则。当然，前者对于后者，是拥有统治权力的。""在人类对自己制定的规则中，有些规则，是由政治优势者制定的，或者，是由最高统治者和次等统治者制定的。""人们所说的准确意义上的法或规则，都是一类命令。"参见[英]约翰·奥斯丁：《法理学的范围》，刘星译，中国法制出版社2003年版，第13～18页。

使用了主权者、命令、制裁、习惯性服从等术语来把握复杂社会现象。"①或许由于他坚称"制裁"是法律的标志,所以有人认为他开创了一种暴力威慑的守法观,即把公民守法的原因归究于畏惧国家暴力制裁。② 其实,奥斯丁本人并没有把人们对暴力的恐惧作为守法的原因,更没有把这种恐惧作为法律成立的条件。他强调制裁是一种外部强制,并在纠正帕雷博士关于责任的分析中,指出就"命令"、"义务"和"制裁"的存在而言,积极服从的动机并不必要,"我们的确难以想象,服从命令式要求的动机,可以是十分自觉的,或者,换一种表述方式来说,我们的确难以想象,动机必然会导致服从命令式的要求"。他似乎更希望把因不利后果所激起的恐惧心理排除在制裁本身之外,转而主张"即使发生最为微小的不利后果的可能性是微不足道的,一个'要求'的表达,也可以等同于一个命令,同时,它还设定了一个义务。"③可见,暴力威慑的心理学因素恰是奥斯丁极力要从法律要素中摒弃的,尽管事实上他并未成功。在对"优势者"和"劣势者"的界定中,他又自相矛盾地说:"'优势'这一术语,表明了'强制力'的意思:用不利后果或痛苦影响他人、强迫他人的力量,通过这种不利后果的恐吓,使他人行为符合一个人的要求。"优势者有能力使人对即将发生的不利后果产生恐惧,从而使其成为劣势者。④ 不管怎样声称

---

① [英]韦恩·莫里森:《法理学:从古希腊到后现代》,李桂林等译,武汉大学出版社 2003 年版,第 237~238 页。

② 参见李清春、丁以升:《公民为什么遵守法律?(上)——评析西方学者关于公民守法理由的理论》,载《法学评论》2003 年第 6 期。

③ 参见[英]约翰·奥斯丁:《法理学的范围》,刘星译,中国法制出版社 2003 年版,第 20~21 页。

④ [英]约翰·奥斯丁:《法理学的范围》,刘星译,中国法制出版社 2003 年版,第 30~31 页。

制裁只是一种外在强制力,但他还是提到了劣势者对制裁的恐惧以及基于恐惧的服从。而从劣势者服从于优势者命令的动态过程中,这种基于恐惧而服从的心理过程,是很容易推理并无法掩饰的。所以,认为奥斯丁首倡了一种暴力威慑的守法理论是有道理的。

但我们不能因此而忽略,他在分析臣民服从法律的过程中,引入的"习惯性服从"这一概念所显示出来的意义。在对政治社会和主权的论述中,奥斯丁反复使用并强化"习惯性服从"概念。他认为,主权和独立政治社会的显著标志在于两个方面:一是特定社会中的群体处于一种习惯性服从或隶属一个特定或一般优势者的状态;二是被习惯性服从或隶属的某个个人或者群体,没有处于一种习惯性服从其他特定社会优势者的状态。而一个自然社会组成人员之间是由于相互交流而联系在一起,并且所有人都生活于独立状态而非隶属状态。① 奥斯丁的目标是描述实在法,即政治社会之下的法,因而他并没有分析人们怎样从自然社会过渡到政治社会,没有揭示人们从独立状态到习惯性服从状态的转化是如何实现的。但从他对习惯性服从在主权和独立政治社会存在中的作用的强调,可以推理出,他在强调法律的物理强制力之际,其实更注重政治权威在主权和法律存在上的重要性。这就解释了为什么奥斯丁始终坚持无须人们考虑到制裁的心理恐惧而作为或不作为,一项命令或义务就可以成立。他相信,制裁所规定的不利后果即使是微乎其微的,人们只是基于对主权者的习惯性服从,也会遵照一项命令的指示。

---

① [英]约翰·奥斯丁:《法理学的范围》,刘星译,中国法制出版社2003年版,第219、225页。

可惜的是,主权者得以使臣民习惯性服从的权威是如何建立的,奥斯丁并未提及。他把法律看作是以制裁为后盾的命令,似乎法律并不直接指导服从者怎样行为,而是在服从者违反命令指示时,官方应该如何行为(对违反者科以惩罚)。因此,在奥斯丁的理论中,很难找到要求公民自觉守法的迹象,他所强调的以制裁体现的强制力,其实是从心理学角度肯定了强制与公民法治意识生成的关系,而他并未分析原因的"习惯性服从"这一表征对权威内心认可的概念似乎展示了一种合法权威对公民法治意识生成的促进作用。

凯尔森虽然被描述为一位实证主义者,但有学者认为,凯尔森的规范论在思想脉络上与法律实证主义的经验主义传统有异,他在拒斥自然法理论将法律与道德混为一谈之时,也拒斥法律实证主义将法律与事实混为一谈,同时排除道德和事实,把法律归结为规范体系。[①] 基于这样的理论定调,凯尔森理论中能用来解释公民法治意识生成问题的论述一方面有一定特色,另一方面又难免有矛盾之处。凯尔森明确区分了法律的实效与效力:法律效力指法律规范的约束力,人们应当按照法律规范的规定行为;而法律实效即人们实际按照法律规范行为的问题,而且他把实效当作效力的一个条件。[②] 由此可见,他十分重视法律实际被适用和服从的情况。

那么公民是如何服从法律的呢?他与奥斯丁一样强调法律的制裁因素,认为每一种规范体系均基于某种制裁基础之上。他

① 参见[英]丹尼斯·劳埃德:《法理学》,法律出版社2007年版,第130页。

② 参见[奥]凯尔森:《法与国家的一般理论》,沈宗灵译,商务印书馆2013年版,第78~81页。

明确指出“法律是一种强制秩序”“法律是武力的一种组织”,正是因为法律促成共同体对武力使用的垄断,才使共同体得到和平。[①] 尽管他也声明强制只是由机关所实际执行的措施,而非国民担心在不服从法律、非法行为情况下将采取的措施。换言之,国民对强制措施的精神恐惧或强制措施引起的精神强迫并非法律所涉及的。[②] 但在社会层面法律所具有的强制必然会在实施中给公民造成心理压力,很多时候能直接促使公民守法,这也是凯尔森在法律强制功能上的矛盾之处(一方面要抛弃强制的精神强迫功能保持法律的纯粹性,另一方面无意忽略了外部强制必然引起心理恐惧的事实)。在无意间指出强制对公民守法的作用时,凯尔森还把国民服从法律规范作为一种义务,他说“法律义务是不为不法行为的义务”,如此就把守法的外部强制转向内心的“应当”服从。在他看来,法的实效就在于两个方面:相应机关的“应当”适用和国民的“应当”服从。[③] 把“义务”概念引入公民对法律的服从上,可以说是凯尔森无意中的一大贡献。他在论及法律义务时主要强调不法行为出现时,机关“应当”适用制裁。其是从消极的意义来界定法律义务的,否定了公民主动服从法律的心理动机。他认为,合法行为的动机,不在于对法律制裁的恐惧或对法律规则约束力的一种信念,而可能是合法行为可能带来的

---

① [奥]凯尔森:《法与国家的一般理论》,沈宗灵译,商务印书馆2013年版,第49、53页。

② “一个法律秩序是‘有效的’,只严格地指人们行为符合法律秩序。其中丝毫不涉及关于这一行为的动机,尤其不涉及来自法律秩序的‘精神强迫’。”[奥]凯尔森:《法与国家的一般理论》,沈宗灵译,商务印书馆2013年版,第54~56页。

③ [奥]凯尔森:《法与国家的一般理论》,沈宗灵译,商务印书馆2013年版,第105~109页。

一些道德的、宗教的或经济的利益。[①]

2. 公民法治意识生成与法律的“内在观点”

哈特把法律视为自足的规则体系而把法律实证主义推向了巅峰。他关于公民法治意识生成的思想主要呈现于对奥斯丁理论的批评过程中。主要体现在两个方面:一是对“强迫服从”与“负有义务”的区分;二是对“内在观点”的论述。

首先,哈特声称,“命令理论”没有理解法律制度的复杂性,致使主权者所发布的命令(法律)无法与劫匪以暴力相威胁的命令区别开来。[②] 哈特以凯尔森关于税务官的命令与劫匪的命令为例,对二者进行了区分,认为前者是“负有义务”,后者是“被迫服从”。他说:“尽管‘发号施令’也有可能以伤害作为威胁来达到服从,但是它主要诉诸的仍然是对于权威的尊敬,而非恐惧。”[③]“被迫服从”通常关乎行为的信念或动机,如果被迫者不按命令者的意思行为,他可能就会遭受某些伤害或不愉快的后果,而为了避免于此,他只能服从,这显然是对被强迫者服从指示的一种心理学陈述。而“负有义务”则与恐惧伤害的信念或动机无关,以服兵役为例,某人有服兵役的义务与他是否服了兵役和他逃避服兵役被制裁的机会大小在一定程度上是相互独立的。[④]而“强迫服从”则意指被强迫者实际上做了被强迫之事,而且被

① 参见[奥]凯尔森:《法与国家的一般理论》,沈宗灵译,商务印书馆2013年版,第56页。

② 参见[英]韦恩·莫里森:《法理学:从古希腊到后现代》,李桂林等译,武汉大学出版社2003年版,第374页。

③ [英]H. L. A. 哈特:《法律的概念》,许家馨、李冠宜译,法律出版社2006年版,第20页。

④ [英]H. L. A. 哈特:《法律的概念》,许家馨、李冠宜译,法律出版社2006年版,第78~79页。

强迫者一旦脱离强迫,他就不再做被强迫之事。哈特将“负有义务”作为法律的一个特征,就把公民在外在强制之下机械服从法律转变为公民在“义务”指引下,不仅外部行为符合法律而且内心也把法律作为这样行为的正当理据。由此就引出了他关于在“内在观点”下服从法律的思想。

其次,在批评“习惯性服从”问题时,哈特认为,对某一行为的习惯服从本身并不预设立法者的命令将会得到服从的可能性。遵守规则或遵守习惯都会使群体中的大多数人重复某一行为,使得他们在外部行为特征上是一致的。在内在要求上,偏离习惯之行为不会遭受任何批判,而违反规则将会或实际会有导致过失或错误的批判,并且有偏离之嫌的行为也会遭遇要求遵从的压力,同时人们还会把偏离规则当成被批判的正当理由。

这一区分凸显了规则的“内在面向”。哈特以国际象棋游戏为例,指出“内在面向”要求群体将一定的行为模式作为必须遵从的普遍标准而非可观察的行为事实,对行为持反思批判的态度,而这种态度会在评论包括自我批判中表现出来,包含对标准遵从的要求和承认运用这一标准进行行为批判与要求的正当性,通常用“应当”“必须”“应该”“对的”“错的”等术语来表达。[①] 可见,针对规则,有“外在观点”(站在观察者的角度,而本身不接受规则)和“内在观点”(站在群体成员的角度,接受并使用这些规则作为行为指引)之分。

这也是人们遵守规则的两种不同态度表现:持“外在观点”的人,本身不接受规则的要求,只有在他们判断不愉快后果极可

① 参见[英]H. L. A. 哈特:《法律的概念》,许家馨、李冠宜译,法律出版社 2006 年版,第 53~55 页。

能伴随而至时，才会服从，他们只是“被迫服从”；而持“内在观点”者则把规则视为社会生活的行为准则，作为主张、要求、允许、批判或惩罚的基础，他们是主动使用规则，把遵守规则作为一种义务。[①] 综上，哈特将公民对法律的服从归结为两种模式：在强制之下的被迫服从和在义务约束之下的主动遵守。第一种既有外力因素也有心理压力，主要针对自己对规则的服从问题。第二种主要在于一种内心评论和要求，同时包含对自己和他人行为批判。显然这两种模式都在一定程度上解释了公民法治意识生成问题。运用规则约束、评价自身行为和要求、批判他人行为的态度，正是守法意识所要求的。据哈特所述，这种态度的产生就是源自公民在法律参与中，作为规则内部成员对规则内在面向的一种内心体验。

五、功利主义法学的“避苦求乐原则”

“功利原则”对思考公民法治意识生成问题提供了一个独特视角。从一种严格经验的进路出发，边沁在搜寻正义赖以存在的标准时，如获至宝地发现了功利的解决办法。他不无自信地认为，“功利原则是大自然的礼物；自然本身就提供了一个利益和理性结合在一起的阿基米德支点”。[②] 自然把人类置于快乐和痛苦的支配之下，只有它们才指示人类应当干什么和将要干什么，人类之所行、所言、所思均由其主宰。而功利原则就是“按照看来势必增大或减小利益有关者之幸福的倾向，亦即促进或妨碍此种幸福的倾向，来赞成或非难任何一项行动”。这里的行动既指所有

---

① ［英］H. L. A. 哈特：《法律的概念》，许家馨、李冠宜译，法律出版社2006年版，第84～86页。

② ［英］韦恩·莫里森：《法理学：从古希腊到后现代》，李桂林等译，武汉大学出版社2003年版，第197页。

的私人行动也指政府的每项措施。功利有两方面所指,一是为利益相关人带来实惠、好处、快乐、利益或幸福,二是防止利益相关人遭受损害、痛苦、祸患或不幸。[①]

按照功利原则,公民守法的内心权衡过程是十分简单的,当置身于违法与否的情境时,他会冷静地在内心过滤不同选择下的实质性后果,然后根据"所有良好后果与所有有害后果之间的差额"来确定哪种选择更加有利。[②] 守法有利时,他便选择守法,违法有利时他便选择不守法。但边沁严肃指出,"组成共同体的个人的幸福,或曰其快乐和安全,是立法者应当记住的目的,而且是唯一目的"。换言之,"一切法律所具有或通常应具有的一般目的,是增长社会幸福的总和,因而首先要尽可能排除每一种趋于减损这种幸福的东西,亦即排除损害。"[③]法律所要求的都是能促进公民幸福的,违反法律的行为必然会损害公民自身幸福。因此,公民在面临守法与否的选择时,根据功利指引必然会选择遵守法律。而公民在评判他人行为时,其所依照的标准和过程亦当如此。无论规范自己行为,还是评判自己和他人的行为,公民都会接受功利原则,倾向于选择和赞同的行为一定是更能促进幸福的。而法律制定的依据也是功利原则,凡是能促进共同体成员幸福的法律就支持,与此相反则禁止。是故,公民在理性权衡之下,必然会选择自己守法并要求他人守法。边沁甚至认为,社会契约

---

① 参见[英]边沁:《道德与立法原理导论》,时殷弘译,商务印书馆2000年版,第59页。

② [英]边沁:《道德与立法原理导论》,时殷弘译,商务印书馆2000年版,第123页。

③ [英]边沁:《道德与立法原理导论》,时殷弘译,商务印书馆2000年版,第82、217页。

论关于公民遵守法律义务的解释归根结底也是以功利原则为基础的，因为它真实地说明，只有守法才能实现最大多数人的最大幸福。①

当然，公民在功利导引之下生成法治意识至少要具备两个前提：一个是立法者必须是“公正而完美的观察者”，他必须知道一切快乐和痛苦，而始终以促进幸福总量最大化的方式从事其行为，唯其如此，才能导致更大快乐总量的分配模式，才能使法律所保护的皆能带来快乐，所禁止的都会造成痛苦；另一个是共同体的成员之间必须有相对一致的苦乐判断，不至于因为同一行为出现截然不同的苦乐体验，而各自作出不同选择和评判。显然这两个前提的具备在现实生活中是极其艰难甚至绝无可能。所以，功利原则虽然在一定程度上能解释公民法治意识生成的过程，却无法避免以下责难：一是立法者不可能全知全能地按照统一的功利标准来制定法律或行为规则，法律内容就无法一以贯之地支持带来快乐的行为和反对造成痛苦的行为，很多时候可能出现相反规定，这会让公民无所适从；二是公民个人在选择和评判行为时，他们各自对苦乐的体验和判断未必能一致，一个人认为会带来快乐或痛苦的行为，另一个人可能觉得并非如此，由于对同一法律规定，他们可能在行为选择和评判上都会不同，使法律得不到一致遵守；三是完全依据苦乐感受而守法，过于忽视了公民在守法动机上的其他诸多因素，而使公民法治意识的伦理价值面向被掩盖。

---

① 参见［英］韦恩·莫里森：《法理学：从古希腊到后现代》，李桂林等译，武汉大学出版社2003年版，第199页。

六、历史法学的“民族精神”理论

“民族精神”理论似乎提出了一种关于公民法治意识的自然生成观。在西方，出于对18世纪自然法思想的反思，出现了两种重要的法律思想运动：法律实证主义和历史法学。在“海德堡浪漫主义”影响下兴起的历史法学派拒斥自然法，它不仅研究现行法律，还研究一个民族的法律制度的特定历史、民间起源、影响因素及不同时代的环境。[①] 其代表人物萨维尼认为，“一套法制不过是一个民族文化的组成部分。”每个民族都有自己的个性和精神，他的学生将之称为民族精神，一个民族的法律正起源于这种精神。这种精神是“一种特立独行的、终极性的，而且常常是神秘的本体”，与某一民族的生物性传承相关。[②]

可以从这样几个层面理解萨维尼对法律的界定：一是法律存在于民族共同意识之中。法律由特定民族内部的因素孕育、为一定民族所特有，法律的出现绝非偶然与任意的而受体现内在必然性的民族特性制约，其出现、存在形式与民族的语言、行为方式和基本的社会组织体制一样既自然也必然。[③] 二是法律的发展并非在于理性规划，而是与民族的存在和性格有机联系，随民族的成长无断裂地逐步展现于时代进步之中，是民族史上一种有机的发展的现象。“法律随着民族的成长而成长，随着民族的壮大而壮大，最后，随着民族对于其民族性的丧失而消亡。”[④]其在民族

---

① 参见[爱尔兰]约翰·莫里斯·凯利：《西方法律思想简史》，王笑红译，法律出版社2010年版，第272页。

② 参见[英]丹尼斯·劳埃德：《法理学》，法律出版社2007年版，第361页。

③ 参见[德]弗里德里希·卡尔·冯·萨维尼：《论立法与法学的当代使命》，中国法制出版社2001年版，第7页。

④ [德]弗里德里希·卡尔·冯·萨维尼：《论立法与法学的当代使命》，中国法制出版社2001年版，第9页。

精神的决定和滋养下自发自在地生成、发展和终结，是一个自然和历史的过程。三是法律直接起源于民族的行为方式，而民族的惯常行为方式形成于习俗，一切法律首先产生于习俗，由习惯法渐次形成。[①] 四是立法于法律往往有消极影响。法律并非法律制定者之专断意志所决定，理性立法或者会使法律受到国家理性的左右，或者会因注重法典本身的技术含量而丢失本可直接从民族的道德力量中获取的法律权威。[②]

夹杂在萨维尼上述法律思想中的公民法治意识生成观，显然与他关于法律出现、成熟、衰败和消亡的看法一致，而与自然法、法律实证主义等在公民法治意识生成问题上的看法甚为有异。其他法学流派在公民法治意识生成问题上有一个共同点，就是主张在理性发现法律（自然法）或理性制定法律之后，方才强调遵守法律，即法律存在是尊重与遵守法律的前提，公民护法守法是对已经具备效力的法律规定的内心认同和行为服从。而萨维尼依其独特的法律观，认为法律孕育于民族精神之中，由表现为民族习俗的惯常行为方式成长而来，在其还未成为法律之前，这些行为方式就已经获得了人们的一致的认可与遵从，正是有了国民的这种确信，此种行为方式才能成为法律。法律还是在习俗阶段就已经获得了权威和人民的信仰，因此，人民的信仰和权威在某种意义上反倒成了法律存在的条件。换言之，人们对法律的确信与遵从是在法律生长的过程自发形成的，一个民族遵从特定法律规定就像说自己的语言一样，是一个无须有意为之的自然过程。

---

① [德]弗里德里希·卡尔·冯·萨维尼：《论立法与法学的当代使命》，中国法制出版社2001年版，第11页。

② [德]弗里德里希·卡尔·冯·萨维尼：《论立法与法学的当代使命》，中国法制出版社2001年版，第14～18页。

法治意识与法律相伴而生，有遵从才有法律，有法律必得遵从。萨维尼的公民法治意识自然生成观提醒我们，法治意识生成并不完全是一个有目的的理性规划过程，因为法治意识并非公民对简单加诸社会的抽象规则体系的认同和确信，必然还包含社会成员对于社会的基本习惯和惯常行为方式的内心观照和反映。

公民法治意识具有随社会和法律发展而有机生成并趋于成熟之特性，而且其生成、成熟的过程受到特定社会历史因素的影响。追溯民族历史中对公民法治意识生成产生必然影响的东西，对于研究和促进公民法治意识之生成意义重大。但若如萨维尼一般，将法律和公民法治意识生成完全归结于民族共同意识，而否定任何理性建构，这也是十分片面的。首先，法律和法治意识自发生成观，暗含了特定民族成员其思想和行动必然会统合一致，正是这一致性凝结成了民族的共同特性和倾向——民族精神，而人类历史上并无此种证据。[①] 同时，民族精神具体为何物，也是值得争论的，它在法律及公民法治意识生成过程到底发挥多大作用，无法估计。其次，法律和法治意识自发生成观，无法解释一国对别国法律的成功移植和一国公民对别国公民所持法治意识的成功吸收的无数事例。最后，它最大的误导在于否定了系统教育训练在塑造公民法治意识方面的作用，而这正是很多国家和地区促进公民法治意识生成的被实践证明了的有效举措。

七、法社会学派埃利希的“认同理论”

埃利希“认同理论”中也有关于公民法治意识生成之论述。奥地利思想家埃利希主张一种彻底的社会学法律理论，其理论在着力进行事实探究的同时，略带有一种心理学研究的色彩。“对

① 参见[英]丹尼斯·劳埃德：《法理学》，法律出版社2007年版，第365页。

他来说，法律源自社会事实，不取决于社会权威，毋宁社会强制。”①埃利希并不认为国家对法律的发展至关重要，而是声称社会才是法律发展的重心。社会作为“彼此存在联系的人类团体的总体”，由家庭、国家、民族等各式各样的人类团体组成。② 通过对欧洲各民族原始时期法的考察，埃利希写道：“他们的法主要是氏族、家庭、家庭成员共同体中的秩序。”③人类团体的内部秩序，当然也是社会生活的秩序，不仅是原初的法的形式，而且直到现在仍然是法的基本形式，在很晚才出现的法条，其绝大部分也源于团体的内部秩序。④ 显然，埃利希把法的起源、发展和本质都引向了对团体秩序的探究。他把法分为社会法、法律人的法和国家法三类。法律人的法是法官解决社会冲突和纠纷时所适用的规则，只对法官有指引作用。国家法是“一种仅仅通过国家而产生的法，没有国家，国法就不可能存在”⑤，由于国家在法律形成中的分量极其有限，所以即使在新时期国家法不断发展，但其在社会全部有效法律中仅占较小和较不重要的部分，而且一旦作为当时社会标志的社会与国家之间的矛盾得以克服，社会建立起一个新的更加和谐的生活秩序，国家法的重要性就会再次降低，甚

① [英]丹尼斯·劳埃德：《法理学》，法律出版社2007年版，第269页。

② 参见[奥]欧根·埃利希：《法社会学原理》，舒国滢译，中国大百科全书出版社2009年版，第28页。

③ [奥]欧根·埃利希：《法社会学原理》，舒国滢译，中国大百科全书出版社2009年版，第30页。

④ [奥]欧根·埃利希：《法社会学原理》，舒国滢译，中国大百科全书出版社2009年版，第40页。

⑤ [奥]欧根·埃利希：《法社会学原理》，舒国滢译，中国大百科全书出版社2009年版，第142页。

至成为多余。[①] 既然法律的真正渊源不是国法，而是社会活动本身，埃利希自然便将表现为团体内在秩序的社会法当作法最主要和基本的形式。

或许基于这一相近的看法，他似乎极为赞赏萨维尼的习惯法理论，也正是在评价历史法学派时，他首次提出并反复使用"法意识"这一概念，并认为，历史法学派于国家之外将法的起源归结为民族的法意识。他认为萨维尼和普赫塔把习惯法形成的重心根本放在法意识——整个民族的确信之自然一致——之上的论述有着深刻的法律观基础。[②] 就习惯法而言，来自民族法意识中的东西直接转化为习俗，民族在意识到他们法的同时，以他们的法来生活、行为、发展，如果可能制定法也应该产生于民族的法意识，"法的发展本身直接在法意识之内进行"。[③] 对于直接产生法的民族的"法意识"具体是什么，埃利希似乎只是在转述历史法学派的观点，而自己并未进行论述。

我们知道，按萨维尼的观点，法是来自民族精神或民族的共同意识，而埃利希显然是把历史法学派关于"民族精神"或"民族共同意识"的概念直接换成了"民族的法意识"。这一转换的突兀，是极易察觉的，但埃利希为何理所当然地互换了这两个概念呢？在我们看来，"民族精神"或"民族共同意识"显然应当包含宗教、伦理、道德、礼仪、法律等方面的内容，而决不单单指法律意

① 参见［德］托马斯·莱赛尔：《法社会学导论》（第5版），高旭军等译，上海人民出版社2011年版，第72页。

② ［德］托马斯·莱赛尔：《法社会学导论》（第5版），高旭军等译，上海人民出版社2011年版，第494页。

③ ［德］托马斯·莱赛尔：《法社会学导论》（第5版），高旭军等译，上海人民出版社2011年版，第490、497页。

识。似埃利希这般流畅的转换，可能一方面基于在他的论述中，“法律本身与宗教、伦理风俗、道德、礼节、规矩和礼仪，遂浑然一体”。[①] 而另一方面，可能他推想，既然历史法学派把法的起源追溯至“民族精神”或“民族共同意识”，那么他们所指的“民族精神”或“民族共同意识”必然就是与法极为相关的部分，而排除了与法无关的宗教、伦理、道德方面的内容。这种孕育与法律规则相关之习俗的民族精神或民族共同意识，当然即一个民族对法的意识。可见，埃利希的这种概念互换也是有道理的。但我们必须注意的是，他认为，法产生于法的意识。换言之，法在产生之前，人们就已经认识到了，并且已经开始在生活、行为中遵守它，正是这种对法的存在及重要性的认识以及对法的反复、习惯性、自发性的遵守才使法得以外显。

关于公民法治识是如何得以生成的问题，埃利希没有进行深究，但我们可以从他提出的“认同理论”中得到一些启示。所谓“认同理论”，即对法的普遍意识，就是人们意识到人类和睦相处和社会进程的有序发展必然需要规则，[②]使法律规范得到社会团体的承认从而得到基于内心确信的遵守。[③] 关于公民法治意识生成，认同理论的观点主要如下：

第一，认同理论极力批判强制理论，声称那种认为人们因畏惧刑法或法院执行者之威慑才遵守规范的观念是经不起推敲的。刑罚和强制执行并不是决定人们遵守规范的唯一因素，刑罚、强

---

① ［英］丹尼斯·劳埃德：《法理学》，法律出版社2007年版，第271页。

② 参见［德］托马斯·莱赛尔：《法社会学导论》，高旭军译，上海人民出版社2011年版，第70页。

③ 参见［奥］欧根·埃利希：《法社会学原理》，舒国滢译，中国大百科全书出版社2009年版，第179页。

制力和强制执行的范围和效力皆十分有限,往往只在社会团体的其他强制手段失灵时才起作用。很多例子证明,一个社会无须依靠国家强制秩序而仅仅依靠其团体的内部秩序即可维护。[①] 第二,法主要表现为人类团体的内部秩序,其功能主要在于对人类团体本身的组织上,而解决冲突和调解纠纷仅是其次的作用。[②] 法是一种组织结构,它分配着团体中每一个成员的地位,安排他们在共同体中的顺序和职责,[③]人们根据其在团体中角色进行交往、活动,他们的行动必然受制于团体的组织规则。多数团体组织规则并未成文,而是在日常生活被长期遵循和反复适用中逐渐得到团体的承认,并逐步培养了成员遵守规则的意识。第三,团体对法律规范的承认是出于习惯,而公民对法律规范的遵守既有习惯因素,也有基于团体角色的社会强制和经济强制因素。任何人都不是孤立存在物,他需要融入一系列团体,脱离这些团体他在情绪上、情感上都难以忍受,而只有他遵守团体的内部秩序,才能保持其在团体中角色地位,否则,他将面临被团体驱除的危险。可见,正是社会关系迫使团体内的成员遵守法律,他们守法,主要不是惧怕刑罚和强制执行,而是担心违法而不能保有自己在团体中的角色地位和利益。[④]

综上,埃利希写道,所有的规范作为行为规则,“同时既是自

---

① [奥]欧根·埃利希:《法社会学原理》,舒国滢译,中国大百科全书出版社 2009 年版,第 64~75 页。

② 参见[德]托马斯·莱赛尔:《法社会学导论》,高旭军译,上海人民出版社 2011 年版,第 68 页。

③ 参见[奥]欧根·埃利希:《法社会学原理》,舒国滢译,中国大百科全书出版社 2009 年版,第 25 页。

④ 参见[奥]欧根·埃利希:《法社会学原理》,舒国滢译,中国大百科全书出版社 2009 年版,第 64~67 页。

律的，也是他律的。它们是他律的，因为它们总是起源于团体；它们是自律的，因为它们以组成团体之个人的信念为基础。在下列意义上，规范也是自律的：只有规范的遵守是出于确信时，规范的遵守才被认为是完全有价值的。”①

八、经济分析法学的理论阐释：利益激励

经济分析法学派于20世纪60年代兴起于美国，法的经济分析是其研究兴趣和方法。波斯纳法官曾欣喜地写道：“既能解说司法决定，又能将之置于某个客观的基础之上，在近年追求系统阐述这样一个首要的司法正义概念的努力中，最为雄心勃勃并可能最有影响的就是‘法律与经济学’交叉学科领域，通常人们又称其为法律的经济学分析。”②由于其“理论核心是主张将经济学特别是微观经济学的理论、观点和方法引入法学研究中，以效益最大化为标准分析和评价法律制度及其效果，并进而改革法律制度本身”③，因此，不仅边沁和密尔的功利主义是其远祖，而且它还深受20世纪早期的现实主义和庞德“社会工程”理论之影响。

其学说体现出三种努力：一是试图找到比古典功利主义“最大多数人的最大幸福”更科学更精确的立法公理；二是专注于研究法官实际上如何行事；三是将“财富最大化”作为成功立法司法的最佳标准。④ 法律的经济分析一开始完全是针对反托拉斯法而展开的实证分析，然后逐步扩展到财产权、契约权、刑法、侵

---

① [奥]欧根·埃利希：《法社会学原理》，舒国滢译，中国大百科全书出版社2009年版，第178页。

② [美]理查德·A.波斯纳：《法理学问题》，苏力译，中国政法大学出版社2002年版，第441页。

③ 谷春德主编：《西方法律思想史》，中国人民大学出版社2004年版，第520页。

④ 参见[爱尔兰]约翰·莫里斯·凯利：《西方法律思想简史》，王笑红译，法律出版社2010年版，第364页。

权法、程序法等领域,后来甚至认为对所有的法律制度进行经济分析都是必要的,因为"所有的法律活动(立法、执法、司法、诉讼)和全部法律制度,说到底,都是以有效地利用自然资源,最大限度地增加社会财富为目的"。[①]

法经济学主要致力于立法和司法裁决过程中的经济分析,并主张把财富最大化作为立法和司法裁决的最佳标准。这使它在遭到一种批评——损害穷人利益,为富人服务,忽略了公平正义——的同时,[②]可能还面临一种忽略或误解:它没有关注公民的守法状况,或者它没有对公民的守法状况进行法律经济学分析。对于此种批评,波斯纳法官在一定程度上是赞同的,他认为财富最大化与对法律一直有影响的道德直觉之间存在一定程度的冲突,而且一些摆脱了经济学算计的理由往往使自由得以珍视。[③] 因此,他只是主张法律经济学是与法律心理学、法律社会学、法律人类学等并存的一种有益的理论视野。但批评者决不能因为波斯纳法官的谦虚而忽视,法经济学派明确表述的两个观点:一是普通法法官在提出规则时倾向于将财富最大化,是他们通过仔细审视英美法百余年的发展历程后得到的实证结论;二是普通法法官在司法裁决中倾向于财富最大化凭借的是一种无意识的本能反应。[④]

可见,经济分析法学派并非自己建构了财富最大化的立法与

---

① 张文显:《二十世纪西方法哲学思潮研究》,法律出版社 2006 年版,第 168 页。

② 参见张文显:《二十世纪西方法哲学思潮研究》,法律出版社 2006 年版,第 200 页。

③ 参见[美]理查德·A. 波斯纳:《法理学问题》,苏力译,中国政法大学出版社 2002 年版,第 470~473 页。

④ 参见[爱尔兰]约翰·莫里斯·凯利:《西方法律思想简史》,王笑红译,法律出版社 2010 年版,第 365 页。

司法准则,而是从对立法者和法官行为的历史考察中得出的客观结论,甚至这一准则也并非为立法者和法官在提出规则时所有意追求,而是凭本能自然而然体现出来的。那么"为什么法官会按照财富最大化规范指引的方向来塑造普通法",很多人认为经济学实证理论并未提供足够解说。① 但我们认为,循着法经济学的理论逻辑其实可以对此进行一种合理解释。"法律经济学的主要思想来源于古典经济学,它是以方法论个人主义的假定为其基础的——即,社会理论的研究必须建立在对个人意向和行为研究、考察的基础之上。"②而根据经济学人是自利的理性最大化者,他会对激励作出反应,如果他的状况能发生变化,并通过改变其行为就能增加他的满足,那他就会照激励所指引的模式行为。③ 而法官的司法裁决,至少会受两方的"利润最大化"指标的影响,一方是法官自身,另一方是利益受裁决影响者。虽然,法经济学强调理性最大化不是有目的的计算、经济学也非自觉意识理论,但是围绕司法裁决的理性权衡必定始终存在,法官方面会考虑作出怎样的裁决将会实现"利润最大化",同时利益受裁决影响者也会基于"利润最大化"准则决定是否服从裁决。我们知道,裁决的目的是希望得以遵从,如果裁决被视若无物,那么法官的行为将失去任何效益,而裁决相对方必将在裁决能为自己实现利润最大化时才选择服从。所以作出能被相对者服从的裁决,对法官和

---

① 参见[美]理查德·A.波斯纳:《法理学问题》,苏力译,中国政法大学出版社2002年版,第464页。

② [美]理查德·A.波斯纳:《法律的经济分析》(上),蒋兆康译,中国大百科全书出版社1997年版,"中文版译者序言"第12~13页。

③ 参见[美]理查德·A.波斯纳:《法律的经济分析》(上),蒋兆康译,中国大百科全书出版社1997年版,第4页。

相对者两方来说都会达到“利润最大化”目标。正是这种符合相对人利益最大化的要求,无形中指引了法官的行为,而使“普通法具有变得越来越有效率的倾向”。[①]

因此,法经济学在一定程度上是围绕着规则能被现实地服从而展开的,所以它极其关注公民守法状况的事实不应被忽略。波斯纳自己也坚称:“财富最大化是一种注重产出和强调社会合作的伦理。你要对社会物品和服务享有权利,你就一定要能够提供什么为他人珍重的东西。”[②]法官制作的裁决必须要得到相对者的遵行方能达到他预期的任何财富最大化目标,而裁决要得到服从必须得符合相对者的财富最大化考量。

那么如何通过财富最大化准则引导公民服从法律,促进他们法治意识生成呢?法经济学提出的方案主要在立法和司法裁决中纳入经济学考量,更明确地运用经济学理论。首先,根据科斯第一律:交易费用为零时,无论怎样配置权利,有效益的结果都会出现。[③] 此种情形下,法律是无须介入的,自由的市场交易就能实现财富最大化、就能达到假设有法律介入时的要求。而科斯第二律则指出在现实交易成本存在的情况下,有效益的结果就不可能在每种权利配置方式下发生。[④] 而此时,就应该由政府配置资源来代替市场配置资源。也就是说,应该通过立法来追求一种成本较低的权利配置形式和实施程序。可见,立法与市场在某种意

---

① 参见[美]理查德·A.波斯纳:《法理学问题》,苏力译,中国政法大学出版社2002年版,第450页。

② [美]理查德·A.波斯纳:《法理学问题》,苏力译,中国政法大学出版社2002年版,第488~489页。

③ 参见张文显:《二十世纪西方法哲学思潮研究》,法律出版社2006年版,第180页。

④ 张文显:《二十世纪西方法哲学思潮研究》,法律出版社2006年版,第181页。

义起着相同的作用，即在权利界定上使社会成本最低化和社会资源配置最优化，只有立法体现这种经济学思考才能吸引公民普遍遵从之，因为“服从法律更多是一个利益激励的问题而不是敬重或尊重的问题”①。其次，立法和司法裁决中要充分考虑到机会成本问题。如果守法与违法之间，立法使得守法的机会成本过高，而违法的机会成本极低，公民受财富最大化的驱使就会普遍选择违法，因此立法本身应将财富最大化设置为公民守法的一种奖励或将财富较低化作为违法的惩罚，以此激励公民普遍服从法律。最后，立法和司法裁决应接受需求规律指引。需求规律显示，“所支付的价格和所需求的数量呈反比例关系。”②在立法和司法裁决中应该尽量减少运用法律手段维护权利和解决纠纷的代价，以提高公民面临纠纷时对法律的需求量。主动接受而不是规避法律指引。

第二节　公民法治意识生成的过程及相关因素分析

一、心理学层面的分析

公民法治意识生成问题很大程度上是属于心理学范畴的。现有心理学研究成果可以为我们解开公民法治意识生成之谜提供诸多有益指导。西方的心理学法学很早就开始研究法律中的心理学因素，俄国法哲学家雷昂·彼德拉日茨基认为，法律现象

---

①　[美]理查德·A.波斯纳：《法理学问题》，苏力译，中国政法大学出版社2002年版，第294页。

②　[美]理查德·A.波斯纳：《法律的经济分析》(上)，蒋兆康译，中国大百科全书出版社1997年版，第4页。

是由通过内省方法才能观察到的心理过程构成的，并非由于法典或类似规定让人们认为存在权利并按权利行事，而是人们内心确信应该如此。由此他提出一种“直觉法律”理论，声称个人的法律意识和人的内在经验能很好地解释法律现象和社会现象。[①]而且综合前面西方各主要法学流派及其代表人物关于法治意识的观点，我们会发现，其中的很多思想都或多或少涉及心理学因素，如霍布斯的人在战争状态中达成合作契约的观点、富勒的互惠的匿名合作理论、功利主义的趋乐原则、分析实证派的强制理论以及社会契约理论体现的个体社会化过程。结合心理学的相关理论，我们还会惊奇地发现以上关于公民法治意识生成的见解之所以都延伸至心理学领域绝非巧合，而是法治意识生成本身就是一种复杂的心理现象和心理进化过程。

（一）人类本能对公民法治意识生成之影响

公民珍视法律、服从法律，自愿过规则安排之下的生活乃是一种本能之反应和需要。心理学研究发现，人本能地遵循两大原则：唯乐原则和强迫重复原则。唯乐原则主张人的心理活动受到趋乐避苦欲望的驱使，总是企图达到“避免不愉快或产生愉快的结果”，不愉快往往会造成心理的紧张状态，人在本能上会追求消除这种紧张状态的结果。[②] 其实这一原则为功利主义的法治意识生成观提供了有力证据，公民是否尊重并服从法律，主要看法律安排的生活是否能给他以心理上的愉悦。从人的这一本能出发，公民守法的关键不在公民自身，而是一方面在于法律规则的

① 参见[美]E. 博登海默：《法理学：法律哲学与法律方法》，邓正来译，中国政法大学出版社2004年版，第149页。

② 参见[奥]西格蒙德·弗洛伊德：《自我与本我》，林尘、张唤民、陈伟奇译，上海译文出版社2011年版，第3页。

内容是否能够考虑到人趋乐避苦之心理倾向，如果法律总体上能指引让公民感受到幸福愉快或至少不造成公民心理的不愉快感，那么，公民更可能服从法律的指引；另一方面在于法律的实施，如果违法必然使公民遭受不愉快的后果，而守法更可能让他们感受到愉快时，公民在行为选择时就会毫不犹豫地依法而为。据此，公民法治意识生成似乎只能借助于法律本身对人的趋乐本能的满足。

但弗洛伊德提出的强迫重复原则证明除了外在诱导，人固有的本能也会趋向于选择有秩序和规则的生活。他认为，趋乐原则并不能支配人的整个心理活动过程，强迫重复是一种压倒唯乐原则的更原始、更基本、更富于本能的东西。[①] 弗洛伊德通过对幼儿心理生活和精神分析治疗活动的观察研究，揭示强迫重复是有机体生命所固有的惰性的表现，是一种恢复事物早先状态的本能，它要求回到过去、重复先前熟悉的东西。他举例称，儿童总是会重复经常玩过的游戏或者反复要求听同一个觉得有趣的故事。[②] 强迫重复的本能反应表明，人们总是依赖于过去的经验生活，并倾向于让生活具有连续性和有序化，而这一倾向与公民在内心接纳并服从规则之间有紧密联系。法律的重要特点就是具有连续性、稳定性，使公民对未来生活有着合理预期，只要公民选择规则指引下的生活，就能在社会生活中满足自己惰性的本能，使重复过去经验的强烈心理要求得以长期保障。因此，一旦公民体验到由法律重复指引所带来的稳定和秩序，在强迫重复原则的

---

① 参见[奥]西格蒙德·弗洛伊德：《自我与本我》，林尘、张唤民、陈伟奇译，上海译文出版社2011年版，第6、27页。

② [奥]西格蒙德·弗洛伊德：《自我与本我》，林尘、张唤民、陈伟奇译，上海译文出版社2011年版，第45～49页。

魔力之下，必然会为法律规则的巧妙安排而惊喜。可见，公民本能地有选择法律生活，接受法律指引的倾向。

无独有偶，马斯洛的需求理论也印证了这种联系，出于对安全之需求，儿童及成人都更喜欢一个安全、可以预料、有组织、有秩序、有法律的世界，这个世界可以避免出人意料、无法应付、混乱不堪的事情或者其他危险，而且即使遭遇意外情况，也会得到相应保护。①

弗洛伊德也承认人对于有序生活方式的先见取向，是基于神经系统在节省能量与减少精神紧张方面的需要，规则能为人们提供一个可反复效仿的处理问题的方式，从而避免总是不停重新考虑、不断推翻原来的方法所带来的巨大压力和紧张。② 按照人的本能和心理需求理论，虽然人内在地有服从规则之治的倾向，但是我们必须看到，要使这种心理倾向外化为行为模式，还必须要求法律所规范的社会生活能够适应人的强迫重复的本能和安全、减少紧张的心理需求，如富勒八条程序自然法中所列举的法律在时间中的连续性和官方行动与公布的规则之间的一致性在某种程度上就能符合这种本能和心理需求，③从而促进公民法治意识生成。

（二）儿童心理学、发生认识理论与公民法治意识生成

皮亚杰认为，社会环境是支配儿童心理发展的四大因素之

① 参见［美］亚伯拉罕·马斯洛：《动机与人格》，许金声等译，中国人民大学出版社 2007 年版，第 24 页。

② 参见［美］E. 博登海默：《法理学：法律哲学与法律方法》，邓正来译，中国政法大学出版社 2004 年版，第 239 页。

③ 参见［美］富勒：《法律的道德性》，郑戈译，商务印书馆 2005 年版，第 94～96 页。

一,社会环境包括社会生活、文化教育和语言等诸多方面,儿童通过对社会环境提供的东西进行同化从而实现社会化。[①] 据此,如果儿童在成长过程中,能够生活在一个法治意识较为浓厚或者法治教育较为科学的环境中,那么这种外在环境必然会促进他们法治意识之生成。因此,我们的法治教育应该在营造社会环境上多下功夫,至少学校应该营造一种尊重和服从规则的外在环境,让孩子在潜移默化中受到影响、感受到规则的益处、信任规则同时相信每个人都会按规则行事,从而养成尊法守法之好习惯。

此外,皮亚杰认为,在遵从规则方面认知因素远比强制因素更重要。[②] "认识既不是起因于一个有自我意识的公民,也不是起因于业已形成的(从公民角度来看)、会把自己烙印在公民之上的客体;认识起因于主客体之间的相互作用。"[③]这种相互作用依赖逐渐使主客体分化的活动这一中介来实现,通过活动公民不仅与客体分化,还完成对客体的适应,而适应通过同化和顺应两种方式实现。儿童在各个年龄阶段经过同化于已和顺应于物的过程,来不断达到并加深对客体之认识和把握。公民要遵从规则,必先认知规则,而认知规则,就需要作为主体的公民与作为客体的规则之间能进行互动,公民通过对规则的同化和顺应来认知并适应法律。在此过程中,如果法律及其运行活动也能关注公民的同化、顺应状况而进行相应调整引导,公民就能更加顺利适应

---

① 参见叶浩生主编:《西方心理学的历史与体系》(第2版),人民教育出版社2014年版,第482~483页。

② 参见[美]伯尔曼:《法律与宗教》,梁治平译,商务印书馆2012年版,第20页注释1。

③ [瑞士]皮亚杰:《发生认识论原理》,王宪钿等译,商务印书馆1981年版,第21页。

法律、认同法律,将法律规定同化于内心信念、将自己行为顺应于外部规则。因此,公民法治意识之生成既非完全依赖个体之先天因素,也非完全取决于法律规则、社会环境等外在因素,而是出于公民在法律认知过程中主客体、内外部之间的一种互动,参与法治实践可能是公民与法律之间互动的最好形式,同时也是促进法治意识生成的有效途径之一。

(三)进化博弈论对公民法治意识生成问题之解释

很多心理学研究者用进化博弈理论来解释互惠合作利他行为之进化过程。其实,进化博弈理论及其支撑之下的互惠合作利他行为理论对公民法治意识之生成有很强的解释力。这两个理论经常用"囚徒困境"游戏来进行说明,该游戏假设 A 与 B 同时被警方关押和指控共同犯罪:如果他们都认罪,就会被判入狱;如果他们一人认罪而另一人没有认罪则认罪者会被无罪释放并得到一笔奖金,没有认罪者将面临更为严重的判决;如果他们都没有认罪则同时无罪释放。现在他们面临四种选择:(1)A 认罪,B 不认罪,B 受到更严厉处罚;(2)B 认罪,A 不认罪,A 受到更严厉处罚;(3)A 与 B 都认罪,二人被判入狱;(4)A 与 B 都不认罪,二人无罪释放。游戏结果表明,在合作与背叛两种选择中,如果游戏只进行一次,则双方都会选择背叛,因为这是最佳选择,但是在反复无限多次的博弈中,尤其在加入"以牙还牙"的惩罚之后,双方会越来越趋向合作,最后完全选择合作。① 而游戏中如果全部选择合作(做好人)则背叛(做坏人)将会始终受益,好人就会吃亏,而完全选择背叛(做坏人),大家都会吃亏。所以让大家趋向

① 参见[美]D. M. 巴斯:《进化心理学》,熊哲宏、张勇、晏倩译,华东师范大学出版社 2007 年版,第 288 ~ 290 页。

合作的方式是必须带上及时的惩罚，即总体选择合作，但对等条件下选择背叛。[①] 霍布斯的社会契约理论在一定程度上符合这一理论，自然状态中，人们生活在背叛之中，但经过反复战斗，人们逐渐发现无休止的战争只能导致共同灭亡，所以逐渐选择了妥协合作，最终通过契约结束战争状态，依据规则过有序、安全的生活。其实社会生活也是个无限的博弈场，人们发现规则的意义并乐于服从规则指引，正是因为在博弈中发现，只有在规则之下合作人类才能生存、发展和繁荣。尽管人们发现了规则、制定了规则并自愿接受规则之治理，但为了防止偶然的背叛（违反规则）必须时刻准备启动惩罚。因此，反复博弈导致了互惠合作行为，甚至是遵从规则行为之进化，但必须以惩罚为条件。据此，公民法治意识是在反复的社会博弈过程中生成的，其生成必须辅之以及时的制裁手段。

二、社会学层面的分析

在某种程度上，心理学是从个体心理特征的角度来解释公民法治意识生成问题的，但法律毕竟是一种社会规范，法治意识不可能仅从个体心理机能中生发出来，个体心理进化与成长只是为法治意识生成提供一个生物性条件。公民法治意识生成还有一个复杂的社会过程，根据社会学理论，个体社会化过程、社会成员之间的互动与合作、其他社会规范的共同作用等都对公民法治意识之生成有重大促进作用。

（一）社会化过程与公民法治意识生成

尽管心理学研究表明，个体从心理上有生成法治意识的先天性条件，但大量事例证实，如果没有成功的社会化过程，人根本无

---

① 参见张雷：《进化心理学》，广东高等教育出版社2007年版，第81～82页。

法获得社会技能和社会情感，无法使用语言、无法形成人格、无法体验人类情感，总之，他们成不了正常的人，就更不要说具备法治意识。所幸的是，个体只要不是在意外情况下被隔离于他的同类，他就会参与到社会化过程中。社会化就是"一个人获得自己的人格和学会参与社会或群体的方法的社会互动过程"。[①] 个体要存活并成长为人类之一员，他就必须参与社会生活、与他人交往、学习怎样思考和行为。其实正常情况下一个人从出生开始，他就会在不知不觉中被动地接受社会化，在此过程中，意识到自我和他人的存在，并在他人的影响下习得了语言、社会所期待的行为模式及各种社会技能，这一学习与互动的过程将伴随他一生。社会化不仅是个体生存、发展的必要过程，同时，也是社会存在和有效运作的必要条件。主张社会契约理论的思想家们对此早有洞悉，他们认为，正是人们体验到了自然状态中各自孤立行动的危险和不便后，才发现了妥协、合作的必要性，于是相约按照彼此期待的行为模式行事，才使个人的安全与自由和社会的存在与运作成为可能。

法律作为合作的契约和记载社会成员彼此期待的行为模式的社会规范，自其功能在人类社会化过程中被发现后，便成为保存人类社会化成果的重要工具，并不断得到强化和丰富。一开始人们服从法律，就是服从彼此同意的契约，并按照彼此期待的方式行为，尔后，在个体社会化过程中，经父母、同伴、老师等在不同的情景下反复暗示或教导，个体在外部行为上倾向于按规则要求行事，在内心里认同规则指引、将其接受为自身行为的理由和谴

① [美]戴维·波普诺：《社会学》(第10版)，李强等译，中国人民大学出版社1998年版，第142页。

责自身与他人偏离行为模式时的依据，如此，在经验和反复实践基础上依照法律行事逐渐发展为一种习惯和普遍的行为模式。通过对黑猩猩的试验观察，科学家们推定，人类个体正是通过儿时和年轻时期的社会化进程来培养一种基于规则的权利与公正意识，经过几个不同阶段的发展最终成为其组成人格固有内容的个人法治意识。①

（二）相互性原则与公民法治意识生成

社会学同时承认人的自治与人的相互性。人的自治指每个人都是独立的、以自身为目的的存在，其天生具备道德和是非判断能力，可以自由支配自己的行为，也可以有效约束自己的行为，自治使公民能在不凭借外在强制的情况下，使自己的行为符合社会期待和规则要求，康德的理想就是如此。然而，一方面，理性是有限的，人不可能在没有任何压力的情况下始终做到服从法律规则；另一方面，人是社会的存在物，在社会交往过程中，人往往以他人为参照体来决定自己的行为模式，而相互性原则正是人与人之间相处的一般模式，其一般表述是“你希望别人怎样对待你，你就怎样对待别人”或者“己所不欲，勿施于人”，这种相互关系中就存在一个法律约束力的根源。② 卢曼的理论，或许能帮助我们更好地理解相互性原则与公民法治意识生成之间的关系。卢曼似乎认为，人们在社会互动中，在选择自身行为方式时，往往会站在他人的立场去体会他人行为中现实化的可能性，并把这种可能性直接转化为自我的可能性用以指导自身行为选择。然而人们

① 参见[德]托马斯·莱赛尔：《法社会学导论》（第5版），高旭军等译，上海人民出版社2011年版，第301页。

② 参见[德]托马斯·莱赛尔：《法社会学导论》（第5版），高旭军等译，上海人民出版社2011年版，第178～182页。

交往于其中的世界因包含体验和期望的广泛可能性而体现出复杂性和偶在性，可能性是多样的而且往往与期待不一致，此种单向期望可能因为他人的错误或欺骗而变得极不可靠。于是，人们建构起一种“期望的期望”结构来同时双向体验自己和他人期望的可能性结果，该结构同时关注自己对他人行为所持期望的结果和他人对自己行为所持期望的结果。[①] 通过这种正向和逆向的双重体验，人们不仅能更为准确地体验到他人行为选择的方向，而且也能更有针对性地选择自己行为的方向。例如，合同的甲方总是如约履行合同，而且他预见到了乙方也对此有所预见，于是乙方必然要从自己的角度体验他期望的期望，否则，他们之间的合作可能无法维持，甲方也会因为对乙方的期望改变而对今后的行为无所适从。人们一般而言会倾向于普遍按照期望的期望去行为，并将之转换为应然的语言形式，使其成为一种规范化的一般行为模式。可见，在这种双向期望体验过程中，人们的规则意识逐渐生成。同时，卢曼还极富洞见地看到，期望的结果很可能与期望的内容不一致而导致失望，失望导致了行为的不确定性，为了处理这种可能的例外，他引入了一个“匿名第三方”视角：对于某一事件，每个人对他人来说都是一个潜在的正处于共同体验状态的第三方，这些可能加入共同体验、共同决策、共同谴责和共同行动的未知的、抽象的第三方的意见，就可能形成关于特定事件的共识。[②] 而这种共识就应该是关于某一行为的具体规则，同时，这种共识也是人们遵守规则的理由和违反规则的压力。用卢

① 参见[德]尼克拉斯·卢曼：《法社会学》，宾凯、赵春燕译，上海人民出版社2013年版，第71～74页。

② [德]尼克拉斯·卢曼：《法社会学》，宾凯、赵春燕译，上海人民出版社2013年版，第90～103页。

曼的话说："义务来自任何他人面前的自我呈现。"[①]综上，公民的社会互动一般遵循相互性原则，而相互性原则的实现需要建构一个期望的期望结构，在特殊情况下，还得借助于匿名第三方的共识来稳定，在这双重期望的体验中和第三方共识的指导下，公民必然会内心认同和实际遵从相关规则。

三、经济学层面的分析

按照经济学的理论假定，人都是理性效用最大化者，其行为都是理性的，总是倾向于选择最能产生效益的行为方式，包括罪犯违法与否、诉讼人是否采取诉讼、合同一方是否决定履约等行为选择都受利益最大化目标驱动。从经济学的角度看，"利益规律是法律的基础，法律制度实质上是一种利益制度"。[②] 经济计算始终伴随着法律制度，因此，公民服从法律就有着极强的经济动机，公民法治意识生成背后也就少不了经济这一巨大推力。本书主要运用经济成本理论、经济效益理论、供求关系理论等主要经济学理论来阐释公民法治意识生成过程及相关因素。

（一）公民法治意识生成与经济成本诱导

在《现代汉语词典》中成本被解释为：产品在生产和流通过程中所需的全部费用。[③] "古典经济学将投入生产活动中的全部生产要素耗费称为成本（生产成本）。"[④]法律作为一种公共产品，其制定和运行都需要成本，公民知法、用法、守法都要付出相应的

---

① ［德］尼克拉斯·卢曼：《法社会学》，宾凯、赵春燕译，上海人民出版社 2013 年版，第 110 页。

② 冯玉军：《法经济学范式》，清华大学出版社 2009 年版，第 249 页。

③ 参见中国社会科学院语言研究所词典编辑室编：《现代汉语词典》（第 6 版），商务印书馆 2012 年版，第 164 页。

④ 冯玉军：《法经济学范式》，清华大学出版社 2009 年版，第 235 页。

代价,公民诉诸法律的目的一般都是恢复或弥补某一受损的利益,或者希望在法律的安排下使个人行为的成本最低化。在法律事务中,公民的行为选择或多或少都会受经济成本影响,一般情况下,他们都会细致衡量成本收益,并根据守法成本与违法成本、受损利益与救济成本之间的差距来决定是守法还是违法、是依法维权还是容忍侵害。法律成本越大,公民越容易违法、避法或者用其他方式替代法。可见,要诱导公民遵守法律、自觉按法律指引行事,就必须精确计算法律及其运行的成本,当然这些成本最终都会体现为守法成本,所以制定出成本最低的制度并维持一个守法成本最低的法律系统,是公民自觉守法的重要条件。

一方面,守法的直接成本要最低。守法的直接成本是公民按照法律指引选择行为方式所应支付的全部代价,包括显性的诉讼费、代理费、误工费、食宿费等和隐性的时间、精神方面的费用,还有诉讼判断错误产生的额外费用(因对诉讼结果预测错误而失去的利益)。其实守法的直接成本主要与立法、司法、执法成本有关,如果立法稳定明确、易于推动市场交换和确定合理预期,执法、司法程序简便、时效严格、结果公正,守法的直接成本就会相应降低,公民就会主动选择依法行事。当然守法成本还存在与违法成本比较的问题,如果公民发现违法成本居然比守法成本低,那么,他们就可能为了支付更低的成本而选择违法。所以在减少守法成本的同时,法律还应该在立法、执法和司法过程中体现高昂的违法成本。同一种境地下,至少要明确违法者需要比守法者支付更高的成本、陷入更糟糕的经济状况,以此进一步降低违法的可能性。贝卡里亚在论及“惩罚犯罪的刑罚越是迅速和及时,就越是公正和有益”时,就已经注意到了法律成本的核算,尤其是通过刑罚及时性降低司法成本、增加违法成本,相对而言也就是通过降低守法成本来减少犯罪。[①]

另一方面,还要考虑到守法的机会成本问题,即考虑公民因守法而放弃其他行为方式的成本问题。具体的法律规则和整个法律体系都要考虑公民在法律事务中除了按法律指引行为外还可以选择哪些行为方式,选择法律方式支付的成本是否低于选择其他方式支付的成本;否则,公民就会基于利益驱动而违反法律、规避法律或者漠视法律。以上的成本分析结果一旦在反复的行动中为公民所确认,公民就会以这一结果(守法成本高于或低于违法成本)来确定对法律的基本态度。如果一个社会能够通过合理的设计使守法成本总体上低于违法成本,那么追求自身利益最大化的公民必然在总体上认为法律是值得遵守的,并在长期的经验基础上转换为法律是应该遵守的,因此,较低的守法成本是促进公民法治意识生成的重要因素。

(二)公民法治意识生成与法律效益激励

韦伯曾说:"任何法律保障都是直接为经济利益服务的。即使不尽如此,经济利益也是影响法律创设的极重要的原因。"[②]犯罪经验研究文献也证实,罪犯就如同经济模型的理性计算者,一般对机会成本、查获概率、惩罚严厉性和其他相关变量异常敏感。[③] 法律必须追求效益,无效益之法律既失良善也不会得到公民珍视。"法律效益是指通过立法、司法、执法和守法过程中对法

---

① 参见[意大利]切萨雷·贝卡里亚:《论犯罪与刑罚》,黄风译,北京大学出版社2008年版,第47~48页。

② [德]马克斯·韦伯:《论经济与社会中的法律》,张乃根译,中国大百科全书出版社1998年版,第33页。

③ 参见[美]理查德·A.波斯纳:《法律的经济分析》(上),蒋兆康译,中国大百科全书出版社1997年版,第293页。

律权利资源的最优配置,除去各种成本耗费后,进而实现法律资源使用价值在质上的极优化程度和量上的极大化程度及其所得到的综合效果。"[①]简言之,法律效益就是公民消费法律产品后,除去成本所得的收益,前文中所揭示的降低法律成本其实也是为了增加法律效益。

要培养公民守法习惯、提升公民法治意识,必须要增加守法效益,使公民选择遵守法律的总收益高于违法或选择其他方式行事的总收益。在公民不违法即守法的情况下,激励公民守法的举措就是降低违法收益,使公民预见到违法将付出比相反情况高昂得多的成本,从而以违法低效益的预期来阻止违法行为;而在公民主动诉诸法律或必须依法行为才算守法的情况下,则要通过降低守法成本的方式来引导公民通过法律途径处理法律事务,使诉诸法律的成本在价值上低于依法恢复或弥补的利益。只要公民长期感受到守法收益超过违法收益,在理性的驱动下,他们就会倾向于把守法作为内心信念和行为准则。

(三)公民法治意识生成与法律供求调控

法律供求关系的平衡也是促进公民法治意识生成的重要原因。和其他产品一样,法律在运行过程中,也存在国家供给能力与公民消费能力以及国家供给数量与质量和公民需求的数量与质量之间平衡的问题。若是国家的法律供给能力过分高于或低于公民的法律消费能力,或者国家法律供给量严重高于或低于公民的法律需求量,抑或国家供给的法律质量不符合公民期待的法律质量,轻则会导致浪费社会资源,重则会造成法律运行受阻、普遍违法现象出现甚至使社会处于不受法律约束状态。在法律供

① 冯玉军:《法经济学范式》,清华大学出版社2009年版,第251页。

给方面,要考虑法律的供给边际效用规律:法律越多,从新法律中获得的效用就越少,同一种法律供给过多,其效用就会递减,人们守法的积极性就越小;而在法律需求方面,要注重法律的价格问题,只有法律的价格保持在守法收益大于守法成本的区间内,人们才会基于经济动机而守法。① 影响公民法治意识状况的法律供给不仅指立法供给还包括执法供给和司法供给,而在具体的行为选择上执法供给和司法供给对公民守法习惯的养成更为关键。如果让公民感受到某一规则在执法供给和司法供给上不配套,或者针对这一规则的执法供给和司法供给不符合大众预期利益,他们就会选择违反或无视这一规则。倘使经常遇到类似情况,他们就会逐渐形成守法是一种无效益行为的看法,从而阻碍法治意识的生成。因此,能大致满足公民法律需求的合理的立法、执法、司法供给,必然会有利于公民法治意识的生成,尤其是当法律供给能照顾到公民的一些特殊法律需求时,如对弱势群体的特殊法律供给,就能更加发挥利益诱导之优势。

第三节　关于公民法治意识生成之基本条件

通过对西方主要法学流派关于公民法治意识生成理论的梳理和不同学科角度对公民法治意识生成过程及相关因素之分析,我们已经发现了很多影响公民法治意识生成的重要因素。本节的主要任务是对影响公民法治意识生成的众多要素加以仔细地分析和推敲,从中提炼出促进公民法治意识生成的一些基本条

① 参见冯玉军:《法经济学范式》,清华大学出版社2009年版,第276、286页。

件，使我们进一步明确公民法治意识生成在各个相关层面上应该具备哪些条件方能实现，以图为促进公民法治意识生成之系统工程提供有益指导。从上面两节的分析总结中，我们发现，公民法治意识生成主要涉及制度、国家、社会和个体等几个层面的因素，每个层面上，都必须具备特定条件才能使公民法治意识得以顺利生成。

一、制度层面之条件：法的科学、良善与法的实施

公民尊重并服从法律，是因为他们在社会交往过程中发现法律本身的品质能满足自己在正义情感、利益欲求、人格发展方面的需要，以及法律之运行可以使他们所追求的社会生活目标成为可能。也即法律本身的科学与良善以及法律运行的效率是公民遵从法律的制度条件。

（一）法的科学与良善是公民法治意识生成之客体条件

公民法治意识在一定程度上是公民对法的价值、原则和要求内化和观念化的结果。在此意义上，可以说法治意识是一种观念状态的法。因此，法的内容、质量是公民法治意识能否生成的重大决定因素。我们知道，为了适应法治运行的需要，公民至少应该具备以守法意识、契约意识、理性意识、人本意识和程序意识为主要内容的法治意识。这就要求，法本身的内容就应该包含这些要素，如此才能在与公民长期互动的过程中将这些要素传达给他们、成为他们法治意识的组成部分。法与公民在互动过程中，会产生双向的影响，一面是法对公民的教导与引导，促进公民形成与法本身所包含的价值观相应的法治意识，另一面是公民对法的改进，法必须回应公民普遍的价值、利益需求，才能得到公民认可而获得并维持有效性。前者是法对公民的同化，后者是法对公民的顺应。要使公民在同化与顺应过程生成本书所界定的法治意

识,法本身的良善与科学至关重要,没有良善与科学的法律,公民法治意识生成就失去了本源。而法的良善与科学主要表现在内容与形式方面:

内容方面,前面的分析已经揭示,公民本能地有许多需求,并且在社会化过程中发现法律能满足他们这些需求,因而认同并尊重法律。这说明,如果法律能照顾并满足公民普遍的本能和社会需求,就更可能实现对公民的同化与顺应而内化为公民的内在评价要求和行为准则。因此,法律本身就至少在以下方面适应社会成员的总体要求:一是公正。根据心理学家对黑猩猩和儿童心理模式的研究,发现黑猩猩在与同类或人类交往过程就拥有类似公正和权利的观念,即使玩耍中的儿童也十分看重公正。[①] 而且自然法学的思想家们也普遍认为,法律应该体现人类的正义价值追求。二是秩序。弗洛伊德发现的人类"强迫重复"的本能说明,人类本能地倾向于追求有序的社会生活。人们期望法律秩序能给现实生活以稳定感和未来生活以确定预期、让人们生活得从容不迫,从而避免动荡所带来的忧虑与不安。三是安全。马斯洛的理论揭示,安全是人类极为基本的社会需求,法律作为社会生活的重要规范,必须以保障人类安全作为基本任务。四是利益和效率。根据我们已经论及的经济学和经济法学派的观点,人总是受利益的驱动而追求社会效用最大化。因此,法律必须合理设置惩罚和激励,从总体上为满足公民合理的利益追求和保障社会生活的最大效率。因此,人们认同法律是由于其具有内在说服力,而法规是否具有说服力,主要取决于它们是否

---

① 参见[德]托马斯·莱塞尔:《法社会学导论》(第5版),高旭军等译,上海人民出版社2011年版,第300~301页。

符合相关当事人的利益。[①]“在任何一个社会,法律本身都力促对其自身神圣性的信念。它以各种方式要求人们的服从,不但诉诸他们物质的、客观的、有限的和理性的利益,而且求诸他们对超越社会功利的真理、正义的信仰。也就是说,它那些与流行理论所描绘的现世主义和工具主义面目不同的方式要求人们的服从。”[②]

形式方面,法律不仅要在内容上符合人们总体的本能和社会需求,而且形式上也应该适应人们的类似期望。在这方面,富勒的论述极为深刻,他从形式提出了法律应具备的八大要求,为法律确定了内在道德或者是能够使法律具备合法性的程序自然法。[③]

(二)法的实施作为公民法治意识生成之激励条件

有了良善而科学的法,只是表明,公民的心理和社会需求有得到满足的可能性。承载于制度中的生活理想只有在法的实施中才能逐步得以实现,而且还面临各种因素阻碍的风险。一旦法律规则失去了科学体制机制的保障而在实施过程无法达到预期目的,势必挫伤公民继续依仗这些规则去实现自己合理预期的积极性,使他们对法律的信任大打折扣。此外,法律的实施过程,还是一个对公民施加教导的过程,在反复的实施过程中,公民从官方行为、其他公民的行为模式中会不断知悉法律的内容、领悟法律的价值、感知法律的功能。因此,只有法律的实施有效率、能够

---

① [德]托马斯·莱塞尔:《法社会学导论》(第5版),高旭军等译,上海人民出版社2011年版,第310页。

② [美]伯尔曼:《法律与宗教》,梁治平译,商务印书馆2012年版,第21页。

③ 参见[美]富勒:《法律的道德性》,郑戈译,商务印书馆2005年版,第59~111页。

让静态的制度表述在动态运行过程中按照公民所一致期待的那样去呈现,公民才会觉得法是必要和值得尊重的,他们才会在法的实施过程中,通过官方的惩罚与激励、他人的示范与影响、自己的习惯与学习去内化法律要求,把外在于已的制度规则转化吸收为内在的观念确信。

二、国家层面之条件:法治实践与法治教育

由于法律认知是公民法治意识生成之前提,守法习惯培养又是公民法治意识生成之关键,同时,法律知识的获得和守法习惯的养成都不是完全依仗个体自己所能实现的,这就要求国家要在促进公民法治意识生成方面发挥积极的作用。我们认为,国家推动法治实践和开展法治教育对公民法治意识之生成意义非凡。

(一)法治实践是公民法治意识生成之中介条件

通过前面的研究,我们已经发现了这样一些基本事实:对法之功能、价值及法在社会治理中优越性的认知是公民法治意识生成之前提;公民拥有良好的守法习惯、较深的法律感情和法律信仰是其法治意识生成的重要要求和标志。进行法律认知、养成守法习惯、培养法律感情和增进法律信仰既非单一的个体行为也非纯粹的知识灌输更非自然的社会进化即可实现的,需要长期法治实践的反复锤炼。公民法治意识生成的过程其实是一个外部的行为准则内化为内心评价、规范尺度和恒定信念的过程,而法治实践恰好能为这一过程提供一个媒介。通过法治实践,公民始终置身于法治环境之中,使其整个社会化的过程都能与法律发生互动,在生活、学习、工作、社会交往等各个方面接触法律,感知法律的运行,观察并模仿别人在法律指引之下的行为模式,体验法律对社会生活的重要性以及基于各种压力实际遵法律而行,甚至在反复的实践中把守法作为一种习惯和生活方式,从而行事依赖法

律、内心信任法律。简言之,通过法治实践的中介,公民时时处处皆能感受到来自法律的指引和同化,此时,被法律所规范的社会生活已然成为公民置身的大环境,这一环境无论从显性的行为规范还是从隐性的行为暗示上都对公民认同法律、遵从法律提出要求。而且,法律本身也"不只是一套规则,它是人们进行立法、裁判、执法和谈判的活动"①,只有在法治实践中,法律作为一种活动的动态图景和治理优势才能得以体现而被公民所感知和理解。

法治实践是公民法律认知的中介。前已述及,认识是公民与客体经活动为中介进行互动而实现的,国家法治实践恰恰为公民提供一个全面认识、体验法律的稳定场景。唯在一个有着法治实践的国家,法律的功能、价值才能得到最完美的发挥和展现,公民才有机会真正体验到理性规则及其指导之下的生活,才能真切地感悟法律在满足人类的趋乐与守旧本能、安全需求和保证互利合作、经济效率等方面的优越性。可以说,有法治实践,才有真实感知法律的机会和正确感知法律的可能,真实而正确的法律认知是公民法治意识生成之基础。

法治实践是公民法律参与的中介。公民亲身参与法律活动,在立法、执法、司法等各个环节扮演一定的角色,才能更好地掌握法的运行过程及结果。加入法的运行过程并或多或少在此过程表达自己的意志或体现自己的影响,公民可以获得一种可与他人共同分享的体验经验,这种体验经验一方面让公民觉得他们服从的规则就是自己的规则,由于规则体现了他们自己的利益诉求和理想追求,他们愿意支持这样的规则顺利运行,另一方面可以使公民在法律事务中站在第三方观察者的角度理性审视服从规则

---

① [美]伯尔曼:《法律与宗教》,梁治平译,商务印书馆2012年版,第14页。

治理的必要性。伯尔曼认为,美国法律的信仰就表现在参与本身。[①] 参与能让公民在真切体验和表达自我、在自我约束与法律规范之间达成某种契合,实现自身价值目标与法律价值目标之间的聚合,从而发自内心地尊重法律、服从法律。而国家法治实践,不仅使公民参与法律活动成为可能,而且成为必须,在法治实践中,公民的权利维护、利益欲求等重要意志行为都必须通过参与法律活动方才有效,而立法、执法、司法活动都必须在充分的公民参与下方获认可。可见,没有法治实践之中介,就没有公民充分的法律参与。

法治实践是培养守法习惯的中介。良好的守法习惯是公民法治意识生成的主要标志。然守法习惯的养成绝非空洞说教或单纯个体意志控制之结果,必得在长期的法治环境中熏陶、模仿、训练所致。梁漱溟先生认为,中国人缺乏纪律习惯乃是由于缺乏产生纪律习惯之环境。他说:"习惯为身体与环境间之产物。而养成于实际生活。"[②]而法治实践正乃迫使公民养成守法习惯的社会环境和生活课堂。经由法治实践之中介,公民的思维方式、行为模式必然打上法律的烙印,并在长期的潜移默化和每时每地的强制压力之下,养成守法习惯。

法治实践是增强法律信任的中介。法律主要不是通过一套静态的规则来展现自身的价值,而是通过一个动态的人类活动过

---

① 他还总结道:"法律活动中更为广泛的公众参与乃是重新赋予法律以活力的重要途径。除非人们觉得那是他们的法律,否则就不会尊重法律。"参见[美]伯尔曼:《法律与宗教》,梁治平译,商务印书馆2012年版,第36页。

② 他继续写道:"西洋人之纪律习惯,不是出于它的文化,而宁出于它的开化;即仍为其自古以来集团间竞争斗争之所锻炼者。"梁漱溟:《中国文化的命运》,中信出版社2013年版,第141~142页。

程来让人们主动认识它的功用。“一旦法律被理解为积极的、活生生的人类活动,它就包含了——正好比宗教包含了——人的全部生命,包括他的梦想,他的激情,他的终极关切。”[①]法律作为一种活动顺利运行以及被视为一种循环反复的活动过程,都可能使公民把法律当作社会生活的重要组成部分并把自己视为法律运行的重要力量来看待。以自己的力量推动法律之完善,以法律的要求约束自己之任性,在收获法律治理之益处和推动法律自身的发展中也能培养起自己的法律感情。然而很明显,法律的动态过程,尤其是反复而顺利的动态运行过程,只有在坚持法治实践的国家中才能得以保证,没有坚定的法治实践,法律的运行就可能随时受阻,法律体现的价值与公民本身追求的价值就不可能从总体上达成一致,公民与法律之间的良性互动就会落空,对法律的信任感也就无从谈起。所以,唯有国家法治实践才能使法律有意无意地进入公民的活动范围,并在相互依存中,使法律愈加体现公民意志、倾注公民热情、得到公民信任。

(二)法治教育是公民法治意识生成之重要手段

公民法治意识生成是基于对法律必要而正确的认知,并最终体现为良好的守法习惯和对法律的内心信任,而对法律的理性认知和守法习惯的培养都必须经过系统的教育训练。前已论及,远在古希腊,伟大的思想家柏拉图和亚里士多德就已然洞察到从小的教育训练对公民法治意识生成之重要意义。正如他们所说,公民幼年时候在游戏中对规则的体验以及从小在强制教育中守法习惯的养成,都有助于他们成为守法公民。个体社会化的理论也揭示,公民在社会化过程中,必须接受积极正面的教育引导才能

---

① [美]伯尔曼:《法律与宗教》,梁治平译,商务印书馆2012年版,第23页。

形成正常的人格。所以,国家支持和倡议开展普遍的法治教育对公民从小进行法律知识传授、守法精神培育和守法习惯训练是促进公民法治意识生成之重要手段。法治教育至少应该由家庭法治教育、学校法治教育和社会法治教育三部分组成。家庭法治教育由家长对子女实施,家庭是孩子成长的重要港湾,父母又是对孩子影响最大的人,儿童成长过程中往往通过“自居”来模仿父母的行为模式,所以家庭法治教育对子女法治意识培育举足轻重,而且由于孩子惯于模仿父母,因此家庭法治教育还应该注重身教重于言教;学校法治教育则应该在国家立法、政策、资金、人员、场地等保障下由学校专业教师有系统地实施,而且在实施中,应将法律知识讲授与法治实践活动结合起来,使孩子在课堂学习、课外活动等环节上均能体验到规则的指引,使儿童在成长过程逐渐把法律要求内化为自觉行动;社会法治教育则主要是国家针对诸如犯罪高发群体、问题青少年、弱势群体、知识水平低下人群等特殊人群而实施的法治教育,社会法治教育主要应致力于为相应人群提供获取法律知识和法律帮助的渠道和条件,让他们在需要时,有可能得到法律的指引和专业的帮助。此三种类型的法治教育,正是一个社会公民法治意识生成的重要促进手段,而且也是一个法治实践为时不长的社会促进公民法治意识生成最有效的手段。

三、社会层面之条件:道德氛围与市场经济

法律是一种社会规范,其运行的主要目的就是通过规制人们的行为来实现有意识建构的社会生活理想,它是一种群体社会生活的准则,孤独的个人和自然状态中的群体都无须法律的指引。在法律规范下生活就必然意味着群体并非自发结成、个人也不是彼此绝对独立自由,而是群体内部有着某种共同的生活目的,社

会成员之间有长期而反复的合作、沟通、交往。公民尊重并服从法律,其实质是认同社会整体的共同目标和承诺与其他社会成员分享共同的行为准则和生活预期。而这种认同和承诺并非公民个人先天领悟的真理,而是在长期的社会生活和活动中,尤其是在社会的道德生活和经济活动中作为一种信念或经验而为公民所洞悉。因此,社会整体的守法道德氛围与市场经济的发展状况,便是公民法治意识生成的社会层面的条件。

(一)道德氛围作为公民法治意识生成之文化条件

这里的道德氛围主要指社会守法的道德义务感,它迫使公民并非基于法律体系本身的合法性、法律制裁或个人利益因素而守法,而是出于自身道德信念和社会道德要求而守法。柏拉图、哈特、罗尔斯等诸多思想家都声称,公民存在守法的道德义务,尽管他们对这种义务的来源众说纷纭。[①] 确实,一种内在的道德信念和社会的道德压力,会赋予公民守法行为以自觉性、自律性和稳定性。若公民仅仅因为恐惧暴力威慑、考虑利益得失而守法,他们的守法状况就会极不稳定,当威慑解除或不及、无利可图时他们就会忽视或违反法律。如果公民将违法作为个人道德修养的败笔来防范、社会将违法视为个人道德上的劣迹去遣责,违法就会因为沉重的道德成本而成为公民自觉杜绝之行为。与此同时,如果公民把守法作为自身的道德追求和对社会的道德义务,那么守法就由他律转化为自律。康德认为,如果法律与道德一致,公民就会基于自由和自治而守法。[②] 而且就人类现实生活而言,人们因为守法光荣、违法可耻的道德准则克服诸多其他动机而守

① 参见[英]丹尼斯·劳埃德:《法理学》,法律出版社2007年版,第188~191页。
② [英]丹尼斯·劳埃德:《法理学》,法律出版社2007年版,第76~77页。

法的事例大量存在。美国学者泰勒(Tom Tyler)于20世纪90年代在芝加哥启动了一项主题为"人们为什么遵守法律"的实证研究,结果发现,公民有强烈的守法义务感,很多公民都认为违反法律在道德上是错误的,他们即使认为法律权威的合法性存疑,但仍会基于自己的道德信念而服从法律。[①] 而且在一个公民法治意识相对淡薄的社会,道德规范的力量往往更加有效,如果把守法的道德义务引入到主流道德价值体系之中,公民法治意识就更有可能和更容易生成。相反,如果社会道德规范和道德评价对公民是否守法反应冷淡甚至置之不理,那么,公民基于其他世俗功利因素的守法行为就会为机会主义的偶然性所支配。

（二）市场经济作为公民法治意识生成之经济条件

公民法治意识的主要内容包含守法意识、契约意识、理性意识、人本意识和程序意识,要使公民的意识活动和意识结构同时具备这几方面的内容,就必须让他们生活于一个市场经济较为发达的社会中。故孟德斯鸠言道:"商贸精神自然而然地伴之以俭朴、节约、节制、勤劳、聪慧、安定、秩序和守法。"[②]我们知道,市场经济以交换为中心,交换公民地位平等、人身意志自由、存在共同承认的交换规则、有财产所有权的保障是交换达成的必要条件。在市场交换中,为了节约成本和促进下一次的继续交换,公民必然会体验到共同规则和契约精神对商业行为的重要性,并在物质、信誉利益的压力下,在对规则和契约长期反复遵守中,树立和

---

① 参见朱景文:《比较法社会学的框架和方法——法制化、本土化和全球化》,中国人民大学出版社2001年版,第544~550页。

② [法]孟德斯鸠:《论法的精神》(上卷),许明龙译,商务印书馆2009年版,第54页。

增强规则意识和契约意识。同时，商品交换是最富于理性计算的活动，市场参与者在进行任何一项商品交换前，都会进行充分的利益权衡，他们会选择最能获利和最能节约成本的方式达成交易，也会考量长期合作所带来的更大利益。换言之，他们更可能具备坚持法律治理所需的理性意识。最为重要的是，市场经济能让参与者不断进行角色互换，交换双方总是存在买方与卖方之间的角色切换，各自都有欺骗和惩罚对方的机会，根据前面提及的进化博弈理论，在这样反复的社会交往中，人们最终会倾向于遵循“已所不欲，勿施于人”的交换原则而注重考虑和关照彼此的期待，这样规则意识和人本意识就更容易产生。富勒在论及法律义务或道德义务的产生时，就极富洞见地提出，经由经贸人才组成的社会中，因为买卖双方之间时常进行角色互换，更容易达成和维持一种匿名合作关系，也就更容易催生义务观念，并且他还引用哈耶克的观点和帕舒卡尼斯法律的商品交换理论来说明，在没有市场原则的社会，法治都会瓦解。① 此外，市场交换中必然会发生诸多纠纷，而同时珍视公平对待和最少成本的交易双方都乐意将纠纷诉诸一个中立权威的机构来裁决，而且裁决的时限要尽可能短、裁决的过程要尽可能透明和有说服力并符合事前约定，所以他们都希望裁决机构的结果是按事先约定的程式而作出，而且只要在程式上没有可推翻的瑕疵就必须服从这一结果。因为事先商定的程序既节约成本又最能同时说服双方，如此程序意识也应运而生。可见，市场经济中的交换行为便为公民法治意识生成提供了一次次体验和博弈机会。

---

① 参见[美]富勒：《法律的道德性》，郑戈译，商务印书馆2005年版，第29～33页。

四、个体层面之条件：人格健全与法律认知

公民个体是法治意识生成的主体，在衡量个人法治意识水平时，只需考察特定个体即可，即使在判断一个群体整体的法治意识状况时，作为群体成员的个体仍然是主要分析对象，因此，研究法治意识生成的基本条件就必须考虑到来自个体方面的要件。通过以上诸多关于法治意识生成之经典论述和多学科领域的启示，我们认为，个体健全的人格和必要的法律认知是其法治意识生成的关键因素。

（一）人格健全是公民法治意识生成之公民条件

按照弗洛伊德的观点，个体人格由本我、自我、超我三部分构成，如果此三部分保持平衡，人格就能得到正常发展，而这三部分发生冲突就会导致个体人格发展受阻、导致人格异常。所谓人格健全就是个体人格在形成的各个时期中，得到了很好的外界引导和改造，人格避免“固着”和“倒退”而向着成熟方向发展；反之，人格发展如果遭遇挫折就会导致神经症和精神病。[①] 个体人格成长状况一直被刑事法学和犯罪心理学研究所重视。《刑法》总则把行为人心智是否健全作为是否应负刑事责任的必要条件。[②] 虽然到目前为止，犯罪心理学尚未证实“犯罪者人格”的存在，但犯罪与人格形成过程之间有着某种紧密联系却是毋庸置疑的。不成熟和异常人格的人，更难抑制犯罪动机；在父母离婚、父母有

---

① 参见叶浩生主编：《西方心理学的历史与体系》，人民教育出版社 2014 年版，第 304 页。

② 《刑法》第 18 条第 1 款规定：精神病人在不能辨认或者不能控制自己行为的时候造成危害结果，经法定程序鉴定确认的，不负刑事责任，但是应当责令他的家属或者监护人严加看管和医疗；在必要的时候，由政府强制医疗。参见法律出版社法规中心编：《中华人民共和国刑法注释本》，法律出版社 2011 年版，第 11 页。

不良嗜好等家庭环境中成长的孩子,往往容易出现超自我不健全、缺乏明确的罪恶感或者对周围环境充满愤恨,从而导致犯罪。[①] 从人性善的一面出发,犯罪是由于行为人在人格形成过程中因为各种消极因素被歪曲而成为更易犯罪的人格不健全者;而以人性恶的立场看来,犯罪则是由于像儿童那样不辨是非、无鉴别力和节制、为所欲为而产生的。换言之,就是儿童时期的恶的本能未能得到有效教育矫正、在成人时期继续保留并照此类本能行事所致。[②] 可见,犯罪既可能是"被造成的",又可能是"因未被改造而形成的"。[③]

无论犯罪者更易为不法行为的原因是在成长过程中人格被消极环境因素所扭曲,还是未能在积极宽松的环境中得到有效改造,都说明健全的心理和人格对个体遵从法律、成为正直守法公民的重要意义。由于人格的破坏性并非本能的,而是与后天习得有很大关系。[④] 因此,如果人格在成长过程中遭遇家庭、社区、学校、社会、文化方面的不良影响,个体的正常社会化进程势必受

---

① 参见[日]森武夫:《犯罪心理学》,邵道生等译,知识出版社1982年版,第40、55页。

② 马斯洛的研究显示:正常儿童都是一面怀着原始的敌意、具有破坏性和自私的,另一面却是慷慨的、富有合作精神的和无私的。而他们安全需要、爱的需要、归属需要和自尊需要方面得到满足的情况,往往决定这两种情况出现的相对频率。参见[美]亚伯拉罕·马斯洛:《动机与人格》(第3版),许金声等译,中国人民大学出版社2007年版,第108页。

③ 参见[日]山根清道编:《犯罪心理学》,张增杰等译,群众出版社1984年版,第69~71页。

④ "儿童的敌意都是反应性、手段性或防御性的,而不是本能性的。""决定破坏性的因素显然是多元的,在这些决定因素中我们必须把文化、学习和环境都包括进去……绝大多数证据都表明,确实存在一些生物或遗传方面的决定性因素,但在多数人身上,这种决定因素却是十分柔弱的,易于被后天的文化力所淹没。"参见[美]亚伯拉罕·马斯洛:《动机与人格》(第3版),许金声等译,中国人民大学出版社2007年版,第108、115页。

阻，个体因为社会化程度不完全而失去正常感知社会的互惠合作、有序生活对人类生活之意义的能力，同时，也使个体对理性安排人类生活缺乏认知和认同，最终阻碍其法治意识之生成。公民在成长过程中，其人格成长规律必须得到充分关注。营造有利于人格成熟的环境和文化氛围，对于减少人格中的破坏性、培育健全人格、促进合作、使个体从生物性的存在顺利进化到社会性的存在、在互助合作的社会化过程中体会到规则的重要性、从内心里认同并遵从规则的指引具有重要意义。

人格健全作为个体法治意识生成的公民条件，一方面综上所述是心理学研究所证实的基本事实，另一方面向我们揭示公民法治意识生成过程中必须注意社会环境、文化氛围、教育艺术等重要因素在其中所起的作用。

（二）法律认知是公民法治意识生成之前提条件

法律认知意指公民通过一定途径获得对法律的功能、价值、原则、内容等方面知识的了解和理解。虽然充分的法律认知并不必然导致公民内心认可法律并确确实实遵从法律，但是，对法律的必要认知却是认同并遵从法律的先决条件。[①] 法治意识是在作为主体的公民在与作为客体的法律互动的过程中生成的，而认知活动是这种互动的主要方式之一，认知主要通过公民在社会生活中的模仿、交往、学习、参与法律事务等方式实现。人们在对法律认知模糊或错误的情况下对法律的遵从，并非具备本书所强调

① 有调查发现，法律知识水平相对较低的人群，对权威和法律的信仰程度反而较强，而精通法律的人往往会为自己利益利用法律上的漏洞。“在那些行为不受广为人知的习惯影响的地区，熟知相关的法律，是人们遵从这些法律的先决条件。”参见[德]托马斯·莱塞尔：《法社会学导论》（第5版），高旭军等译，上海人民出版社2011年版，第306～309页。

的法治意识的表现，至多是对法律的一种条件反射式盲从。公民对法律的自发遵从，一般都建基于对有关法律的来源（国家或政府制定的）、违法的后果（受到某种处罚）等最低限度的法律知识的了解。公民如果不了解法律在公平正义、安全秩序、权利保障、社会效率等方面体现出来的优越性，就很难自觉将法律作为自己内心确认的行为准则，并以之来规范、约束自己行为和要求、评价他人行为，当然也就不可能生成法治意识。因此，本书在定义法治意识之时，就把公民对法律的正确认知作为前提。而且，从前面述及的社会契约论以及社会学法学、法经济学关于公民法治意识生成的观点，我们已经知道，公民之所以生成法治意识、发自内心地接受法律、愿意在法律指引之下生活，很大程度是因为他们在长期的社会生活和反复的社会交往过程中，总结出他们所追求的正义、安全、稳定、效率的生活只有在理性的法律规范之下才有可能实现。换言之，他们正是认识到了法律对于人类的诸多不可替代之价值时，才将之引入社会生活并予之以最高权威来保障人类历经艰辛和苦难才发现的规则治理之下的幸福生活。因此，对法律必要而正确的认知，是公民自觉遵守并捍卫法律的客体条件。

第三章　实践探寻：当代中国公民法治意识及其生成状况

前已述及,公民法治意识之生成并非一个自然的过程,而是需要具备一系列基本条件。同时,公民法治意识生成也并非一个简单的过程,而是夹杂着诸多复杂的社会因素,受制于特定的社会历史条件。尤其是在考察特定国家或地区公民法治意识生成情况时,更会发现政治、经济、文化、道德、历史、地理、习俗等因素都可能对其产生重大影响,成为促进或阻碍公民法治意识生成的重要因素。研究公民法治意识生成问题,主要目的是为促进当代中国公民法治意识生成提供理论支持,所以必须将第二章中关于公民法治意识生成的基本条件,与当代中国法治建设实际情况进行认真比对,并在分析对比中找出中国在公民法治意识生成方面的主要障碍,从而为探寻适合中国现阶段法治社会建设实际的公民法治意识生成路径打好基础。因此，本章的任务是在考察当代中国公民法治意识状况和当前中国公民法治意识生成促进机制现状的基础上，分析当代中国公民法治意识生成的主要阻碍因素。

第一节　当前中国公民法治意识状况

要精准量化特定国家或地区在一定时期内的公民法治意识状况是极为困难的，因为很难找到恰当的评价标准和有效的评估方法。法社会学经常采用的问卷调查方法对于衡量小范围内固定时间段公民法治意识状况是比较可靠的，但对大范围内处于动态的公民法治意识进行量化就会有以偏概全的危险。本节拟通过对当代中国公民认知法律、参与法律、遵守法律以及信任法律等情况的分析来大致描述当下中国公民的法治意识状况。在分析过程中，主要从目前国家的相关制度建设、公民参与法律实施状况、公民与国家制度之间的互动关系以及近年来发生的一些典型案例来呈现公民知法守法遵法的基本状况。

一、认知法律的状况

既然前面已经证成公民的法律认知是其法治意识生成之前提，那么就可以从公民认知法律的状况来推定公民法治意识之状况。如果公民普遍对法律的认知程度较高，那么他们更有可能具备较高的法治意识；反之，一个法律认知水平较低的群体其法治意识水平可能也会相应较低。① 因此，我们可以把公民认知法律

① 当然，必须声明，公民的法律认知水平与法治意识水平之间并无必然联系，这里只是将法律认知水平作为公民法治意识水平的一个参照。而且就群体而言，对法律有正确的认知，更可能让其成员普遍认同并遵守法律。

的状况作为衡量他们法治意识状况的参照之一。而公民认知法律的情况，可以从他们可能获知法律的渠道是否充分来进行判断。

公民认知法律必然要通过一定的途径和方式，这些途径和方式在他们的社会生活中是否充分，对他们的法律认知水平至关重要。如果他们有多样且便利的法律获知途径，总体而言，就可能拥有更多更正确的法律知识；反之，如果公民获得法律知识的渠道单一且不畅通，则不可能期望他们能充分而正确地认知法律。现阶段，学校教育、参与法律事务、普法宣传教育是中国公民获取法律知识的主要渠道。下面，我们就详细考察公民通过这三条渠道进行法律认知的基本情况。

（一）学校教育与公民法律认知

中国的学校教育主要分为小学、中学、大专、本科及研究生阶段，在大专及以上教育中设有法学专业。在学校教育中，除法学专业的学生外，受教育者主要通过各学历阶段设置的法治知识教育课和法治教育活动了解法律知识。法学教育主要在普通专科本科、成人专科本科、网络专科本科及研究生阶段开设。根据教育部统计数据，2015 年全国法学专业招生数 275,932 人，占总人口的 0.020%，毕业生数为 275,873 人，占总人口的 0.020%；2016 年招生数 285,082 人，占总人口的 0.020%，毕业生数为 277,563 人，占总人口的 0.020%；2017 年招生数 305,335 人，占总人口的 0.022%，毕业生数为 270,549 人，占总人口的 0.019%；2018 年招生数 332,377 人，占总人口的 0.023%，毕业生数为 268,354 人，占总人口的 0.019%；2019 年招生数 346,889 人，占总人口的 0.024%，毕业生数为 284,493 人，占总人口的 0.020%（详细数据见表 2）。我国法科生的招生数和毕业生数极为庞大,而且就普通高等教育来看近年来均有所增加,这对于满足法治中国建设的法律专业人才供给无疑意义非凡,同时,这些遍布全国各地的法科毕业生不仅本人具备较好的法律认知,而且也可能成为其特定范围内公民获得法律知识的来源。但从法科生招生数和毕业生数占全国人口的比重,我们可以看出,高等教育中的法学专业教育对促进全体公民获取法律知识、提升他们法律认知的作用十分有限。按照2015~2019年的情况看,全国每万人中学习法律和法律专业毕业的学生大约只有2人,所以法学专业教育只是精英教育,对全体公民在相对短的时期内提升法律认知作用并不明显。

表2　2015~2019年全国高等教育法学专业学生数

年份	项目	学历类别				合计/人	占总人口比重/%
		普通教育/人	成人教育/人	网络教育/人	研究生教育/人		
2015年	法学专业毕业生数	131,285	47,482	57,710	39,396	275,873	0.020
	法学专业招生数	137,803	37,120	58,525	42,484	275,932	0.020
2016年	法学专业毕业生数	134,880	45,112	57,995	39,576	277,563	0.020
	法学专业招生数	139,750	37,416	64,358	43,531	285,055	0.020
2017年	法学专业毕业生数	139,048	42,643	48,105	40,753	270,549	0.019
	法学专业招生数	143,055	40,362	70,862	51,056	305,335	0.022

续表

年份	项目	学历类别				合计/人	占总人口比重/%
		普通教育/人	成人教育/人	网络教育/人	研究生教育/人		
2018年	法学专业毕业生数	138,850	37,525	51,539	40,740	268,654	0.019
	法学专业招生数	145,923	53,268	80,027	53,159	332,377	0.023
2019年	法学专业毕业生数	141,838	38,038	62,093	42,524	284,493	0.020
	法学专业招生数	152,972	59,758	76,803	57,356	346,889	0.024

资料来源:中华人民共和国教育部:教育统计数据(2015~2019年),载教育部网,http://www.moe.gov.cn/s78/A03/moe_560/jytjsj_2019/。其中,研究生阶段的法学专业学生数按法学大类划分,包括除小法学以外的其他相关专业,故统计存在一定误差,但对于计算法科生在总人口中的比例则无影响。另外,2015~2019年法科学生占总人口比例主要是学生数比上当年全国人口总数,全国人口总数来源于国家统计局:国民经济和社会发展统计公报(2015~2019年),载国家统计局网,http://www.stats.gov.cn/tjsj/tjgb/ndtjgb/。

既然在学校教育中,专业的法学教育远远不能覆盖全体公民,那么普通教育中的公共法治教育对绝大多数受教育者获得法律知识就变得极为重要。然而据2010年全国人口普查统计,全国6岁及以上人口中未上过学的有62,136,405人,占总人口的5.0%,15岁及以上人口中文盲有54,190,864人,占总人口的4.9%。[①] 这部分未上过学或是文盲的公民根本不能从学校获得任何法律知

① 参见国务院人口普查办公室、国家统计局人口和就业统计司编:《中国2010年人口普查资料》,中国统计出版社2012年版,第295、319页。

识。高等教育阶段的法制教育课从2001年才开始设立，中宣部、教育部在《关于普通高等学校"两课"课程设置的规定及其实施工作的意见》中规定，专科及本科阶段的思想品德课应开设"法律基础"课程，且分别为28课时和34课时，[①]从2005年开始二者合并为"思想道德修养与法律基础"课，占3学分；[②]2007年开始，国家明确要求在中小学开设法制教育课，[③]小学"品德与生活课程标准"与"品德与社会课程标准"、初中"思想品德课程标准"及高中"思想政治课程标准"等课程标准明确规定了法制教育的内容。[④]2014年将义务教育德育课程教材统一更名为《道德与法治》，对法治教育进行系统设计，分散嵌入各年级课程教材中，同时分别编写小学和初中法治教育专册（各一册），在普通高中设立"政治与法治"共同必修模块和"法治与生活"选择性必修模块。[⑤] 截至2020年12月31日，中小学阶段的法制教育课正式开设只有13年左右，高等教育阶段开设约19年。即使我们不考虑各学历阶段法制

---

① 参见中宣部、教育部：《关于普通高等学校"两课"课程设置的规定及其实施工作的意见》，载教育部网，http://www.moe.edu.cn/publicfiles/business/htmlfiles/moe/moe_734/200408/2990.html。

② 参见中宣部、教育部：《关于进一步加强和改进高等学校思想政治理论课的意见》，载教育部网，http://www.moe.edu.cn/publicfiles/business/htmlfiles/moe/moe_772/200507/9310.html。

③ 参见中宣部、教育部、司法部、全国普及法律常识办公室：《中小学法制教育指导纲要》，载司法部网，http://www.moj.gov.cn/fzxcs/content/2007-09/04/content_694248.htm？node=271。

④ 参见中华人民共和国教育部：《义务教育品德与生活课程标准》，北京师范大学出版社2011年版；中华人民共和国教育部：《义务教育品德与社会课程标准》，北京师范大学出版社2011年版；中华人民共和国教育部：《义务教育思想品德课程标准》，北京师范大学出版社2011年版。

⑤ 参见教育部：《对十三届全国人大三次会议第5642号建议的答复》，载教育部网2020年8月4日，http://www.moe.gov.cn/jyb_xxgk/xxgk_jyta/jyta_jiaocaiju/202008/t20200817_478437.html。

教育课开设的效果，但由于时间尚短，在校期间受过法制教育的公民人数仍十分有限。可见，目前专业法学教育及学校法制教育在对象覆盖上是远远不够的，因此，在帮助全体公民获取法律知识、提升法律认知方面，未覆盖人群还很多。

（二）参与法律事务与公民法律认知

公民参与法律事务，尤其是参与法律诉讼也是认知法律的重要途径。最高人民法院统计显示，2014 年全国法院审理各类案件其中收案 14,380,226 件，结案 13,796,525 件；2015 年收案 17,659,861 件，结案 16,713,793 件；2016 年收案 19,994,651 件，结案 19,772,378 件；2017 年收案 22,601,567 件，结案 22,754,188 件；2018 年收案 25,054,233 件，结案 25,168,463 件；[①]2019 年受理案件 31,605,498 件，结案 29,056,481 件；2020 年受理案件 30,844,347 件，结案 28,740,773 件。[②] 从这几年的司法统计数据可知，近年来参与法律事务的人数可以说是逐年猛增，一方面可以看出，公民通过参与法律事务而获取法律知识、提升法律认知人数越来越多；另一方面也说明，公民运用法律解决问题的意识越来越强。但相对于国家 14 亿的总人口，公民通过参与法律事务而提升法律认知，进而生成法治意识的人数也是相对有限的。

---

① 参见最高人民法院：《全国法院司法统计公报》（2014 ~ 2018 年），载最高人民法院网，http://gongbao.court.gov.cn/ArticleList.html? serial_no = sftj。

② 参见《最高人民法院工作报告》，载新华网 2020 年 5 月 25 日，https://baike.baidu.com/reference/50204651/2138Sv-cuk1GrRxxXE24lxAp4G1sjz_MSM1FfePA5lotwJY8Y8WkK4YCdiHweJmR6LB20Uvbxp43gljhUz3g4sMrPMVMt1ufJ-w5t4Ib9rTUlEX2_Wg6Ep72n-W530je；《最高人民法院工作报告》，载新华网 2020 年 3 月 8 日，https://baike.baidu.com/reference/56228524/3c56RvdGoUdQf4Prwj1UbbZrvkx4BuxFWM7fEyOZ1kED3FDNd0V7TIrUEGT-E1HJw-BZVvjmki8H9DpbNULlJ2m6FjsncrijwLoBFtzco8VnvEYJIyYkHCIjhrtqtd2nyw。

(三)普法宣传教育与公民法律认知

国家普法运动和新闻媒体的法治宣传无疑是公民进行法律认知的重要途径。中国三十多年的系统普法工作对公民法律常识及知识的普及无疑是有成效的,但成效到底有多大,却难以进行一个直接而精准的考量。我们知道,中国的普法在一定时期内主要是运动式和灌输式的。运动式普法就限定了普法的连续性和持续性,在“货物推销式”地与受众短暂接触中,显然很难让公民正确全面了解法律知识。灌输式普法则注定投入成本较大,而且还无法顾及公民的法律需求,人力财力时间有限的普法机关在向人数庞大的全体公民输送法律知识时,仅从范围、数量上覆盖普法对象就极其困难,遑论照顾他们在年龄、职业、知识、需求方面的差异性。所以普法只能以法制讲座、宣传咨询活动、专栏专窗等范围有限的方式进行。这种形式的宣传通常可以帮助部分公民了解国家新颁法律法规,而对促进公民认知法律的功能、价值等重要问题则成果甚微。此外,新闻媒体的法制栏目往往是一些电视消费品。为了维持或提高收视率,各法制栏目都以讲述案件情节为主,而在节目结尾方请专家学者“画龙点睛”地讲解几条法律条文,大多数观众留心的都是故事,而非法律知识。因此,公民从新闻媒体的法制宣传中所获得的法律知识也十分有限。近年来,随着互联网的普及,各个普法宣传部门开发了大量用于普法宣传的 App,如“法宣在线”,这类普法宣传软件主要在机关、企事业单位工作人员中使用,对促进领导干部和国家机关、企事业单位工作人员学习法律知识、提高法律认知发挥了极大的促进作用。但对普通公民来说,由于普法宣传软件很难普及,以及使用普法宣传软件的情况很难约束,因此,目前来看,运用互联网方式向他们普及法律知识的成效还不十分明显。

二、参与法律的状况

公民在参与法律实施过程中，不仅可以获取关于法律功能、价值、原则、规则、程序等方面的正确知识，而且可以在互动中感受法律治理的优越性，增强法律感情。因此，公民参与法律实施的热情与程度，在很大程度上可以反映一个国家或地区法治水平和公民法治意识状况。法律参与主要有立法参与、执法参与和司法参与，这种参与不是指公民作为特定法律事务的当事人参与具体案件裁判过程，而是作为国家权力的监督者，在法律实施过程中依法行使自己的监督权。

（一）公民立法参与状况

中国已在立法层面确立了公民的立法参与权与监督权，[①]并且规定公民可通过座谈会、论证会、听证会和直接向立法机构提建议、意见等多种方式参与立法过程。[②] 各地方立法机关也十分重视公民立法参与，普遍建立了公开征求立法建议意见制度、立法听证制度、立法公示制度，有的地方还建立了立法联系点。[③] 虽然公民的立法参与有制度保障和渠道支持，但在实际的立法过程中，由

---

① 立法参与权参见《立法法》第5条："立法应当体现人民的意志，发扬社会主义民主，坚持立法公开，保障人民通过多种途径参与立法活动。"立法监督权规定于《立法法》第99条第2款："前款规定以外的其他国家机关和社会团体、企事业组织以及公民认为行政法规、地方性法规、自治条例和单行条例同宪法或者法律相抵触的，可以向全国人民代表大会常务委员会书面提出进行审查的建议，由常务委员会工作机构进行研究，必要时，送有关的专门委员会进行审查、提出意见。"

② 参见《立法法》第36条第1款："列入常务委员会会议议程的法律案，法律委员会、有关的专门委员会和常务委员会工作机构应当听取各方面的意见。听取意见可以采取座谈会、论证会、听证会等多种形式"；第37条："列入常务委员会会议议程的法律案，应当在常务委员会会议后将法律草案及其起草、修改的说明等向社会公布，征求意见，但是经委员长会议决定不公布的除外。"

③ 参见黄洪旺：《我国公众立法参与的制度化研究》，福建师范大学2012年博士学位论文。

于各种原因,公民立法参与度极低。《物权法》制定过程中向全国公开征求意见时共收到 11,500 份公众来信,大约每 10 万人当中一封来信。即使曾经在公开征求意见中收到 191,849 件群众来信而创下公民参与记录的《劳动合同法》,每 10 万人中也只有约 20 件立法意见函。《民法典》在编纂的过程中,共 10 次公开征求意见,超过 425,600 人参与,共收集意见总数达 102 万条,[①]每 10 万人中有 30 人参与。很多地方立法的公民参与程度则更低。

(二)公民执法参与状况

目前,中国公民参与执法的途径主要有行政听证、行政复议和行政诉讼。国家从立法上在行政处罚、行政许可、行政强制、行政征收、行政给付等具体行政行为和行政决策行为过程中都确立了听证程序,保障公民参与行政执法过程。[②] 但一些地方政府作出行政行为前没有严格依法举行行政听证、引导公民参与到执法过程中。在政府违法作出行政决策或具体行政行为后,公民的参与又出现了非理性化甚至非法化的倾向,而并非我们强调的理性主动和依法有序参与。行政复议和行政诉讼主要是为了纠正政府违法的具体行政行为,俗称"民告官"。2014 年全国人民法

---

① 贾亮:《2020 年全国两会"重头戏"! 审议民法典草案,为民立法自当人民参与》,载北京新视角网 2020 年 5 月 25 日,https://baijiahao. baidu. com/s? id = 1667638651055683326&wfr = spider&for = pc。

② 参见《行政处罚法》(2017 年版)第 42 条:"行政机关作出责令停产停业、吊销许可证或者执照、较大数额罚款等行政处罚决定之前,应当告知当事人有要求举行听证的权利;当事人要求听证的,行政机关应当组织听证。"《行政许可法》第 46 条:"法律、法规、规章规定实施行政许可应当听证的事项,或者行政机关认为需要听证的其他涉及公共利益的重大行政许可事项,行政机关应当向社会公告,并举行听证。"《行政强制法》第 14 条:"起草法律草案、法规草案,拟设定行政强制的,起草单位应当采取听证会、论证会等形式听取意见,并向制定机关说明设定该行政强制的必要性、可能产生的影响以及听取和采纳意见的情况。"

院接收各类行政案件200,194件,结案186,714件;2015年全国人民法院接收行政案件310,510件,结案282,843件;2016年全国人民法院接收行政案件344,032件,结案338,897件;2017年全国人民法院接收行政案件618,355件,结案615,050件;2018年全国人民法院接收行政案件659,248件,结案653,440件。[①]从参与行政听证与行政诉讼的情况来看,我国公民对行政执法的参与程度近几年来均有大幅度增长,这说明公民进行行政执法监督的渠道更加畅通、成本更加低,但总体而言,公民参与行政执法的人数还是相当有限的,因而通过这一渠道获取法律知识的人群也是相当有限的。

(三)公民司法参与状况

此处所说司法参与并非指当事人、代理人等诉讼相关人参与法律诉讼,而是普通公民通过行使司法监督权而参与到司法机关司法过程之中,以保证司法的公开公正。在中国,公民主要通过陪审员制度和人民监督员制度参与司法过程。陪审员制度在司法审判中属于选择性制度,未作强制规定,因此,在实际司法过程中,出于对司法效益和陪审员素质方面的考虑,法院很少会请陪审员参与审判;人民监督员制度只是人民检察院办理自侦案件时启用的制度,适用范围极为有限。当然,近年来随着互联网的兴起,公民通过网络评价、监督的方式参与司法的范围越来越大,通过网络形成"民意"而实际影响司法裁判的案例也不在少数。但是,一方面公民通过网络参与司法一般都是热点案件,数量有限,另一方面参与者只是网民,即使按现在庞大的网民规模计算,全国也有五亿多公民不

---

① 参见最高人民法院:《全国法院司法统计公报》(2014～2018年),载最高人民法院网,http://gongbao.court.gov.cn/ArticleList.html? serial_no=sftj。

能通过网络参与司法,[①]何况并非全体网民都会对当前发生的案件感兴趣。可见,近年来,中国公民的司法参与度不断提升,但总体数量还不高,公民通过参与司法监督获取法律知识的覆盖面并不大。

三、公民遵法信法的状况

公民具备法治意识最为直接的表现就是外在行为上符合法律要求、遵从法律指示。尽管我们所界定的法治意识不仅关注守法的外在行为,还强调守法的内在动机,但不可否认,通过研究公民在行为上实际遵守法律的状况,能在一定程度上衡量公民的法治意识水平。因为人的外部行为往往受心理动机驱动,如果公民总是能在行为上守法,或许也能表明他在内心里也愿意守法。

这里,我们主要通过公民的违法犯罪情况来描述他们遵守法律的大致状况。据最高人民法院司法统计数据,2016 年全国人民法院接收一审刑事案件 1,101,191 件,每万人中约有 8.6 件;2017 年接收一审刑事案件 1,294,377 件,每万人中约有 9.3 件;2018 年接收一审刑事案件 1,203,055 件,每万人中约有 8.6 件。[②] 照此统计,我国公民的刑事犯罪率非常之低,但我们还不能据此得出我国公民守法程度就相当之高,原因在于刑法是暴力威慑最大的部门法,公民一旦触犯刑法、构成犯罪,就会面对被国家强制力剥夺财产、自由、生命的危险,违法成本极大,公民出于自身利益考虑往往

① “截至 2020 年 3 月,我国网民规模达 9.4 亿。”参见中国互联网络信息中心:《第 46 次中国互联网络发展状况统计报告》,载中华人民共和国中央人民政府网,http://www.gov.cn/xinwen/2020-09/29/5548176/files/1c6b4a2ae06c4ffc8bccb49da353495e.pdf。

② 资料来源:最高人民法院网,http://www.court.gov.cn/index.html。

选择远离犯罪。故此,我们认为从违法成本相对较少的一般违法行为状况衡量公民普遍遵守法律的情况可能更为可靠。这方面,有两个案例很能说明问题:

一个是"中国式过马路"。[①] 据中央电视台《新闻直播间》2012年10月14日节目观察数据显示,在河北石家庄一十字路口,记者在1小时之内发现有600人闯红灯;在贵州贵阳某交叉路口,1小时之内有25辆车违反交通规则,若干人避开地下通道"冒险"横穿马路。[②] 而且新闻播出后,"中国式过马路"立即成为网络热议话题,各地公民都认为这种公然违反交通法规的行为可谓目前中国社会的普遍现象。有人于2006年5月14日19时30分至20时30分,在北京大学东门附近做了一次观察,结果显示:在1个小时里,10次较为精确的统计中,总共通过行人300人,其中闯红灯者有144人,占通行人数的48%,这也在一定程度上验证了"中国式过马路"现象的普遍性。尽管人们闯红灯有各种各样的理由,有些可能还有合理性,但这毕竟反映了现阶段中国公民的实际守法状况不容乐观。

另一个是由《国务院办公厅关于继续做好房地产市场调控工作的通知》(以下简称为"新国五条")引发的"中国式离婚"。2012年2月26日,国务院办公厅颁布"新国五条"提出为了抑制投机投资性购房,出售第二套住房须交纳20%的个人所得税。"新国五条"出台后,有"聪明人士"迅速发现了一条"避税大法",即"假离

---

① "中国式过马路"主要描述一种集体闯红灯现象,具体形式为:"凑够一拨人就可以了,和红绿灯无关",详见百度百科对"中国式过马路"的解释。

② 参见李梓萌主持:《一小时文明观察:"中国式过马路"》,中央电视台"新闻直播间"栏目2012年10月14日播出,http://news.cntv.cn/china/20121014/102252.shtml。

婚法”:夫妻将欲出售之房产转入一方名下,然后办理假离婚,离婚后由该房产所有者以家庭第一套住房的名义将之出售,之后再复婚,如此则可规避20%的个人所得税。此法在各地不胫而走,诸多有第二套房出售的家庭纷纷效仿,一时间上海、广州、苏州、昆明等地为避税而离婚者成倍增长,[①]天津甚至出现了半夜排队离婚的现象——在天津南开区2013年3月1日至4月2日上午,有501对夫妇前来办理了离婚手续。2012年全年,天津市有30,315对夫妻协议离婚,每周约600对,但在2013年3月4日至8日一周内则有1255对夫妻协议离婚,与之前一周相比就增加了470对。[②]这种赤裸裸的避法行为虽然不违法但却是不守法的表现,“新国五条”引发的离婚风暴,说明很大部分公民的守法积极性和自觉性还十分缺乏。

公民信任法律主要体现在两个层面:一是心理层面,主要指内心认同法律的合法性和有效性,确信法律安排的正当有效及司法裁判的公平公正;二是行为层面,主要表现为“自觉守法、遇事找法、解决问题靠法”。公民参与法律状况和公民遵守法律状况,都可以在一定程度上反映公民对国家权威、国家法律体系和法律本身的信任度,从以上公民参与法律和遵守法律两方面的数据统计和分析结论可看出,目前中国公民较为缺乏法律信任感。此外,公民对法律本身的态度往往是隐性的,非问卷和具体访谈我们不得而知,有时即使是公民本人也不一定清楚自己对法律的确切态度。

---

① 参见曾实:《“新国五条”衍生怪现象 以“离婚”规避》,载全景财经网,http://www.p5w.net/news/cjxw/201303/t20130307_57668.htm。

② 参见张国:《天津出现市民为卖房避税半夜排队离婚现象》,载新浪财经网,http://finance.sina.com.cn/china/dfjj/20130403/062815037660.shtml。

中国有约5.53亿乡村人口,[1]由于乡村生活的单一性,很多人终其一生都未与法律“打过交道”,实际生活在一种只需习俗、道德和生活常识维持的“无法”环境中,他们对法律缺乏正确的认知,没有实际参与过任何法律事务,也就没有正式评价过法律。即使对法律有所认知、内心相信法律的公民,在没有参与法律事务时,也很难衡量他们的法律态度。然而,一旦公民参与法律事务,他们对适用法律的司法机关及其裁判结果的态度就会外显,并且还可以通过观察他们对司法裁判的遵从情况推定对司法机关及其裁判的态度。因此,考察公民对司法机关及其裁判结果的信任度,可以在很大程度上揭示他们信任法律的状况。

在此,我们将以“辛普森案”和“念斌案”的对比来分析我国公民信任法律的情况。在“辛普森案”中,检方出示的大量有力证据都显示辛普森是凶手,然而由于阵容强大的辩方律师发现并抓住了警方取证中的一些失误,否定了证据的证明力,主审法官不得不宣判辛普森无罪并当庭释放。当时受害者家属及诸多美国民众对这一无罪判决都难以接受。据1994年CNN在全国的民意调查,绝大多数白人认为辛普森有罪,66%的美国民众认为指控成立,而且20年后,CNN的民意调查显示,目前有更多的美国人认为辛普森在“杀妻案”中有罪,人数已达83%。[2] 即使大多数美国民众对辛普森案的审判结果并不满意,但他们(包括受害者家属)在发泄情绪的同时,还是理性地尊重了法院判决,认为陪审团和法官的裁决虽然难以接受却是符合法律的。

---

① 参见国家统计局:《中华人民共和国2019年国民经济和社会发展统计公报》,载国家统计局网,http://www.stats.gov.cn/tjsj/zxfb/202002/t20200228_1728913.html。

② 参见阮煜琳:《辛普森杀妻案20年难解　超八成美国受访者认为有罪》,载搜狐新闻网,http://news.sohu.com/20140611/n400678627.shtml。

“念斌案”始终存在“事实不清、证据不足”的问题，但自案发以来念斌一直被当成犯罪嫌疑人关押，其间他4次被判死刑，在其家人长达8年之久的申冤努力后，终于被法院审判无罪释放。[①] 按说，一个被对刑事案件相当“慎重”的人民法院历经8年的仔细审查方作出的无罪判决，应当不会存在多大的可疑性。但在该案的几次开庭审判中，受害人家属却一直仇视并非法殴打念斌的家人和律师，还曾到念斌家里打砸，使得其家里人都十分担心人身安全。[②] 甚至在最后一次审判（作出无罪宣判结果）前，由于担心受害人家属采取极端行为，连镇政府都极为紧张、决定派专车将念斌家人送至法院并事先演练了行车路线，同时，对念斌和受害人家属所在村子进行警车巡逻，审判当天，还对受害人家属出行进行严格控制，念斌本人被无罪释放后因害怕受害人家属伤害连给父母上坟都不敢去。[③] 在此案例中，受害人家属在法院审判期间和已经宣判结果后，始终情绪化地固执己见，并通过非理性甚至非法的行为方式来寻求自己心中的正义而全然未考虑法院的审判及其结果，与“辛普森案”中持怀疑态度的受害者家属及美国民众之表现反差较大。可见，中国公民似乎有一种“我要的是葫芦”的正义追求方式，[④]而指引这种追求的往往只是他们的道德直觉或惯性思维，有时可能还有偏见，却很少是法律。

---

① 参见张艳玲：《福建念斌投毒案终审宣判被告无罪　8年内4次被判死刑》，载中国网新闻中心，http://news.china.com.cn/txt/2014-08/22/content_33309046.htm。

② 参见邢世伟：《4次被判死刑　念斌终审无罪》，载《新京报》2014年8月23日，第1版。

③ 参见王选辉：《念斌不敢去父母坟前　称搞不好还会出人命》，载搜狐新闻网，http://news.sohu.com/20140825/n403750308.shtml。

④ 即只是追求自己心目中早已确定的结果，而很少考虑实现这一结果的过程和方式。

“辛普森案”中被大多数人相信有罪的真凶被无罪释放,受害者家属及民众依然尊重了法院判决;而“念斌案”中,受害人家属多次通过恣意非法的方式惩治“凶手”或给法院施压,完全不信任法院的司法行为和司法结果。因此,从这两个案件的对比中,在一定程度上凸显出我国不少公民对法院及其裁判的依赖与信任度较为低下。

此外,从我国一直以来居高不下的上访案件数量,也可以揭示出人们对法院的普遍不信任现状。据统计,目前我国每年有 400 万～600 万件涉及行政争议的信访案件,数量远远超过了行政诉讼和行政复议案件数量。[①] 此类反常现象,正说明中国公民对法律及其适用机关还缺乏应有的信任。

第二节　公民法治意识生成促进机制运行现状

新中国成立后,中国在探索国家治理方式上虽几经曲折,但十一届三中全会后,中国共产党领导人民确立了依法治国基本方略,并开始坚定而全面地推动法治实践,在国家治理方式上掀起了一次大变革。与此同时,公民传统法律意识在与现代法治思想交锋中暴露出其原始与落后,并表现出强大的阻碍力。

于是,国家决定开展全国范围的普法宣传教育活动,以此促进公民法治意识之生成。本节研究任务有二:一是从宏观上分析当前普法宣传教育机制之运行状况;二是从微观上考察诸如学校法

---

① 参见孙乾:《“民告官”信访案件年超 400 万件》,载腾讯新闻网,https://news.qq.com/a/20141105/002462.htm。

治教育、新闻媒体宣传、其他社会力量普法等目前主要的几种法治宣传教育方式对公民法治意识生成的促进情况。

一、三十多年普法对公民法治意识生成之影响

(一)三十多年普法的成效与局限

1. 三十多年普法对公民法治意识生成之促进

通过以上对“一五”至“七五”普法活动过程的全面展示,中国三十多年普法对公民法治意识生成的促进主要体现在两个方面:一是提升了公民的法律认知。虽然公民熟悉了解法律法规及其相关知识并不一定就能具备法治意识,但对法的来源、功能、价值等知识的把握及对常用法律法规内容的了解,却是公民法治意识生成之前提。三十多年普法中,各级党委政府、各行业、各部门、各系统通过形式多样的宣传教育,通过广泛的宪法、“专业法”[①]宣传,使全体公民一定程度上学习了解了以宪法为核心的现行各项法律法规,并对与公民工作、生产、生活密切相关的法律法规,与市场经济秩序规范有关的法律法规,与维护社会稳定有关的法律法规等有所把握,同时,对中国特色社会主义法律体系有了一定程度的认识和了解。1990 年年底,全国就有 7 亿多人参加了普法学习。[②] “二五”普法期间,全国 96 个行业制定了详细专业法学习规划,组织学习了 200 余部专业法律法规。[③] “三五”普法期间,重点宣传国家新颁法律法规 50 多部。[④] 2002 年北京市统

① 专业法指宪法以外的部门法,是“一五”“二五”普法的重点。

② 参见蔡诚:《关于第一个五年普法规划实施情况和 1991 年普法工作意见的汇报》(1991 年 2 月 28 日)。

③ 参见肖扬:《关于第二个五年法制宣传教育规划实施情况和“三五”普法工作安排意见的报告》(1996 年 5 月 7 日)。

④ 参见张福森:《关于“三五”法制宣传教育基本情况的报告和对关于进一步开展法制宣传教育的决议(草案)的说明》(2001 年 4 月 24 日)。

计局一项调查显示,89.25%的被调查者知道“宪法是国家根本大法”,75.5%知道“全国人民代表大会是我国的权力机关”。[①] “六五”普法期间,教育部、司法部在全国40万所中小学开展“晨读宪法”活动,司法部、共青团中央每年举办青少年网上法律知识竞赛,5年共吸引1000多万名青少年参加。”[②]尤其是有针对性地对领导干部、公务员、青少年、企业管理者、农民等重点对象进行法制宣传教育,使这些群体的法律认知不断提高,为党的依法执政、政府依法行政、社会依法治理及公民依法办事打下了知识基础,使公民法治意识的生成具备了法律认知的前提。二是促进了公民对法治实践的理解和参与。广泛的法制宣传,使公民对实行社会主义法治的必要性、优越性的理解不断加深,为国家全面依法治国战略凝聚了广泛的社会共识,同时在普法宣传教育的引导下,公民不断通过各种合法渠道参与国家法治实践,并通过法治实践这一中介进一步理解法治、支持法治,为公民法治意识生成提供了中介条件。从“二五”普法开始,就把引导社会进行依法治理作为目标,加强普法与法治结合,使普法的言辞说理和法治的事实说理密切结合。截至2010年年底,全国有26个省(区、市)、241个市(地、州、盟)、1856个县(市、区、旗)全面开展了法治创建活动。2010年12月,全国评选首批266个法治县创建先进单位,表彰了1373个“全国民主法治示范村”。[③] “六五”普法期间,“司法部、全国普法办出台深化法治城市、法治县(市、区)创建活动意见,各省(区、市)和新疆生产建设兵团、310个市(地、州、盟)、2670个县(市、区、旗)全

① 参见张福森:《关于贯彻全国人大常委会决议开展第四个五年普法工作三年来情况的报告》(2004年4月4日)。

② 参见《国务院关于“六五”普法决议执行情况的报告》(2016年4月25日)。

③ 参见《国务院关于“五五”普法工作情况的报告》(2011年4月20日)。

面开展法治创建活动，一些部门行业开展“文明执法示范窗口”“诚信守法企业”等创建活动，司法部、民政部5年共表彰1159个“全国民主法治示范村（社区）”。“依法治理和法治创建活动的蓬勃开展，使广大人民群众依法参与法治实践能力不断增强，社会治理法治化水平不断提高。”①

2. 三十多年普法对促进公民法治意识生成之局限

一是沟通局限。普法的沟通局限主要表现在两个方面，一方面是基于普法主体与普法受众之间社会角色的不同而产生的沟通困难。尽管普法工作提出“在中国共产党领导下，动员和依靠全社会的力量”，但普法的主要实施主体为各级党委政府部门、法检系统、基层组织（居委会、村委会）、学校、媒体等，可以概括为政府部门和非政府部门，根据历届普法的决议和规划可知，无论是政府部门的普法，还是学校、媒体等非政府部门的普法都是国家统一规划要求下实施的。普法开启的直接动因，可能并非进行“一次民族心智的现代洗礼”，而是为了迅速扭转“文革”期间的“无法无天”给社会秩序带来的毁灭性破坏，期待一种“催化式”的秩序重构。普法一开始的打算是用五年时间向全社会普及法律常识，这只是一种短期的试验性的打算，而并没有向后来一样试图将普法常规化、制度化。因此，普法开展之初，就在一种豪迈中进行，广泛动员、紧凑行动。虽然从“二五”普法开始，国家就提出“普治并举”，强调普法的法治化开展，但行政色彩依然浓厚。行政力量的介入，就在普法主体与普法受众之间产生了某种距离。

另一方面是因为精英“理想”与大众“现实”之间的差距而导致的沟通障碍。普法实质是对立法的传播推广。在中国这样的国

① 参见《国务院关于“六五”普法决议执行情况的报告》（2016年4月25日）。

家,立法总是体现为对社会治理的精英理性。数千年生活于礼教社会的中国人,并不理解法治的优越性。从“法律移植”到构建“中国特色社会主义法律体系”的整个法典化过程,无处不体现一种自上而下的精英理想。而在中国民众的现实里法律却并非处理日常事务的最佳手段,基于各种文化传统与法治现实的原因,不到万不得已民众是不会与法律打交道的。比之法律这种刚性的裁决标准和方式,他们可能更钟爱温情而有弹性的习俗、经验。因此,当精英的规则世界与大众的生活世界在普法中相遇并冲突时,就可能只是精英无奈地“自言自语”,也可能是双方气愤地“各说各话”。

二是知识局限。普法的内容主要是法律常识,从“四五”普法起开始涉及法治理论,但在普法实践中还是以简单宣传法律法规尤其是各个时期新颁的法律法规为主。而普法的预期目标则是“普法—知法—守法”,最终是提高公民法治意识。而普法宣传中,由于普法工作人员专业素质不高和普法对象文化水平过低,普法中对法律规则的误传误听而导致的“一知半解”,造成了部分公民由对法律的排斥转变为对法律的滥用,“缠讼”“缠访”“非法维权”的盛行即是典型。可见,法律知识,而且是正确的法律知识只是生成法治意识的一个前提条件,况且促进公民法治意识生成前提的法律知识,并非具体的法律条文内容,而主要是公民在法治宣传教育和法治实践中体验到的法律和法治的功能、价值这一类能确信法律公正性的知识,如法律来源上的契约思想、法律裁判上的程序思想、法律思维上的理性方式、法律价值上的人本思想等。

(二)三十多年普法的历史回顾

中共中央、国务院于 1985 年 11 月 5 日同意并转发了宣传部、司法部联合拟定的《关于向全体公民基本普及法律常识的五年规划》[①],11 月 22 日,全国人大常委会通过《关于在公民中基本普及法律常识的决议》,[②]为轰轰烈烈的普法运动拉开了序幕。自此,普法每 5 年一个阶段持续推进,从“一五”普法一直延续到现在的“七五”普法,已历时三十多年。下面我们将在总结历次普法的制度依据、组织领导、重点对象、主要内容、基本方式、工作目标的基础上,来判断普法工作对促进公民法治意识生成的影响。

1. 普法的制度依据

1982 年《宪法》关于国家普及法制教育之规定是开展普法的最高法律依据。[③] 1982 年 9 月 8 日,胡耀邦同志在中共十二大报告中提出的“要在人民中间反复进行法制宣传教育”的要求则是开展普法工作的总动员令。[④] 此外,全国人大常委会通过的 6 个关于普法的决议、中共中央与国务院关于批转“普法规划”的 6 个通知以及中宣部、司法部拟定的“7 个普法规划”都是国家关于开展

---

① 参见《中共中央、国务院转发关于向全体公民基本普及法律常识的五年规划的通知》(中发〔1985〕23 号)1985 年 11 月 5 日。

② 参见《全国人民代表大会常务委员会关于在公民中基本普及法律常识的决议》(1985 年 11 月 22 日)。

③ 不过,当时规定普及法制教育的目的是加强社会主义精神文明建设。参见《宪法》第 24 条第 1 款:“国家通过普及理想教育、道德教育、文化教育、纪律和法制教育,通过在城乡不同范围的群众中制定和执行各种守则、公约,加强社会主义精神文明的建设。”

④ “现在的问题是,不但有相当数量的群众,而且有相当数量的党员,包括一些负责干部,对法制建设的重要性还认识不足,有法不依、执法不严的现象在一些方面仍然存在,已经制定的法律还没有得到充分的遵守和执行。这种状况必须加以坚决改变。今后,我们党要领导人民继续制定和完备各种法律,加强党对政法工作的领导,从各方面保证政法部门严格执行法律。在这同时,要在全体人民中间反复进行法制的宣传教育,从小学起各级学校都要设置有关法制教育的课程,努力使每个公民都知法守法。特别要教育和监督广大党员带头遵守宪法和法律。”参见《中国共产党第十二次全国代表大会报告》(1982 年 9 月)。

并加强普法宣传教育的规范性文件。[①] 从"一五"普法依次到"七五"普法，都相应地有一个决议、一个通知和一个五年普法规划。

2. 普法的组织领导

"一五"普法明确了以下组织领导原则：一是"在中国共产党领导下，动员和依靠全社会的力量"；二是"一切国家机关和武装力量、各政党和各社会团体、各企业事业组织，都应当认真向本系统、本单位的公民进行普及法律常识的教育"；三是各级人民代表大会常务委员会和人民政府要加强普法实施，领导、制订切实可行的普法规划。[②] 同时，"一五"普法建立了"党委和政府领导、宣传部门和司法部门主管及公检法、工青妇、文化、教育、新闻、出版、工业、农业、交通、财贸等部门协作的组织实施机制"。[③] "二五"普法

---

① 全国人大常委会的6个决议分别为：《全国人民代表大会常务委员会关于在公民中基本普及法律常识的决议》(1985年11月22日)、《全国人民代表大会常务委员会关于深入开展法制宣传教育的决议》(1991年3月2日)、《全国人民代表大会常务委员会关于继续开展法制宣传教育的决议》(1996年5月15日)、《全国人民代表大会常务委员会关于进一步开展法制宣传教育的决议》(2001年4月28日)、《全国人民代表大会常务委员会关于加强法制宣传教育的决议》(2006年4月29日)以及《全国人民代表大会常务委员会关于进一步加强法制宣传教育的决议》(2011年4月22日)；中宣部、司法部的6个普法规划为：《中共中央宣传部、司法部关于向全体公民普及法律常识的五年规划》(1985年6月)、《中央宣传部、司法部关于在公民中开展法制宣传教育的第二个五年规划》(1990年12月)、《中央宣传部、司法部关于在公民中开展法制宣传教育的第三个五年规划》(1996年4月)、《中央宣传部、司法部关于在公民中开展法制宣传教育的第四个五年规划》(2001年4月)、《中央宣传部、司法部关于在公民中开展法制宣传教育的第五个五年规划》(2006年3月)、《中央宣传部、司法部关于在公民中开展法制宣传教育的第六个五年规划》(2011年3月)；中共中央、国务院就以上6个普法规划分别下发了转发并批准的通知。

② 参见《全国人民代表大会常务委员会关于在公民中基本普及法律常识的决议》(1985年11月)；《中共中央宣传部、司法部关于向全体公民普及法律常识的五年规划》(1985年6月)。

③ 参见《中共中央宣传部、司法部关于向全体公民普及法律常识的五年规划》(1985年6月)。

坚持了“一五”的3条组织领导原则,但在组织实施机制方面进行了细化,主要表现在:一是把“党委和政府领导”补充为“党委、人大和政府的领导和监督”,这一补充体现了普法活动实施与普法过程、成效监督并重,同时,增加“人大的领导与监督”,使普法工作在行政方式之外引入了法律方式。二是规定以宣传部门和司法部门组成的各级普法主管机关的具体职责,并要求建立“各级普法领导党小组及办事机构”,明确普法责任。[①] “三五”普法吸收了前面十年普法的组织领导原则和经验,设立了“全国普法办公室”集中统一组织协调普法工作,并提出使普法工作走向规范化、制度化。[②] “四五”普法在前三届普法的组织领导原则、方式的基础上,增加了建立“普法宣传教育工作责任制”和“监督与激励机制”的规定。[③] “五五”普法坚持以往普法组织领导原则机制的同时,特别规定了普法经费保障,并提出加强法制宣传教育队伍建设和宣传教育阵地建设。[④] “六五”普法要求将“法制宣传教育纳入当地社会发展规划,纳入党委和政府目标管理”。[⑤] “七五”普法将“法治宣传教育纳入综合绩效考核、综治考核和文明创建考核内容”,并且“各级法治宣传教育领导小组每年要将法治宣传教育工作情况向党委(党组)报告,并报上级法治宣传教育工作领导

---

① 参见《中央宣传部、司法部关于在公民中开展法制宣传教育的第二个五年规划》(1990年12月)。

② 参见《中央宣传部、司法部关于在公民中开展法制宣传教育的第三个五年规划》(1996年4月)。

③ 参见《中央宣传部、司法部关于在公民中开展法制宣传教育的第四个五年规划》(2001年4月)。

④ 参见《中央宣传部、司法部关于在公民中开展法制宣传教育的第五个五年规划》(2006年3月)。

⑤ 参见《中央宣传部、司法部关于在公民中开展法制宣传教育的第六个五年规划》(2011年3月)。

小组。”[①]

可见，在三十多年的普法实践中，中国在普法组织领导方面的成就是：第一，建立健全了“党委领导、人大监督、政府实施的普法领导体制”；第二，成立了宣传部门和司法部门主管、其他政府部门协同的组织实施体制；第三，全国成立普法办公室、各级党委政府成立普法领导小组和普法办公室，具体负责普法组织与协调工作；第四，强化了普法的组织领导保障、经费保障、宣传教育人才与阵地保障；第五，确立了每年向党委（党组）报告法治宣传教育工作情况制度。

3. 普法的主要对象

“一五”普法规定普法对象为“工人、农（牧、渔）民、知识分子、干部、学生、军人、其他劳动者和城镇居民中一切有接受教育能力的公民”，其中重点是各级领导干部和青少年。[②]“二五”“三五”普法与“一五”普法一样，对普法对象都用列举和概括相结合的方法，列举主要是为了明确对象的针对性，概括则为了表明对象的广泛性。这与当时刚刚走出阶级斗争的历史背景有关，如“二五”普法列举的“个体劳动者”、“三五”普法增加的“企业经营管理人员”都是社会新出现的阶层，列举是为了在普法中承认并注重他们的社会地位。从“一五”到“七五”普法都始终把全体公民作为普法对象，只是重点对象有所不同：“二五”普法的重点对象是县、团级以上各级领导干部（特别是党政军高级干部）、执法人员（包括司

---

① 参见《中央宣传部、司法部关于在公民中开展法制宣传教育的第七个五年规划》（2016 年 4 月）。

② 参见《全国人民代表大会常务委员会关于在公民中基本普及法律常识的决议》（1985 年 11 月 22 日）；《中共中央宣传部、司法部关于向全体公民普及法律常识的五年规划》（1985 年 6 月）。

法人员和行政执法人员)、青少年(特别是大、中学校的在校生);"三五"普法的重点对象是"县、处级以上领导干部,司法人员,行政执法人员,企业经营管理人员,青少年";"四五"普法的重点对象与"三五"普法大致相同,只是把领导干部的范围扩大为"各级领导干部",其他三类人员未变;"五五"普法又在"四五"普法的基础上,增加了"农民"群体,并将司法人员群体扩大为全体公务员;"六五"普法的重点对象与"五五"普法相同,但把领导干部和青少年作为重中之重;"七五"普法在对象上强调"各地区各部门要根据实际需要,从不同群体的特点出发,因地制宜开展有特色的法治宣传教育",突出了区分普法对象的重要性。① 中国普法的对象特征表现为:一是范围广泛,历次普法都将全体公民纳入范围;二是突出重点对象,领导干部和青少年始终是普法的重点。

4. 普法的主要内容

"普法"这个词其实就源于 1985 年《全国人民代表大会常务委员会关于在公民中基本普及法律常识的决议》和《中央宣传部、司法部关于向全体公民基本普及法律常识的五年规划》这两个法律文件,当时国家决定向全体公民普及法律常识,故而简称"普法"。中国三十多年普法在内容上主要呈现以下特征:一是以向全体公民普及法律常识、法律知识为主,这从国家两个首次决定普法的法律文件的名称即可明了。二是三十多年普法均坚持以"宪法"为核心,强调公民对宪法知识熟练把握。三是重视国家基本法律知识的普及以及国家在各个时期新颁布法律法规的推广传播。四是突出普法与国家经济社会发展的联系,注重在各个发展阶段对社会秩序稳定、国家经济社会发展有重大影响的法律法规的宣

① 具体内容分别参见中央宣传部、司法部"一五"到"七五"《普法规划》。

传了解。五是注重分类普法,针对不同对象分别选择不同的法律法规,突出法律法规宣传与公民工作、生产、生活的相关性(“一五”至“七五”历次普法的主要内容汇总见表3)。

表3　“一五”至“七五”历次普法的主要内容汇总

普法阶段	普法内容
“一五”普法	宪法、刑法、刑事诉讼法、民事诉讼法、婚姻法、继承法、经济合同法、兵役法、民族区域自治法、森林法、治安管理处罚条例,概括为“十法一条例”,当然还包括当时已颁布的诸如环境保护法(试行)、中外合资经营企业法、专利法、文物保护法、食品卫生法及各种税法等
“二五”普法	宪法、行政诉讼法、义务教育法、集会游行示威法、国旗法、婚姻法以及《关于禁毒的决定》《关于惩治走私、制作、贩卖、传播淫秽物品的犯罪分子的决定》等“六法二决定”,另外要求各地区、各部门、各系统选学部分相关法律法规
“三五”普法	宪法、与公民工作生活密切相关的法律、与维护社会稳定相关的法律、与社会主义市场经济相关的法律
“四五”普法	邓小平民主法制理论和党的依法治国、建设社会主义法治国家的基本方略,宪法和国家基本法律,与公民工作、生产、生活密切相关的法律法规,与市场经济尤其是整顿市场经济秩序相关的法律法规,与国家西部大开发有关的法律法规,与世贸组织相关的法律法规,与维护社会稳定相关的法律法规等
“五五”普法	宪法,与经济社会发展相关法律法规,人口、资源、环境与公共卫生方面法律法规,文化、体育及与奥林匹克有关的法律法规,整顿和规范市场经济秩序的法律法规,维护社会和谐、促进社会公平正义相关的法律法规
“六五”普法	社会主义法治理念、宪法及国家基本法律、促进经济发展的相关法律法规、保障和改善民生的法律法规、社会管理相关法律法规、反腐倡廉法律法规
“七五”普法	习近平全面依法治国重要论述、宪法及国家基本主旋律、中国特色社会主义法律体系、党内法规

资料来源:全国人大常委会关于“一五”至“七五”普法的《决议》和中宣部、司法部关于“一五”到“六五”普法的《规划》。

5. 普法的主要方式

在三十多年不断实践、总结和创新的普法工作中,积累和采取了大量普法实施方式:第一,法制教育课。包括在各级党校、团校和干部学校开设的领导干部法制课程,领导干部法制讲座、理论中心组学法制度、法律培训制度,各种业余法制学校、夜校等开设法制培训;公务员法制知识培训、考核制度;各类大、中、小学法制教育课。第二,大众娱乐传媒宣传。例如,报纸、刊物、广播、电视的法制宣传栏目,法制文艺作品创作、法律知识读物读本,互联网、移动通信、网站、移动 App 等新媒体宣传方式。第三,普法主题活动。主要有:以文化宫、青少年宫、文化馆、俱乐部、影剧院、乡镇文化中心等为平台的法制宣传基地、阵地建设活动,法律常识竞答、法制讲演、法制读书、法制展览等活动,法制宣传日(周、旬、月)活动,以"法律进机关、进乡村、进社区、进学校、进企业、进单位"为内容的"六进"活动。第四,普法队伍宣传方式。通过普法讲师团、普法志愿者队伍进行广泛法制宣传。第五,针对基层的普法方式。诸如干部包片、党员包联系户、宣传员送法上门、农村"法律明白人"制度、民主法治示范村创建等。①

6. 普法的总体目标

从"一五"普法到"七五"普法,历次普法宣传教育的总体目标(见表 4)随着中国依法治国进程的推进呈现不断深化的趋势。从增强宪法观念到强化宪法意识,从增强法制观念到增强法律意识再到提升法制素质,从法律常识、法律知识普及到法治观念、法治理念树立,从知法守法到推进全方位依法治理,普法目标逐步加深、

① 参见全国人大常委会关于"一五"至"七五"普法的《决议》和中宣部、司法部关于"一五"到"六五"普法的《规划》。

扩展。总之,增强全民宪法意识、法律意识和法治观念,促进知法守法,推进社会事业依法治理是三十多年普法一以贯之的工作目标。

表4　历次普法总体目标汇总

普法阶段	普法总体目标
"一五"普法	普及法律常识,将法律交给广大人民掌握,使全体公民增强法制观念,知法、守法,学会运用法律武器,养成依法办事的习惯
"二五"普法	强化广大公民的宪法观念、法制观念和法律意识,保障宪法和法律的实施,坚持依法办事,促进依法治国和依法管理各项事业
"三五"普法	进一步增强全体公民的宪法观念、法制观念和法律意识,不断提高各级三部依法办事、依法管理的水平和能力,促进依法治国,努力建设社会主义法制国家
"四五"普法	强化全体公民的宪法意识,全面提高全体公民特别是各级领导干部的法律素质,实现提高全民法律意识向拉高全民法律素质的转变,全方位推进各项事业的依法治理,为依法治国、建设社会主义法治国家奠定坚实的基础
"五五"普法	努力提高全体人民特别是各级领导干部和公务员的宪法意识,进一步提高全民法律意识和法制素质,进一步增强公务员社会主义法治理念,进一步增强各级政府和社会依法治理自觉性
"六五"普法	进一步增强公民的宪法意识和社会主义民主法治观念,形成崇尚宪法、遵守宪法、维护宪法权威的良好氛围,提高全民法律意识和法律素质,深入推进依法治理,大力弘扬社会主义法治精神,推动形成自觉学法守法用法的社会环境
"七五"普法	普法宣传教育机制进一步健全,法治宣传教育实效性进一步增强,依法治理进一步深化,全民法治观念和全体党员党章党规意识明显增强,全社会厉行法治的积极性和主动性明显提高,形成守法光荣、违法可耻的社会氛围

资料来源:根据全国人大常委会关于"一五"至"七五"普法的《决议》和中宣部、司法部关于"一五"到"七五"普法的《规划》等文件整理。

二、当前学校"法治教育"开展现状

学校"法治教育"[①]也是普法宣传教育的一部分，从"一五"普法开始就提出要在大、中、小学设置有关法制教育的课程，[②]三十多年的普法也一直将青少年作为普法的重点对象，并对学校法制教育课不断进行细化规定。以下将对中小学及大学（包括大专）法治教育现状做简要分析。

（一）中小学法治教育现状

1. 当前中小学法治教育的制度建设现状

目前，我国还未颁布过专门规定中小学法治教育的法律法规。中小学法治教育开展的主要制度依据是"一五"至"七五"普法《决议》和《规划》中有关青少年法治教育的内容，专门性文件则是2007年中宣部、教育部、司法部、全国普及法律常识办公室联合颁发的《中小学法制教育指导纲要》（以下简称《纲要》）、2016年教育部、司法部、全国普法办联合印发的《青少年法治教育大纲》（以下简称《大纲》）和教育部制定的涉及法治教育的几个《课程标准》。《纲要》是我国第一份明确在中小学开展法制教育的专门性指导文件，也是我国现阶段中小学开展法治教育的主要制度依据。

---

① 普法文件中一直使用"法制教育"这一概念，本文认为要促进公民法治意识生成，应该用"法治教育"概念替代"法制教育"。这样，就使教育的目标、内容、方式等更加明确有针对性，也更适合本文的语境。

② "在青少年中普及法律常识，要由浅入深，循序渐进，打好基础。各级各类大、中、小学要根据不同对象和不同要求设置有关法制教育的课程。小学应根据少年儿童的特点，结合思想品德课进行，重点是向小学生进行法制的启蒙教育，普及交通管理规则和治安管理处罚条例中的有关常识。在小学高年级学生中进行有关违法犯罪的简单概念教育；中学应重点普及宪法和刑法等有关法律常识；大学学生还应学习法学基础理论和同本专业有关的法律知识。所有大、中、小学都要向学生进行积极同违法犯罪行为作斗争的教育。"参见《中共中央宣传部、司法部关于向全体公民基本普及法律常识的五年规划》（1985年11月）。

《纲要》对中小学法治教育的总体要求、基本原则和主要任务，中小学法治教育的内容，中小学法治教育的实施途径及中小学法治教育的措施等四个方面的主要内容进行了规定，总体上为中小学全面、规范开展法治教育，将法治教育融入课堂教学和学校教育，提高法治教育的针对性和实效性作出了科学指引。但《纲要》没有给予法治教育课在中小学学科教学中以独立地位，而是要求将法治教育融入其他学科教育，通过《品德与生活》《品德与社会》《思想品德》《历史与社会》《思想政治》等骨干学科和《语文》《生物》《体育》等相关学科挖掘和渗透法治教育内容。《大纲》对青少年法治教育的重要性和紧迫性、指导思想和工作要求、目标、内容、实施途径及保障等进行了规范，但是，仍没有将中小学阶段的法治教育予以独立出来，而是将其纳入“道德与法治”课程中，适当增加了法治教育课的比重。①

教育部没有制定单独的法治教育课程标准，而是在中小学的相关课程标准中体现法治教育的要求和内容。“小学低年级要在道德与法治课中设置专门课时，安排法治教育内容；小学高年级要加大法治教育内容在道德与法治课中的比重，原则上不少于 1/3；初中阶段，采取道德与法治课中设置专门教学单元或者集中在某一学期以专册方式实施教学，保证法治教育时间。高中教育阶段，思想政治课要设置专门的课程模块，可以采取分册方式，将法治教育作为思想政治课的独立组成部分，或者加大法治教育选修课的课时。”②

---

① 参见教育部、司法部、全国普法办：《青少年法治教育大纲》（2016 年），载教育部网，http://www. moe. gov. cn/srcsite/A02/s5913/s5933/201607/t20160718_272115. html。

② 参见教育部、司法部、全国普法办：《青少年法治教育大纲》（2016 年），载教育部网，http://www. moe. gov. cn/srcsite/A02/s5913/s5933/201607/t20160718_272115. html。

“小学阶段，着重普及宪法常识，养成守法意识和行为习惯，让学生感知生活中的法、身边的法，培育学生的国家观念、规则意识、诚信观念和遵纪守法的行为习惯。初中阶段，使学生初步了解个人成长和参与社会生活必备的基本法律常识，进一步强化守法意识、公民意识、权利与义务相统一观念、程序思维，初步建立宪法法律至上、民主法治等理念，初步具备运用法律知识辨别是非的能力，初步具备依法维护自身合法权益、参与社会生活的能力。高中教育阶段，使学生较为全面地了解中国特色社会主义法律体系的基本框架、基本制度以及法律常识，强化守法意识，增强法治观念，牢固树立有权利就有义务的观念，初步具备参与法治实践、正确维护自身权利的能力。”①

可见，中小学法治教育只是作为德育教育的一个组成部分来安排，没有获得独立的学科设置和安排，这种附带性的规定很容易使法治教育在具体实施中被忽视甚至被搁置，也不利于为专业性极高的法治教育配备专门的师资、开发专门的课程、进行独立的考核。

2. 当前中小学法治教育的具体实施现状

首先，法治教育在中小学教育体系中的学科地位不独立。《纲要》《大纲》和几个相关课程标准对法治教育的规定都体现了融入性、混合性和附带性的特点，只要求把法治教育融入中小学其他学科的教学过程中与其他学科进行混合教学，并且只在其他学科的教学内容与目标中附带提及了法治教育，而没有在学科设置、课程标准、课时保障、师资力量、考核体系方面明确法治教育的独立性、

① 参见教育部、司法部、全国普法办：《青少年法治教育大纲》（2016 年），载教育部网，http://www.moe.gov.cn/srcsite/A02/s5913/s5933/201607/t20160718_272115.html。

系统性。这导致法治教育在中小学教学实施中因缺乏独立系统开设的法治教育课这一载体而极其随意甚至流于形式。

其次,各级教育行政部门对中小学法治教育的领导力度较弱。目前,各级教育行政部门在促进法治教育开展方面的领导机制不健全,对法治教育指导实施的方式比较单一零碎,还没有形成一个包含法治教育理论研究、法治教育试点示范、法治教育经验总结、法治教育方法创新、法治教育考核体系确立、法治教育师资培养培训等重要工作在内的系统领导实施体系。

最后,中小学对法治教育的教学实施情况不理想。由于缺乏专门的资金、师资保障和科学的考核目标指引,法治教育在中小学实际的教学实施状况不容乐观。一是教学内容上,中小学目前尚未独立开设法治教育课,仅通过“道德与法治”等课程安排了少量有关法治教育的内容,其他学科中的法治教育内容则需要任课老师自由去发掘、提炼。由于针对法治教育的专门内容较少,加之其他学科无法始终兼顾法治教育,导致中小学法治教育的内容无法满足对学生进行法律知识教育、法治实践训练及法治意识培养之需求,只能对与未成年人权益保护有关的法律知识进行初步介绍。二是在师资、课时保障上,我国中小学没有配备接受过法律专业教育的老师进行法治教育的教学,目前法治教育的老师都由普通老师兼任,甚至是由教学业务能力相对低下的老师担任。学校聘任的兼职法制副校长每学年只能给全校学生统一组织一两次法律知识讲座。中小学阶段,“道德与法治”等涉及专门法治教育内容的课程一般各年级段每周安排一节课(40 分钟),整个学年有 30 节课左右,而其中专门涉及法治教育的不过二、三节课,只能蜻蜓点水式地给学生讲授一些简单法律知识,根本不可能将法律知识教育与法治实践教育结合起来,在适当法律认知的基础上培养学生的法治意识。三是在教学评估上，教育行政部门对学校法治教育的评估不明确且缺乏操作性，专项法治评估一般只看形式上的档案资料，而没有深入考察学校实际的法治教育实效。学校对学科老师法治教育课的效果、学科老师对学生的法律综合水平几乎没有考评，不少农村学校为了抓考试学科的成绩长期占用了法治教育的课时。由于没有考评压力，学校、老师、学生、家长通常都把包含法治教育的课程当成可有可无的边缘学科，很多学校，尤其是部分农村小学只在课程表上安排了课程，实际上并没有开设。

（二）大学（含专科）法治教育现状

历届普法都强调了大学阶段的法治教育，并明确提出要在大学阶段设置法律基础课。2001 年，中宣部、教育部在《关于普通高等学校"两课"课程设置的规定及其实施工作的意见》规定专科及本科阶段的思想品德课应开设《法律基础》课程，并作了系统规定：专科阶段为 28 课时，本科阶段为 34 课时。① 2005 年则合并为《思想道德修养与法律基础》课，占 3 学分②，2016 年开始逐渐改成"法治基础课"。据 2019 年教育统计数据，普通高校本专科生毕业生数 7,585,298 人，招生数 9,149,026 人，在校生数 30,315,262 人。③ 在大学阶段开设法律基础课就可以每年有针对性地对数千

---

① 参见《中宣部、教育部关于普通高等学校"两课"课程设置的规定及其实施工作的意见》（1998 年），载教育部网，http://www.moe.edu.cn/publicfiles/business/htmlfiles/moe/moe_734/200408/2990.html。

② 参见《中宣部、教育部关于进一步加强和改进高等学校思想政治理论课的意见》（2005 年），载教育部网，http://www.moe.edu.cn/publicfiles/business/htmlfiles/moe/moe_772/200507/9310.html。

③ 参见教育部：《2019 年教育统计数据》（2020 年 6 月 11 日），载教育部网，http://www.moe.gov.cn/s78/A03/moe_560/jytjsj_2019/qg/index_1.html。

万大学生进行法治教育,提升他们的法律素养和法治意识。教学规划和安排是十分理想的,但大学阶段的法治教育在实施中还是存在一些不可忽视的问题:一是学校、师生重视不够,本专科阶段的"法治基础"课是公共课程中的一门,而公共课程中,目前受到重视的是思政课,而法治课还未得到应有的重视,这一点从公共课的师资配备、内容设置、考核权重等方面就可以看出来。二是课程设置中涉及法治教育的内容十分单薄。由王英鉴主编的《思想道德修养与法律基础》教程,全书共8章,前6章内容为德育,后面2章方涉及法治教育,法治教育内容仅占全书1/4,且内容也只是简单的法律的起源与发展及我国的法律制度。[①] 另外,钱振林主编《思想道德修养与法律基础》一书与王英鉴所编教程在法治教育分量与具体内容方面基本一致,[②]骆郁廷等人所编的《思想道德教育与法律基础》一书,共有12章,其中3章为法治教育内容,与前面两部教程所占比重相同[③],高等教育出版社2018年出版的《思想道德教育与法律基础》[④]、杨伟刚主编的《思想道德教育与法律基础》[⑤]所安排的法治教育内容都与前面几部教材大致相同。直到2018年才开始出版专门的《法治基础》教材。[⑥] 三是大学法治教育的内容缺乏系统开发与设计,更多的是一些简单说教的口号,

---

① 参见王英鉴主编:《思想道德修养与法律基础》,中共党史出版社2014年版。

② 参见钱振林主编:《思想道德修养与法律基础》,中国人民大学出版社2010年版。

③ 参见骆郁廷、周叶中、余好主编:《思想道德修养与法律基础》,武汉大学出版社2013年版。

④ 参见本书编写组:《思想道德修养与法律基础》,高等教育出版社2018年版。

⑤ 参见杨伟刚主编:《思想道德修养与法律基础》,西安电子科技大学出版社2020年版。

⑥ 参见魏胜强:《法治基础教程》,北京大学出版社2018年版。

如钱振林《思想道德修养与法律基础》教程涉及法治教育的两章的标题是:“增强法律意识弘扬法治精神”和“了解法律制度自觉遵守法律”。由此可见,本专科阶段法治教育在内容上所占比重还比较低。由于法治教育课教学效果不理想,再加之本身内容较少较浅,所以在对提升学生法律认知,进而促进他们法治意识生成上所发挥的作用显然有限。

三、新闻媒体普法宣传现状

普法伊始,国家即把报纸、刊物、广播、电视等新闻媒体作为普法之重要阵地,提出“专人负责,办好法制栏目”,准确形象地进行法制宣传。[①] 历届普法都在强化新闻媒体普法宣传的责任与作用。“五五”普法明确提出“新闻媒体要承担开展公益性法制宣传的社会责任”。[②] 随着互联网、手机、微信等新兴媒体的兴起与推广,“六五”普法在强调广播、电视、报刊等传统媒体履行普法社会责任的同时,提出要充分发挥互联网、移动通信等新兴媒体的法制宣传优势。[③]

由于国家对新闻媒体普法的较早关注和一再强调,从 1996 年开始,新闻媒体的普法宣传渐成规模,各级广播、电台、电视台相继开设了法制专栏专题节目。国家开始举办“金剑奖”[④]“法制好新

---

① 参见《中共中央、国务院转发关于向全体公民基本普及法律常识的五年规划的通知》([1985]23 号)(1985 年 11 月 5 日);《中共中央宣传部、司法部关于向全体公民基本普及法律常识的五年规划》(1985 年 11 月)。

② 《中央宣传部、司法部关于在公民中开展法制宣传教育的第五个五年规划》(2006 年 3 月)。

③ 参见《全国人民代表大会常务委员会关于进一步加强法制宣传教育的决议》(2011 年 4 月);《中央宣传部、司法部关于在公民中开展法制宣传教育的第六个五年规划》(2011 年 3 月)。

④ 关于“金剑奖”详细资料,参见《司法部、国家广播电影电视总局全国法制题材电影电视节(剧)目“金剑奖”评比办法》(2003 年 2 月 18 日)。

闻”等评选活动来鼓励新闻媒体积极开展法制宣传。[①] 到2004年，全国开设法制栏目的省市级电视台已近300家，其中20家电视台开设的法制节目达到日播，5家电视台专设了法制频道。全国普法办公室、法制日报社联合创办的《法制播报》节目，在50多个地方台同步播出。全国各电视台每年制作播出近20,000期法制节目。2001年中国普法网创办，成为全面、客观、正面进行民主法制宣传的权威平台。[②] 至2011年，省地级电视台开辟的法制栏目已有430多个，县级电视台法制栏目有1530多个，全国有普法网站2300多个。[③] 到2015年年底，全国共举办法治宣传广播栏目5200多个、电视栏目3800多个、报刊栏目6000多个，各地各部门创办普法网站3700多个，普法官方微博、微信2600多个。[④] 可见，新闻媒体普法宣传的范围日益扩大、形式日益丰富，尤其是像《今日说法》这样的品牌法制节目已成为大众收看的节目，影响甚广。

一方面，新闻媒体普法宣传的规模如此庞大，又加之其所承载内容的大众化，易于为百姓所接受，故而对增加公民法律认知、宣传我国依法治国方略、弘扬社会主义法治精神确实有着其他普法宣传教育方式无可比拟之优势。新闻媒体专门输出的法制栏目、节目，为我国依法治国方略的确立和坚持造就了强大的社会声势、营造了浓厚的社会氛围，甚至在一定程度上对我国艰辛但坚定的法治实践进行了客观记载和全面展示。通过高度普及的新闻媒

---

① 参见张福森：《关于“三五”法制宣传教育基本情况的报告和对关于进一步开展法制宣传教育的决议（草案）的说明》（2001年4月24日）。

② 参见张福森：《关于贯彻全国人大常委会决议开展第四个五年普法工作三年来的情况报告》（2004年4月4日）。

③ 参见《国务院关于“五五”普法工作情况的报告》（2011年4月20日）。

④ 参见《国务院关于“六五”普法决议执行情况的报告》（2016年4月25日）。

体，公民获得法律知识的渠道更加畅通，知法更便捷、用法更积极、守法更自觉。

另一方面，从新闻媒体自身特点和大众信息需求角度，我们不得不承认，新闻媒体普法宣传对促进公民法治意识生成之作用也是有限的。首先，新闻媒体承担着大众娱乐功能。在市场经济的背景下，发行率、收视率、点击率等指标是新闻媒体必须考虑的因素，没有读者、观众、网民、终端用户的支持，新闻媒体的生存就会成问题。如何迎合收看者的偏好、兴趣、需求是包括法制节目在内的所有新闻节目一直认真研究的重大问题，因为娱乐休闲是大众收看新闻节目的重要动因。因此，法制节目在选题、播放形式等方面，都必须照顾"吸引观众"这一原则，如果这一原则不能保证，媒体自身的生存是问题，普法宣传的作用范围也得不到保证。为了吸引观众，法制节目在选题上，总是倾向于选择一些新奇、猎奇的事件、案例，随便看看《今日说法》几期节目的标题即可窥见这种用心，如《"亡夫"归来》《撞你没商量》《校园擒"魔"》《除夕枪声》《荒村奇案》《假爱真凶》《那晚狗在叫》等。[①] 如果在这些标题引导之下的仍然是严肃简洁的刑事、民事、行政案例，清晰通畅的法律知识讲解和富于说服力的法治精神传播，当然也无可厚非。但是，仔细收看法制节目内容，还会发现一个让人忧心的问题：节目的重心主要集中在案例故事讲述上，而且讲述过程中，还辅之以一些恐怖的场景、声音，设置一些故事悬疑，收看节目就像是听说书一样，如果不是节目快结束的几十秒钟里专家的几句法律点评，会

---

① 以上分别是2014年1月1日、1月6日、1月28日、4月4日、5月6日、7月22日、12月29日《今日说法》的法制节目，在此只是一种随机抽取，其他节目与文中列举也基本雷同。载《今日说法》官网，http://cctv.cntv.cn/lm/jinrishuofa/index.shtml。

让人忘了这是个法制节目。

四、家庭法治教育现状

家庭被喻为社会的细胞，是个人生活、活动的主要空间，更是未成年人人格塑造的重要场所。一个人的行为习惯、个性特征(无论好的或坏的)很大程度上都受到家庭教育和家庭环境的影响。家庭教育主要依靠父母对孩子的言传身教，父母是孩子的第一任老师同时也是孩子终生的老师，因此家庭教育对孩子的成长至关重要。中国人尤其重视家庭关系，长期以来，在宗法伦理指引下，社会往往是以家庭为单位而非以个人为单位存在，家庭生活一度就是个人生活的全部。改革开放以后，随着市场经济的发展，人的流动性不断增大，传统的家庭统治格局逐渐松散，但家庭作为孩子接受教育的首要场所的地位始终没有变、将来也不会变。

遗憾的是，中国在开展旨在促进公民法治意识生成之普法教育时，却一直未重视家庭法治教育。“一五”到“七五”普法的《决议》和《规划》均未提及开展家庭法治教育的必要性和重要性，原因可能是国家考虑到目前的中国家庭还不具备承担法治教育的条件和能力。但是，没有条件和能力承担并不等于没有必要承担，所以即使有诸多客观限制，国家也应该大力宣扬家庭法治教育的重要性，并极力倡导广大家庭尽力搞好孩子的法治教育。而且，国家还应该就如何帮助和指导家庭进行法治教育进行相关课题研究，拿出系统方案，为家庭法治教育创造条件。

家庭法治教育的开展除了主观认识上的阻碍，还存在一些短期内难以克服的客观限制。在此，我们就主要的几条予以简单说明：

一是我国家庭缺乏对孩子进行法治教育的传统和经验。中国自古信奉“国有国法，家有家规”。这一方面表明，在中国，国与家在行为规则上不是融通而是隔离的，国家层面上依法律行为，家庭内部则照家规处事，代表国家意志的法律与代表家长意志的家规，在内外有别中各行其是。于是，国法与家庭就产生了极大的距离感，唯有出了家庭、步入社会才会考虑国法，家庭内部则较少讨论国法，似乎也就没有向孩子输送国法教育的必要。故而，家长普遍未将具备法治意识视为孩子成为合格公民的必备条件，自然就不能致力于对他们进行法治教育。另外，在中国，一般考虑到"国法""家规"之时，都会意味着将对某一违法或违规行为启动一种相应的惩罚，而不是将"国法""家规"作为个人未来生活、行为安排的指引来看待。换言之，"国法"或"家规"主要针对"不法"的非常规行为，而日常行为似乎与"法"或"规"无关。由此，家长对孩子的教育也只是停留在告诫他们不违法犯罪层面，而不是在日常行为中教给他们如何根据法律指引去理性安排日常生活并实现预期目标，这就导致我国家庭法治教育既无传统更缺经验。

二是特殊家庭无力给孩子提供法治教育。近年来，在社会全面转型的复杂时期，中国的单亲家庭、留守儿童家庭不断增加。2010 年，单亲家庭达 2396 万户。[①] 据 2010 年人口普查数据推算，中国 1～17 岁的农村留守儿童有 6102.55 万人，占农村儿童的 37.7%，占全国儿童的 21.88%。[②] 单亲家庭的孩子因为缺乏来自家庭的温暖并易于遭到他人歧视，往往会造成人格发展障碍、更容易违法犯罪。他们本应该是进行法治教育的重点对象，但由于单

---

① 参见财经网，http://economy.caijing.com.cn/2014-05-15/114185407.html。

② 参见全国妇联课题组：《我国农村留守儿童、城乡流动儿童状况研究报告》（2013 年 5 月）。

亲家庭只有父或母一方单独支撑,从时间、精力上都缺乏对孩子进行法治教育的条件。而留守儿童家庭的孩子,近1/3是与祖父母一起生活的,3.37%的个人独立居住,[①]还有部分则由外祖父母、其他亲戚长辈甚至邻居照顾生活。无论是隔代抚养、个人独居还是委托照顾,留守儿童不仅权益易于受到不法侵犯,而且生活也相对困难。对于其中部分挣扎于生活边缘的家庭,期待其能进行有效的法治教育显然不切实际。因此,单亲家庭、留守儿童家庭的法治教育几乎是个空白。

第三节 中国公民法治意识生成之障碍因素

中国作为一个缺乏法治传统而且现代法治实践相对较短的国家,在法治社会建设的起步阶段,一个不容乐观然又不可回避的事实是:我国适应深化全面依法治国战略布局需要的公民法治意识还相对薄弱。我们深化全面依法治国的主要理论任务之一,就是要剖析现阶段我国公民法治意识水平低下的主要原因,并以此为基础,有针对性地探寻构建促进公民法治意识生成的现实路径。对比第二章的内容,我们知道,公民法治意识并非自然生成,而是需要具备一系列条件,在一个社会中这些条件是否得到满足,决定着公民法治意识能否顺利得以生成。因此,探寻公民法治意识生成的阻碍因素,在一定程度上,就是追问是什么原因使一个社会不具备公民法治意识生成的相关条件。本节

① 参见全国妇联课题组:《我国农村留守儿童、城乡流动儿童状况研究报告》(2013年5月)。

中，我们就循着这样的思维探究阻碍中国公民法治意识生成的主要原因。

一、传统文化因素

纵观中国历史上历代思想家的著述、法的内容及运行情况以及后世学者对中国传统文化的研究评价，不难发现，中国传统文化在国家治理问题上相对而言是突出人治而忽视法治。先秦诸子百家思想中，绝大部分主张人治而忽视甚至反对法治。在此，以其中最具代表性的道家、儒家为例：

道家在国家治理上强调“无为”，反对通过法律等手段积极主动调整社会关系，认为“法令滋彰，盗贼多有”[①]，而且对“礼”也持否定态度，[②]但归根到底，老子还是看重圣人的作用，主张圣人治国[③]，而且还强调国家赏罚的权力应始终掌握在人君手里，不可以授之予臣民[④]。

对中国文化影响最大的儒家也比较推崇“人治”，主张“礼让为国”，十分强调模范人物的道德感化作用。儒家文化的主要代表人物孔子、孟子、荀子都强调“礼”“德”在国家治理中的作用。孔子以“孝”为中心，以“亲亲”“尊尊”为原则，提出了一套“礼治”规范，要求“以礼治国”[⑤]，做到“非礼勿视，非礼勿听，非礼勿言，非礼

---

① 《道德经》五十七章。在本章中老子还提出“天下多忌讳，而民弥贫”。

② “夫礼者，忠信之薄，而乱之首也。”（《道德经》三十八章）

③ “圣人在天下，歙歙焉。为天下浑其心，百姓皆注其耳目，圣人皆孩之。”（《道德经》四十九章）

④ “鱼不可脱于深渊，国之利器不可以示人。”（《道德经》三十六章）；韩非将此句释之为“赏罚者，邦之利器也，在君则制臣，在臣则胜君。君见赏，臣则损之以为德；君见罚，臣则益之以为威。人君见赏，而人臣用其势；人君见罚，人臣乘其威。故曰：‘邦之利器，不可以示人。’”（《韩非子·喻老》）

⑤ 《论语·里仁》。

勿动”[①];同时,重视国家的道德教化和君子的道德感化作用。[②] 其实“礼治”“德治”之实质是强调“为政在人”的“人治”思想,因为在“礼”和“德”的体系中,缺乏刑罚的外力强制,治国完全倚重统治者的道德自觉,儒家的治理理想就是由尧、舜、文、武那样的“圣贤”来治国。用“先王之法”[③],以“圣王为师”[④],而自然就有“惟仁者宜在高位”的期盼和“其人存,则其政举;其人亡,则其政息”之忧患。从而在“礼”与“法”的关系中将礼放在了优先地位,在“人”与“法”的关系中又更加重视“人”作用。因此,“儒家始终脱不了人治的观念,正因为他们不能把政权与君主分开来看,故说:‘徒法不足以自行’”。[⑤]

即使提出“刑无等级”“一断于法”,提倡“法治”的法家,也把法律置于君主权威之下,主张在君主之外,法律不分贵贱一律平等适用,其目的不过是把法律作为保障君主权力运行的工具,用之以治臣、治民而已。[⑥] 这与现代法治所要求的“法律至上”“权利保障”“权力制约”“正当程序”等要求显然是有所差距的,在一定程度上,使法律不幸成为“人治”的一种辅助手段。可见,在中国传

---

① 《论语·子路》。

② 相关论述有:“有教无类。”(《论语·卫灵公》);“不教而杀谓之虐。”(《论语·尧曰》);“政者,正也。子帅以正,孰敢不正?”(《论语·颜渊》);“为政以德,譬如北辰,居其所而众星共之。”“道之以政,齐之以刑,民免而无耻。道之以德,齐之以礼,有耻且格。”(《论语·为政二》);“君子之德风,小人之德草,草上之风,必偃。”(《论语·为政十三》)。

③ “遵先王之法而过者,未之有也。”“规矩,方圆之至也;圣人,人伦之至也。”(《孟子·离娄上》)

④ “故凡言议期命,是非以圣王为师。”(《荀子·正论》)

⑤ 胡适:《中国哲学史大纲》,岳麓书社 2010 年版,第 260 页。

⑥ 参见[英]马若斐:《传统中国法的精神》,陈煜译,中国政法大学出版社 2013 年版,第 4 页。

统文化中没有现代意义上的“法治”观念，自然也就没有形成现代意义上的“法治”思想。

尤其是西汉统治者采纳董仲舒提出的“罢黜百家，独尊儒术”思想之后，儒家文化即成为中国文化的内核，在历经分分合合的历次改朝换代之后，其影响顽强地穿越遥远时空，代代延续。自西汉以降，“德主刑辅”始终为列朝列代立法、司法的基本指导思想，从“引经决狱”到魏晋南北朝“八议”“准五服以制罪”“重罪十条”等儒家化法律原则入律，再到礼法高度合一的《唐律疏议》的诞生，“一准乎礼”便完全融入了立法、司法活动之中。在“亲亲”“尊尊”“三纲五常”等儒家伦理道德框架内，国家在某种意义上是家庭、家族的放大，所谓“修身齐家治国平天下”正由于此。在家父亲是最高权威，掌管家庭内部一切生杀予夺，而在国家君主权威至高无上，集立法、行政、司法权于一身。“一言可以兴邦”的人治模式，通过法律制度、行政司法活动等载体不断得以强化。①

可见，古代中国不仅有重人治轻法治的国家治理理论，而且这种理论经由历代统治者的一致认可而不断在国家制度及其运作中得以践行，从而不断渗透于社会生活的方方面面，成为民众价值判断、行为选择的重要准则，融入了他们的日常生活和行为习惯之中。即使经过清末以来100多年曲折的法治探索和新中国成立以来数十年艰辛的法治建设，法治思想仍未能得到普遍

---

① 何勤华先生认为，儒家道德文化正是统治者通过立法、执法、司法、守法等环节渗透到法律文化中去的。中国历史上，法律始终是道德的附庸，其作用就是为了弥补道德礼教之不足。参见何勤华、陈灵海：《法律、社会与思想——对传统法律文化背景的考察》，法律出版社2009年版，第58～69页。同时，张中秋先生认为，传统中国的最高立法权、最高行政司法裁判权都操纵在皇帝手中，皇权对立法权、行政和司法权皆有绝对的控制力，所以他声称：“传统中国法的根本精神是人治。”参见张中秋：《中西法律文化研究》，法律出版社2009年版，第290～307页。

理解与接受。而这种在传统文化和中国社会中根深蒂固的重人治轻法治观念，正是阻碍中国公民法治意识生成的重大阻碍之一。

公民法治意识不能凭空生成，它必须有现实的来源。适应并保证法治运行的公民法治意识必须以法治理论、法治实践以及法治经验、体验为本源；缺乏法治思想理论、法治实践及法治经验，公民法治意识就成了无源之水、无本之木。我们知道，主动守法意识、契约意识、理性意识、人本意识、程序意识是公民法治意识的主要内容。在古代中国"人治"模式下，法律作为统治者治臣、治民的工具和维护自身利益、巩固国家政权的手段，在很大程度上，是以一种居高临下和严刑峻法的方式加诸臣民之身，甚至为了体现统治权威的神秘莫测和高不可攀，法律在很长时期是不公开的。[①]孔子就曾极力反对晋国赵鞅"铸刑鼎"，认为刑律本应由贵族掌管，一旦公布贵族就失去了这个特权。[②] 在此情况下，臣民守法只能是迫于国家强力，况且在法不可知的情况，民众也不可能主动遵法而行，只能由统治者凭借主观臆断来裁判民众的行为合法与否。人治社会中，君主掌握着最高立法权，是一切法律的最高渊源，法律根本不可能体现社会普遍意志，只是统治者意志的体现。[③] 民众从未体验过法律来自契约（人民意志），也就无法生成契约意识。当然法律既是个人或少数人意志的体现，就难免有感性甚至

---

① 孔颖达认为"刑不可知，则威不可言"。（《左传·昭公六年》，孔颖达疏语）

② 孔子说："晋其亡乎！失其度矣……民在鼎矣，何以尊贵？贵何业之守？……"（《孔子家语》卷第九）

③ 相关论述见："礼乐征伐自天子出。"（《论语·季氏》）；"法者，上之所以一民使下也。"（《管子·任法》）；"法者，治之端也；君子者，法之原也。"（《荀子·君道》）；"君无术则弊于上，臣无法则乱于下，此不可一无，皆帝王之具也。"（《韩非子·定法》）

混入兽性，而失去“中道权衡”的理性优势。受制于这样的法律，民众只能听凭统治者的随意摆布，也就不会感受到法律和守法给自己及社会带来的长远利益，也无法对未来生活预先作出相对确定的安排，如此一来，缺乏理性意识就在所难免。“人治”之下的法律体现的是“君本”和“官本”，“民本”的主张也只是为了统治的需要被用来巩固“君本”“官本”，因此，民众根本就体验不到其中真正的“人本”关怀，当然也就无法生成人本的法治意识。最后，在传统的人治社会中，司法所考虑的因素主要是社会主流的伦理道德，而不是法律，所以司法随意性相对较大，很多时候，民众会觉得“人情大于王法”，统治者和民众头脑中自然就缺乏程序意识。可见，在“人治”传统的强势挤压下，现代法治理论、法治实践在古代中国都没有生存的空间，同时，适应法治建设的公民法治意识也就失去了生成的空间。

前已论证，正确的法律认知是公民法治意识生成之前提。正确的法律认知包括对法律的功能、价值以及法律治理的效率、优越性等方面知识的了解。法律认知需要作为主体的公民与作为客体的法律之间进行适当的互动。在有长期重人治轻法治传统的中国社会中，民众对法律的认识，由于文化惯性缘故，仍然会受到人治思想的影响。他们可能还是把法律看作统治者个人或少数人利益和意志的体现、是特权的体现、是治民的工具。[①] 在这种法律认知前提下，内化而成的只能是“臣民”的法律意识。而公民的法治意识需要民众认识到法律是社会成员普遍意志的体现、是多数社会

---

① 传统法律的特权化表现很多：一是法律是皇帝统治臣民的工具，皇帝在法律之上；二是贵族及官吏享有议、减、赎、当等特权；三是贵贱之间、良贱之间在杀伤罪、奸非罪等定罪量刑上有所差别。参见瞿同祖：《中国法律与中国社会》，商务印书馆2010年版，第239～284页。

成员利益的体现、是自由平等的体现，是权利保障和权力制约的法宝。但这些认知前提在人治思想比较浓厚的中国社会不经过长期坚定不移的法治实践是很难具备的。

我们已经得出结论，国家法治实践是公民法治意识生成之中介，然“人治”思想和实践始终伴随中国一再重演的历史周期律，力主“以法治国”的法家思想在漫长的历史长河中始终不占主流。何况就姑且作一推想，法家的法律思想能够在后世朝代中得到延续，似乎也很难进化出现代法治的精神内涵。对此，可以通过对法家法律思想与现代西方法治理论萌芽时期的法律思想的简单比较中窥见一些端倪。法家主张的法律思想是皇权至上前提下的“一断于法”，这不过是把之前由皇帝与贵族共享的法律垄断权集中到君主一人身上，这与古希腊思想家所提倡的法律的统治、法律至上的法律思想显然出发点是有所不同的。① 尽管现代法治的许多具体原则可能会使古希腊人感到陌生，但他们那时的法治思想，尤其是良法之治和普遍守法的思想就已经具备现代法治的基本内核。中国至清末变法之起，才开始进行现代法治实践的探索，这种以少数精英人士的觉醒和列强逼迫为原动力的法治探索总是在各种主客观阻碍中止步不前，直到新中国成立，尤其是党的十五大之后，法治实践才逐渐在中国社会扎根并得到稳步发展。

公民之所以将国家法律制度内化为自身法治意识，是因为他们发自内心地认同法律。公民认同法律，则是由于法律能给他们以期待的价值，如法律安排能满足他们在心理上所需求的安全、秩

① 可参见亚里士多德的观念：“法律应在任何方面受到尊重而保持无上的权威，执法人员和公民团体只在法律（通则）所不及的‘个别’事例上有所抉择，两者都不该侵犯法律。”参见亚里士多德：《政治学》，吴寿彭译，商务印书馆1981年版，第195页。

序，法律能保护他们自己同时也保护其他人的利益，法律能保障公民的权利和限制政府的权力等等。而受传统“人治”思想和文化的影响，一些公民对中国特色社会主义法律的来源、价值等还存在一定程度的误解。他们中的一些人依然认为，与法律打交道就意味着倒霉，轻则声名扫地，重则赔财折命。因而他们遇事很少主动找法、用法，对法律及司法机关持消极态度，敬而远之。不少人对法律的态度可能就停留在不触犯法律层面。这种避法、拒法心理严重影响了公民参与法律和遵守法律的积极性；他们既认为法律于自己作用有限，又怎会尊重并遵从法律、自觉将法律作为自己行为判断和选择的准则？

二、经济因素

法治意识是观念形态的存在物，属于观念上层建筑，其内容必然受社会经济基础之决定。根据第二章的论述，我们知道，与法治运行相适应的公民法治意识生成必然需要市场经济为其提供相关条件，国家有无成熟的市场经济直接关系公民法治意识能否得以生成。探讨中国公民法治意识生成之阻碍因素，必须仔细考察国家经济发展的历史和现状，尤其应该关注中国古代一直推行的重农抑商政策和新中国建立之初的计划经济方式，对中国经济发展的影响。

重农抑商政策导致古代中国商品经济比较孱弱。中国是一个内陆国家，农业是国家的主要生产方式，也是国家经济的支柱。早在西周时期，统治者就认识到了农业对国家稳定的重要性，开始提倡重农思想。[①] 自此以后，各个朝代的统治者和学者都极为重视

---

① 周公告诫成王商朝灭亡的原因时，曾指出商末的几代君主均“生则逸，不知稼穑之艰难，不闻小人之劳，惟耽乐之从”。（《尚书·无逸》）西周箕子提出“农用八政”：一曰食，二曰货，三曰祀，四曰司空，五曰司徒，六曰司冠，七曰宾，八曰师。“农用八政”是治理国家的八个方面，统归于农，说明了治农对治国的重要性。（《尚书·洪范》）

农业发展,把农业作为国家稳定之根本,并通过轻徭薄赋鼓励农耕。由于对农业的高度重视,统治者和众多学者认为,商业的较高报酬率会吸引农民弃农从商、影响农业生产,遂逐渐开始抑制商业。春秋战国时期就出现了抑商思想。法家的李悝提出"重农禁技",反对生活奢侈品的生产销售,①商鞅明确主张抑商并在《垦令》中规定了抑商措施,限制商人势力,②韩非更将商工列为"五蠹"之一,主张"除此五蠹之民"③。儒家的孔子、孟子都主张"重义轻利",反对民众追求个人私利。④ 汉朝开始,统治者开始颁行抑商政策,从服饰、车乘、税赋等方面限制商人,规定商人不得为吏,国家实行盐铁茶等专买,从而在心理、身份、地位、收益等方面打击商人,抑制商业发展,致使工商业未能在古代中国内部持续而成规模地发展起来。⑤ 至清末列强入侵后,国人才见识了"农耕文明"和"商工文明"之间的巨大差距,喊出了振兴民族工商业的口号,但国家政权风雨飘摇、社会秩序几近崩溃,国人"兴商"梦只能落空。

计划经济方针致使当代中国市场经济起步较晚。新中国成立后,受苏联影响,加之当时特定的国际国内环境,国家选择了计划

---

① 参见叶世昌:《古代中国经济思想史》,复旦大学出版社2003年版,第58页。

② "夫民之不可用也,见言谈游士事君之可以尊身也,商贾之可以富家也,技艺之足以糊口也。民见此三者之便且利也,则必避农。避农,则民轻其居。轻其居则必不为上守战也。"(《商君书·农战》)

③ 他说:"其商工之民,修治苦窳之器,聚弗靡之财,蓄积待时,而侔农夫利。"(《韩非子·五蠹》)

④ 孔子提出"放于利而行,多怨"(《论语·里仁》);"见利思义"(《论证·宪问》);"君子喻于义,小人喻于利"(《论语·里仁》)等主张。孟子认为:"鸡鸣而起,孳孳为善者,舜之徒也;鸡鸣而起,孳孳为利者,跖之徒也。"(《孟子·尽心上》)

⑤ 赵冈、陈钟毅:《中国经济制度史》,中国经济出版社1991年版,第311~315页。

经济方式。一开始,由于对社会主义社会的认识和把握还不全面,一度把计划经济看成社会主义的标志,而将市场经济视为资本主义的东西,排斥市场经济。改革开放后,以邓小平为代表的中国共产党人才带领全国人民不断冲破重重阻碍,逐步确定了社会主义市场经济体制。[①] 从 1992 年 10 月中共十四大建立社会主义市场经济的目标至今,只有不到 40 年时间,中国的市场经济虽然取得了举世瞩目的成就,但由于时间较短,经验、理论还在进一步探索与完善之中,民众的商业活动智慧、能力还需加强,商业参与的深广度、积极性、便利性还不够。

古代中国长期的重农抑商思想、政策不仅阻碍了市场和工商业的发展,而且使民众的头脑被自给自足的小农意识所充斥。相当长的时期内,他们被牢牢拴在土地上,很少走出那方狭小的天地,进入社会进行自由充分的社会交往。一旦缺乏市场经济的交往场景和"商贸精神",个人的社会化就不充分不完整。而我们已在前文中总结出,个体充分的社会化过程对公民法治意识生成至关重要。因此,长期的抑商倾向和政策正是中国公民法治意识生成的重要阻碍因素之一。

长期抑商不利于人的独立、自由。公民在人身和意志上缺乏独立、自由就不可能充分参与国家法律实施活动之中去体验法律、认知法律,从而生成法治意识。"人权自由之观念,诚非中国所有。"[②]梁漱溟先生是从文化的角度解释这种状况的,其实经济往往是文化背后的推手。中国长期的抑商政策和实践在一定程度上

① 参见李占才:《当代中国经济思想史》,河南大学出版社 1999 年版,第 558 ~ 563 页。

② 梁漱溟:《中国文化的命运》,中信出版社 2013 年版,第 71 页。

禁锢了人的身心，使个人湮没在家庭和国家大集团之中，抑商导致了中国人对土地的高度依赖。抑商政策法令不仅从各个方面严格限制商业，还通过各种手段明确贬斥商人。中国古代“士农工商”的阶层排序中，商人身份地位处于社会最低层。如此一来，虽然行商收益较高，但绝大多数民众都会“老老实实”从事农业，自然也视土地为命根子。商人致富之后也都会想方设法购买土地，以求改变自己的社会身份和保值财富。这样，土地就把中国人固定在了特定而狭小的天地里，在空间上，土地在哪里，人就在哪里，没有流动性，缺乏社会交往。一方面，很多人都足不出其耕作的范围，周而复始地劳作在土地上，根本无法体验到更大自由对他们的重要性，以至于他们似乎没有更大人身自由的需求；另一方面，他们在土地上自给自足，又似乎从未不自由，也就无从萌生独立自由的观念。中国历史上的农民起义都是因为吃饭问题，几乎没有因为独立自由问题的。

长期抑商抑制社会对统一规则的需求。商业和商人被严格限制，社会上商贾人数远远低于农民人数。农民被土地牢牢拴住，由于各家土地相连，所以他们往往“聚村而居”。耕作的自给自足，农民无须进行大范围的活动和流动，他们的生活圈子一般以村落为限，几乎不与村落之外的人发生复杂的社会交往。在这样的熟人社会，人们之间的关系主要靠人与人之间、家庭与家庭之间基于熟悉的信任来维持，家庭、邻里成员在世代生活中早已确信彼此之间的信用，依靠对这种信用的预期他们之间就能进行主要的交往活动，对损他行为的惩罚也只需要在村落内部达成一致即可。因此，在广大农村，各具特色的内部习俗随处可见，大范围统一适用的法律规则却没有产生的空间，因为这里的人们没有这个紧迫需要。[1] 于是,处于人口绝对优势的农村社会成员较少实际参与到国家统一规则治理之中体验规则、了解规则,从而认同规则、依赖规则和信任规则。

长期抑商影响契约意识的进化。在商业发达的社会中,从商人士必然较多,商人活动的目的是牟利,为了追求货物的增值利润,他们会不断把货物从原产地输送到四面八方。商人的流动性和活动范围就远远超过了被土地牵绊的农民,他们需要在不同的地方和不同的客户打交道、进行交换活动,就必然需要一种大家共同认可和承诺遵从的规则。在商人们努力促成统一规则的形成的过程中,他们参与决定规则内容的意识得以激发,从而打破了规则源自上帝、国君命令的信条,使他们认识到统一规则就源自社会成员的共同意志。明确了规则体现自己和其他社会成员共同意志、是彼此间的一种契约之后,人们就会产生遵守契约的义务感。同时,即使有人违反了自己的承诺,频繁而持续的商品交换活动,也会使对方有报复他的机会,因为商品交换中人们之间的活动角色和权利义务经常处于换位之中。因此,为了整个社会商品交换活动的便利和效率,商人都积极赞同统一规则的形成,并在其中体现自己的意志;也为了自己不在商品交换活动中因失信而遭到对方报复或在商业活动中出局,参加商品交换的双方,不仅会遵守一致承认的规则,而且会尽力履行彼此间的约定。如是,法律源于契约的意识和契约必守的意识就会得以进化。但似中国这样长期抑制商业发展的社会,农民占社会成员的绝大多数,他们很少流动和变

① “乡土社会中法律是无从发生的。”“可是乡土社会并不是这种社会,我们可以说这是个‘无法’的社会,假如我们把法律限于国家权力所维持的规则……”参见费孝通:《乡土中国》,人民出版社 2011 年版,第 7、60 页。

换社会活动角色，无疑会压制他们契约意识的形成。

长期抑商阻碍人本意识的萌生。商业利润主要来自产品交换，达成更多的买卖、获得更多的订单和利益的动机，必然促使商人在贸易活动中站在消费者的角度，认真考虑他们的需求，并力求使自己提供的产品和服务为广大消费者所钟爱。如此，伴随健康商业社会的，虽然不能说没有尔虞我诈和唯利是图的投机者，但更多的是根据消费者需求而生产产品和提供服务的商家。可见，生活在商业发达社会的成员，更能考虑他人的期待并照此期待而行事。而在抑商的农业社会中，生存的依靠是土地，人们一辈子与土地打交道，过着自足封闭的生活，很少会深入接触到家人、邻里之外其他成员，当然不可能也没有必要去照顾他们的需求。由此，在商业发达的社会，人的需求更能得到考虑和满足，更容易催生社会成员的人本意识。

长期抑商不利于理性意识的强化。在农业社会中，生产的目的主要是自足，而商业社会生产的目的主要是销售。自足的生活丰衣足食即是理想状态，而销售则是为了追求最大限度的利益，要获利，就必须加以精确的计算和理性的权衡。为了使生意做大做强，商人总会在成本与收益，近期利益与长远利益，商业活动纠纷解决，产品的规格与质量标准以及生产、运输、存储、销售活动规范等问题上进行仔细的斟酌和科学安排，而不会在商业活动中，使自己在认知上模棱两可，在行为选择上随心所欲、感情用事和因小失大。但农业社会中，优质的产品往往依赖于个人的技艺和经验，如在中国社会中，很多美酒、美食往往都依赖于特定的手艺高超的个人，换个人，产品就达不到原来的质量和水平。商业社会的产品则依靠科学的标准和规格，不管生产者是谁，只要按此标准和规格操作，就能反复生产出同样的产品，因为商业社会，生产需要不断扩大以追求更大利润，如商业社会中，大量出现的连锁店生产和销售，就是这方面的典型。因此，商业社会中，人们更容易在理性驱动下进行认知和行为选择，而抑商显然有碍社会成员理性意识的强化。

三、政治因素

中国历经两千多年不间断的封建专制统治，历史上缺乏民主传统，更没有系统的民主学说。直至近代，西方列强入侵，在东西文明正面交锋中，国人认识到当时中国军事、技术和国家治理方式的落后，继而为了"师夷长技以制夷"，一部分思想先驱开始引进和宣扬西方的科学、民主和法治思想。"人民的权力""多数人的统治"这个意义上的民主源自古希腊。这个舶来品在中国经历长时间的"水土不服"，直到新中国成立后才在社会主义政治制度中扎下了根，之后也屡遭挫折，时至今日，才得到了较大完善。可见，西学东渐之前，中国在政治上确实缺乏民主实践。① 专制统治跨度长而民主治理为时短的政治治理现实对公民法治意识生成主要有以下消极影响：

影响公民对法律的正确认知。法治是在国家权力上实行"法律的统治"，关键在于"治权"，从这个意义上说，专制下无法治。专制社会里，法律主要是君主或少数统治者意志和利益的体现，是维护阶级统治的手段，其目的在于"治民"。所以，专制政治下，处处可见特权法和严刑峻法，特权法为的是维护少数者的以国家暴

① 梁漱溟认为，由于中国人自古缺乏"集团生活"，因而缺乏"政治的民主"和"民治"制度。他把政治民主归结为两点：一是"从平等讲理，就有'多数人大过少数人'这一承认。此即召开会议，取决多数是也"。二是"关涉到大家的事，当然大家商量决定；若与大家无涉之个人私事，便应听其个人自主，此即'尊重个人自由'是也"。参见梁漱溟：《中国文化的命运》，中信出版社 2013 年版，第 176 ~ 177 页。

力为后盾的特殊利益，严刑峻法在于对臣民的任何反抗政权的行为形成心理震慑和实际惩治。如此一来，民众就将法律与强权、特权等同视之，甚至官员也认为自己就是王法，不按自己意志行事就是违法。在古代中国，民众内心普遍具有“民不和官斗”的“自知之明”，其原因就是官方垄断着法律这一暴力手段。而民主政治下，法律则是社会大多数成员意志和利益的体现，在当代中国，“法是党的主张和人民意愿的统一体现”，制定和实施法律是为了保障公民权利和规制政府权力，是为了整个社会在共同认可和分享的规则治理之下稳定而有序，更是为了公民的自由不受任意的侵犯。在社会主义民主制度下，我国积极推进科学立法，致力于实现严格执法、公正司法，坚定开辟中国特色社会主义法治道路，在国家和社会治理方式上实现了重大而积极的转变，尤其是中国共产党依法执政、依法行政理念的确立更是开启了全面依法治国的新纪元。但是，民众在封建社会下形成的惯性思维，在短暂的民主实践中短时间内还未得到彻底转变。习近平总书记指出：“现在，一些党员、干部仍然存在人治思想和长官意识，认为依法办事条条框框多、束缚手脚，凡事都要自己说了算，根本不知道有法律存在，大搞以言代法、以权压法。这种现象不改变，依法治国就难以真正落实。”①加之，部分立法、执法、司法工作人员在履职过程中知法犯法、滥用权力，使法律偏离了党和群众意志，成为个人或部门实现不正当利益的手段，误导了广大民众对社会主义法律价值、功能、性质的正确认知，使他们无法在正确认知的基础上，主动遵守法律、内心信任法律。

① 中共中央文献研究室编：《习近平关于全面依法治国论述摘编》，中央文献出版社2015年版，第113页。

影响公民对法律实施过程的实际参与。封建专制统治是一个人或少数人的统治，国家权力由个别人或少数人所垄断，而大多数社会成员往往无法触及权力手杖，只是权力压制的对象，国家对民众有绝对的管理权，个人自由的空间十分模糊和有限。民主政治则与此不同，它的基本原则就是多数人的统治，但也不是机械绝对的“多数决”，在尊重多数的同时，它也必须考虑少数者的利益。所以在健全的民主治理中，一方面，国家有充分的渠道和科学的制度保障和吸纳民众参与国家治理，另一方面，民众对国家事务有着高度的参与比率和参与热情。民众通过法律参与国家治理的过程，自然能体验到法律的价值、功能和法治的优越性，从而养成自觉守法、主动用法的习惯。

影响法本身的良善。具备良法是法治的前提，更是公民法治意识生成的客体条件。习近平总书记强调：“人民群众对立法的期盼，已经不是有没有，而是好不好、管用不管用、能不能解决实际问题；不是什么法都能治国，不是什么法都能治好国；越是强调法治，越是要提高立法质量。”①而良法的一个重要评判标准就是法律的意志和利益属性，即法律是否能体现全体社会成员的普遍意志和利益。可见，要保证法的良善，在法律制定过程保证全体公民之有序参与是必要的。公民立法参与的深广度还需要逐步扩展，立法工作中脱离群众，利益部门化、地方化倾向仍然存在，这些都会使立法的质量大打折扣，也会使公民的法治意识生成因缺乏客体条件而受阻。

四、社会结构因素

中国城乡不平衡，首先表现在人口数量不平衡上。第七次全

---

① 习近平：《论坚持全面依法治国》，中央文献出版社2020年版，第20页。

国人口普查结果显示，全国 14 多亿人中，居住在城镇人口为 9.02 亿，居住在乡村人口为 5.10 亿，乡村人口占总人口的 36.11%。[①] 乡村和绝大多数镇的人口都是农民，主要由留守农村的农民和进城务工的农民工组成，截至 2019 年年底，农村外出务工人员总数约为 1.70 亿。[②] 尽管城镇化战略已实施多年，我国居住在乡村人口数量和占比还是相当大的，中国仍是"农民"大国，中国的现代化和法治化关键在于农民的现代化和法治化，中国公民法治意识生成难点在于农民的法治意识生成。

其次表现在经济不平衡上。随着市场经济的不断发展，广大农村的商品经济逐渐得以繁荣，农民开始积极参与市场交换活动。但是自给自足的小农经济还是大面积存在，农民经济行动的范围和程度依然相当有限。他们并没有完全摆脱"熟人社会"交往的圈子，传统习俗、人情担保和熟人信用等仍是他们维系经济活动的主要纽带。而城市居民在文明转型过程中，经汹涌澎湃的现代化潮流影响，已经开始逐步适应商工文明的新常态。通过参与大范围的经济活动，他们开始懂得并习惯分享统一规则，并以国家法律为中介积极有序地实现陌生人之间的商业交换活动。

最后表现在文化不平衡上。在举世瞩目的中国现代化过程中，农村的文化形态已经开始发生重大转变。以道德、习俗、经验、人情等构成的农村传统文化结构，在市场经济和人口流动过程中逐渐被消解。市场经济的广泛经济活动，使以往绝对封闭的农村

① 参见国家统计局：《第七次全国人口普查公报（第二号）》（2021 年 5 月 11 日），载国家统计局网，http://www.stats.gov.cn/tjsj/zxfb/202105/t20210510_1817178.html。

② 参见国家统计局：《中华人民共和国 2020 年国民经济和社会发展统计公报》（2021 年 2 月 28 日），载国家统计局网，http://www.stats.gov.cn/tjsj/zxfb/202102/t20210227_1814154.html。

社会或多或少受到了现代文化的影响，尽管外界输入的文化种子不可能立即扎根于这个社会，但在经济利益的诱导下，农民尤其是乡村精英分子总会对它们进行不同程度的同化与顺应。农村外出务工人员流动到城市，在日复一日的生活体验中，他们从思想到行动都会对城市文明作出回应，为了养家糊口、为了回乡改变面貌、为了留在城市，他们都会努力改变以往的思维、行为习惯，以适应城市生活。农村对现代文化的吸纳与城市对农民工的同化，正在解构着农村社会的传统文化模式。但就阶段性影响来说，这种解构似乎并没有直接推进农村社会的现代化，还在一定程度上，出现让人担忧的另一种状况，那就是，农村传统文化解构过程中，传统与现代之间并未实现顺利过渡，虽然农民抛弃了传统文化观念，却未能接受现代化文化体系，而在农村出现了文化真空，或者说使农民失去了文化信仰。近年来以农民工为主体的流动人口犯罪率持续攀高，[①]其中重要原因之一就是在农村传统文化解构过程中出现了规范空白，即传统的道德、习俗、经验、人情对农民行为的规制力逐渐减弱之时，国家法律又没能及时成为替代规范，一时间，他们的行为就失去了顾虑和禁忌。即使农村传统规范和熟人圈子对他们仍有约束，但在流动时，他们远离熟人，同时感受不到来自法律的压力，在利益驱动下，难免铤而走险。农民工在家乡是“守法公民”，而在城市则“违法犯罪”，出现“橘生淮南则为橘，生于淮北则为枳”[②]的现象，在一定程度上说明了城乡法文化之间的差异。

基于城乡之间的不平衡对公民法治意识生成的阻碍突出表现

① 目前已达到全国刑事犯罪总数的70%以上。参见蒲晓磊：《流动人口犯罪出现新特点》，载《法治周末》2014年8月13日，载法制网，http://www.legaldaily.com.cn/Police/content/2014-08/13/content_5717886.htm?node=53673。

② 《晏子春秋·杂下之十》。

在以下方面:一是农民对国家统一规则的排斥。在很大程度上,国家法律主要以城市生活为考虑对象,主要适用于工商社会、陌生人社会,由于城乡之间经济、文化、人员结构上的不平衡现代法律很难进入并有效运行于农村社会、熟人社会。① 农村社会成员"不但对人,他们对物也是'熟悉'的"②。熟人社会的"差序格局"中,他们似乎并不需要凡事"较真"和"一刀切",而必须在交情远近、关系亲疏之间留下伸缩空间。于是,国家法律的铁面无私显然不是他们喜欢的品格,而道德习俗所具备的因人而异才是他们习惯的方式。关系要好,他们绝对欠账还钱(如欠亲朋好友);反之,则可能厚颜赖账(如欠银行)。③ 即使刑事案件,受害者希望得到的也极可能是"个性化"的说法,而不希望依法审判。④ 在法治中国建设中,向广大乡村输入国家法律势在必行,但这一输送过程中,难免会遭到乡村社会成员心理和行为上的排斥。因此,在相当长的一段时间里,农民对国家统一规则的拒斥将成为他们法治意识生成的重大阻碍,中国"送法下乡"之路似乎还很长、很艰辛。二是农民对国家现代治理方式的不适应。传统中国,农村社会是国家权力干预较少的地带,⑤除赋税征收、治安控制等事务

---

① 参见苏力:《送法下乡——中国基层司法制度研究》,中国政法大学出版社2000年版,第8页。

② 费孝通:《乡土中国》,人民出版社2011年版,第8页。

③ 苏力所举农民欠贷事件就是明证。参见苏力:《送法下乡——中国基层司法制度研究》,中国政法大学出版社2000年版,第36~40页。

④ 秋菊与山杠爷乃典型事例。参见苏力:《法治及其本土资源》,中国政法大学出版社2004年版,第24~39页。

⑤ "乡土社会里的权力结构,虽则名义上可以说是'专制''独裁',但是除了自己不想持续的末代皇帝之外,在人民实际生活上看,是松弛和微弱的,是挂名的,是无为的。"参见费孝通:《乡土中国》,人民出版社2011年版,第78页。

外，主要实行“宗族”统治①、“长老”统治，统治依据的主要不是国家统一颁布的“王法”，而是能照顾“人情”的内部规范。而现代法治国家，在国家和社会治理上必然全面实行法治化，秉持法律面前人人平等，不承认法外之人、法外之事和法外之情。因此，习惯了“教化权力”的农民，面对国家法律的“刚性”治理必然会出现阶段性的不适应，这也会在一定程度上阻碍他们法治意识之生成。

五、法治建设自身的因素

中国历史上缺乏现代法治传统、法治理论和法治实践。西方现代法治思想被引入之后，因为各种原因，很长时期内对国人只能是“望梅止渴”。清末以来的法治实践总是出现一种无奈之怪现状：主权者欲推行法治时，国家权力分散而使法治理想缺乏强有力的中央权威支持只能流产，如清末变法时期和孙中山领导时期；而当国家权力集中有力时，统治者又无意法治，法治为专制破坏，如袁世凯和蒋介石统治时期。直至中国共产党带领全国人民掌握政权之后，尤其是党的十一届三中全会之后，依法治国方略和集中统一的国家权力才同时具备，中国开始了坚定而持续的法治实践。但法治是一场涉及思想、制度、思维与行为方式等多个层面的大变革，中国为时尚短的法治实践，还不能使法治建设完全适应推进国家治理体系和治理能力现代化的迫切需要。党的十八届四中全会，客观而深刻地从立法、执法、司法、守法等层面剖析了中国法治

① “自宋代以后，国家对乡村宗族的发展就由默认变为认可，并在一定程度上给予扶持。到清代，甚至规定族长‘训诫子弟，治以家法，至于身死，亦……不当按律拟以抵偿’。”参见林文勋：《历史与现实——中国传统社会变迁启示录》，人民出版社2010年版，第157页。

建设中存在的许多阶段性问题。[①] 这些违背社会主义法治原则的问题，在很大程度会使公民对法律产生错误认识，从而阻碍公民发自内心地遵守法律、认同法律和信任法律。

立法层面的阶段性问题主要有：一是民主立法问题。目前公民有序参与立法的途径还比较单一，在立法中充分表达意志和利益诉求的渠道还不够畅通。例如，立法项目征集和论证制度，立法过程中代表与群众联系制度，法律法规起草、咨询、论证、表决制度等还有待进一步健全和细化，以致公民实际参与立法的程度和范围还相对有限，部分法律法规未能充分征求各方意见，不能完全反映人民的期待、意志和利益。又如，一些行政法规所表现出的权力、利益部门化倾向问题。如此，民众不能在充分的立法参与中感受、体验并确信立法的权利保护和权力制约目的，这在很大程度上，妨碍了公民对社会主义法律的本质、价值、原则等重要内容的正确认识，继而挫伤他们参与各种法律实施活动的公民精神和主人翁意识。

二是科学立法问题。法律的科学关系着法律本身的效力和法律实施的效率。经富勒提出而影响深远的程序自然法规定，很大程度上也是对立法科学性的基本要求。[②] 参照他所举的“造法失败的后果”，中国立法的科学性问题不难发现。其中，第一种情况就是“完全不能确立任何规则”，虽然中国特色社会主义法律体系已经建成，国家实现了有法可依，但在国家安全、市场法律制度、宏观调控、预防腐败、科技创新、公共卫生、生物安全、生态文明等重

---

① 参见《中共中央关于全面推进依法治国若干重大问题的决定》，人民出版社2014年版，第3页。

② 参见[美]富勒：《法律的道德性》，郑戈译，商务印书馆2005年版，第41～46页。

点领域还存在一定立法空白，一些领域过时的法律法规未能及时修订，出现调整真空。第二种情况是“制定相互矛盾的规则”，这一点在我国目前的立法中也还未完全避免。我们目前出现的一些法律法规之间出现的不协调不统一甚至相互冲突的问题就是这种情况。第三种情况是“颁布要求相关当事人做出超出他们能力之事的规则”。[①] 笔者对这样的规则体会较深的是交通规则，尤其是其中的红绿灯规则问题，在城市的很多交叉路口，都存在这种现象：绿灯通行时，行人为了避让依规拐弯的车辆，走到马路中央就已经变红灯了，此时他们只能被迫违法，而且多次遭遇这样的经历后，恐怕很难期待公民再服从红绿灯指示，因为根本无法服从。以上种种问题，最终都会使公民不愿甚至无法自觉遵守法律。

目前，中国法治建设在执法层面也出现了一些问题，使社会主义法律的权威和优越性大打折扣。比较集中的问题有：一是有法不依。由于受传统封建思想和官本位思想影响，部分执法部门和执法人员在履行执法职责的过程中，故意忽视国家法律，在行政行为中恣意妄为，损害国家和人民利益。二是执法不严不公。一些机关及工作人员在执法过程中，受人情、利益影响而对违法行为不闻不问甚至网开一面，更有甚者，在执法活动中，滥用职权、贪污渎职，进行选择性执法、打击报复性执法，危害执法公正。三是非法执法。这方面，时现报端的强制拆迁问题是典型代表，政府部门或官员为了达到特定目的，故意违反法律规定而为行政行为，非法执法或是执法主体不具备法定资格而越权执法，或是不按执法程序而随意执法，或是不遵法律指引、有意缩小或扩大执法范围，以至于在一段时间内，说起一些执法部门，人们就自然想到了非法执法

① 参见[美]富勒：《法律的道德性》，郑戈译，商务印书馆2005年版，第47页。

问题,如一直牵动公众神经的城管执法问题。正如西塞罗所说:“法律是不说话的官员,官员是说话的法律。”民众往往把政府与执法人员当作法律来看待,故此,政府的非法行为对民众的法感情伤害极大。

作为保卫社会公正的最后一道防线,司法及其公信力对公民法治意识生成至关重要。公民信任司法,才会信任法律,而信任法律方能尊法守法。现阶段,民众对司法不公和司法腐败问题反映强烈。前些年,由于审判不独立、不公开而造成了一系列冤假错案,严重影响了司法公信力的确立。群众在一些大案热案中,总对司法公正问题存在合理怀疑。一些司法人员在生活作风、道德修养上曝出严重问题,极大败坏了司法系统及其工作人员的形象。以上司法层面存在和出现的各类问题,无疑会在阶段性上影响公民对法律的信任度,进而阻碍法治意识之生成。

第四章　路径建构：新时代促进公民法治意识生成之对策建议

在第二章，我们运用一些经典的法学理论并通过几个主要的学科视角探讨了公民法治意识生成的过程、相关作用因素和基本条件。得出的结论是，公民法治意识生成是一个复杂的过程和多种条件综合作用的结果，我们把这些条件归结为制度、国家、社会和个人四个层面。考察这些不同层面的条件，可以得知公民法治意识生成有自然进化之作用，也有理性促进的空间。自然进化主要是指长期的法治实践、完善的市场经济和成熟的守法道德氛围可以使活动于其中的公民在潜移默化之中逐渐生成法治意识。然而，在一个缺乏法治传统、法治理论，同时也没有开启法治实践的封闭社会中，公民根本体验不到法治的必要性、优越性，当然也就不能自发生成法治意识，中国在持续数千年的文化传承中，始终没有进化出现代法治精神即是明证。①

而且不难想象，即使世界上第一次孕育法治理论和实践的地方，可能也是因为在偶然的情况下，具备了足以使法治得以产生的一定条件，这些条件可能是经济的、政治的、文化的、社会的，也可能是前面几者综合的。而先进的法治思想一经诞生并显示出其优越性，就像任何其他先进技术一样，从其发祥地被一站一站地传播到世界各地。在缺乏法治传统的社会，公民法治意识生成的先决条件正是在这种传播中引进法治思想并开展法治实践，这种引进可能是主动的，如日本，也可能是被动的，如中国。

引进法治思想并坚定地推行法治实践，实质是在国家和社会治理层面进行一场大变革，在变革中公民对法治可能会经历排斥、认识、体验、认同和笃信的过程，如果完全顺其自然，这一过程将会极其漫长而曲折，而且在传统思想观念的阻碍下，处于起步阶段的法治实践可能还会夭亡。故而较晚推动法治实践的国家，采取恰当方式向全体公民人为输送法治思想，促使其尽早适应法治并生成与之相匹配的法治意识，虽甚是艰辛却极其必要。

根据前面已论及的个体社会化理论，公民法治意识可以在长期法治实践中自然生成。法治起步较早的国家，几乎都没有像中国一样，由国家主导在全国范围内进行声势浩大的法治宣传教育来促进公民法治意识之生成。从西方的法治发展历程和模式看，似乎并没有发生“制度—观念”“国家—社会”“理论—实践”之间的极大阻隔。在“制度—观念”层面，法治肇始的古希腊时代，就同时具备了肯定法治之观念和体现法治之制度。毕达库斯、柏拉

① 梁启超先生曾道：“我们中国最大的缺点，在没有组织能力，在没有法治精神。”参见梁启超：《饮冰室合集·专集之二十三》，中华书局1989年版，第28页。

图、亚里士多德以及斯多葛学派的思想家们都提出并论述了“法治优于人治”的观念。[①] 与此同时，从梭伦立法开始，雅典作为“希腊的学府”，在国家政治制度上就实行了法治，[②]而至“伯利克里斯民主”时代，城邦希腊政制上的民主与法治达到极盛，“以致很多后世的史学家和法学家都将雅典政制称之为‘法治’”[③]。

在“国家—社会”层面，西方早期的法治是伴随公民权的确认和保障建立起来的，梭伦立法扩大了公民的范围，在城邦确立了“主权在民”，而伯利克里斯则推行“直接民主”。[④] 这使国家的法治主张与公民的民主参与相结合，法治的模式便是这样，公民在法律指引下参与国家治理，国家与社会在法治实践中是互动的。最后，以上论述也表明西方法治在“理论—实践”层面上不存在隔离，国家在政制设计与运行上充分吸收了思想家们提出的“法治优于人治”“权力分立与制衡”“公民的平等权”等思想，城邦法律确立了公民权，成立了公民大会、议事会、元老院、执政官、陪审法庭等机构共同管理城邦事务。此外，西方的法治思想、法治理论在古罗马、西方中世纪、近现代持续得到继承和发展，法治实践在各个时期虽时有曲折却始终接续前行。西方社会的公民正是在系统丰富的法治理论指引、熏陶下和长期不间断的法治实

---

① 参见王人博、程燎原：《法治论》，广西师范大学出版社 2014 年版，第 4 ~ 14 页；张中秋：《中西法律文化比较研究》，法律出版社 2009 年版，第 315 ~ 317 页。

② “事实上希腊世界进入‘主权在民’的时代始自梭伦立法……”“梭伦法典，在财产、继承、犯罪的惩罚等方面都有革新，他的法典又以其完善、简洁、富于弹性为后世所称道……法典原文保存于雅典议事会堂，并在市场上立柱公布。从此以后，雅典进入‘法律’统治，也即希腊语所称为优鲁米亚（Eunomia）时代……希腊城邦制度中的法治传统，遂于此奠定。”参见顾准著，陈敏之、罗银胜编：《顾准文集》（增订珍藏本），福建教育出版社 2010 年版，第 148 页。

③ 张中秋：《中西法律文化比较研究》，法律出版社 2009 年版，第 315 页。

④ 参见顾准著，陈敏之、罗银胜编：《顾准文集》（增订珍藏本），福建教育出版社 2010 年版，第 56、145 页。

践体验、锤炼中,获得了法律认知、养成了守法习惯、坚定了法治信念,其法治意识经历了一个循序渐进、潜移默化的自然生成过程。

中国作为"后法治国家",不仅法治起步晚,而且还是仓促之下起步,一时间,政治、经济、文化、社会、民众等方方面面毫无准备。法治思想输入之初,只有少数社会精英在做孤掌难鸣式传播,清末变法(于统治者来说)也不过是无奈地做做样子。中西文明冲突中只对法治优越性的"惊鸿一瞥",已让苦于救国乏术的社会精英们如获至宝,中国的"法治梦"自此开始酝酿。在经历了近代的社会动荡和新中国成立后"文革"时期的法律虚无之劫难后,国家终于确立了"依法治国"的基本方略,开始自上而下在各个领域推进依法治理。

政府主导的法治推进模式,出现了中国法治发展的时空压缩现象。法治意识可以在公民参与其间的法治实践中,经长期浸润自然生发而出;然而,在"后法治国家",为了保证法治运行的顺利,加快法治进程的步伐,防止法治在推进过程中因社会观念、社会现实之阻碍,而出现倒退或瓦解,就必须在法治实践之外,通过其他辅助手段,在相对较短的时间内促进全体公民法治意识之生成,以适应国家与社会治理的全面法治化。

公民法治意识生成需要一系列基本条件诸如法治实践、市场经济等,当代中国正在逐步具备,可以说,在当前中国政治、经济、法治发展环境中,历经时日,中国公民也可能在逐步现代化的生活环境和交往方式中,自然生成法治意识。因此,不得不承认,我们在促进公民法治意识生成问题上绞尽脑汁的研究思考和雄心勃勃的实践总结,或许只是在西方法治发展这幅"全景图"的参照下,立足中国实际,取长补短、扬长避短,试图加快法治发展进程,促使全民早日共享“规则世界”的一种努力。而这种努力,一是要保证公民法治意识自然进化的基础条件——持续推进社会法治实践——得以满足;二是要努力构建公民法治意识生成的外部促进体制机制。

第一节　通过普遍的法治实践推动公民法治意识之生成

通过前面的研究,我们已经总结出法治实践是公民法治意识生成的重要条件。只有在启动法治实践的国家,公民才有可能在日常生活中反复感知、体验法治的优越性,并在与法律的互动过程中逐渐适应法律指引之下的社会生活,从而守法、信法、尊法。可以说,法治实践就是公民法治意识生成的源泉所在,没有长期的法治实践,公民就无从全面深入地认识法治,当然也就不可能凭空生成法治意识。公民法治意识生成必然会经历一个与法律互动的过程。在此过程中,一方面,公民会在法律的规划与指引下获得有稳定预期的生活,同时也在法律的规训与强制下摒弃损害他人和社会的行为,在一种有意无意的法律认知中了解法律、接受法律、认可法律。另一方面,法律在运行中,也并非“一意孤行”,它也要接收来自公民的反馈,只有得到公民普遍赞同的法律才能拥有生命力,从而得以顺利实施,所以公民普遍的价值观也会改造法律,使之更加良善、更具民意基础。正是在法律对公民的强制与指引、公民对法律实施的参与及对法律本身的改善过程中,法律的要求方得内化于心、外化于行,公民的法律感情方能得以建立。而公民与法律的良性互动,唯有长期的法治实践才能得以实现。

一、以法治道路、法治理论为指引凝聚公民法治共识

历史是最好的老师。在中国数千年的封建统治中,始终推行并崇尚“人治”,尽管持续数千年的文化传承,也没能使中国社会催生出法治意识。而从清末变法以降,国家开始开启法治征程,时至今日,不过百余年,公民对法治的认识、信赖、支持程度不断提升,法治对中国民众的吸引力愈益增强。其间,凡是法治实践遭到破坏而终止的时期,公民的法治意识必然大受影响。如“文化大革命”十年动乱中,法治遭到严重破坏。与此同时,公民普遍不尊重甚至蔑视法律和司法机关,“法律虚无主义”大行其道,国家及民众均为此付出沉重代价,教训十分惨痛。可见,公民法治意识的生成与法治实践的土壤须臾不可分离。

而要持续推进法治实践,就必须坚定中国特色社会主义法治道路。只有依法治国的目标明确了,国家才有决心和勇气摒弃“人情大于王法”的传统,社会成员才能克服遇事找人不找法的做法。历史经验和教训已向我们昭示,“人治”是不可靠的,国家“什么时候重视法治、法治昌明,什么时候就国泰民安;什么时候忽视法治、法治松弛,什么时候就国乱民怨”。[①] 但要全体公民明白这个道理,从而坚定不移支持法治、诚心诚意拥护法治,还需要更长的法治实践过程。因此,长期坚持中国特色社会主义法治道路,不断深化全面依法治国是公民法治意识生成的重要保证。

坚定中国特色社会主义法治道路,就体现在依法治国、依法执政、依法行政共同推进,法治国家、法治政府、法治社会一体建设的实践上。必须在国家、社会治理中全面实现法治化,“用法律

---

① 参见习近平:《在中共十八届四中全会第二次会议上的讲话》(2014 年 10 月 23 日)。

的准绳去衡量、规范、引导社会生活”，杜绝因人、因事而异和权力腐败、权力滥用行为，才能凸显公民在依法治国中的公民地位，使他们意识到，中国特色社会主义法治始终坚持“为了人民、依靠人民、造福人民、保护人民”的宗旨，①是公民自由、平等、人权的重要保障，从而把尊法守法作为内心信念和自觉行动。

国家法治实践需要系统的法治理论指引，公民法治意识生成有待科学的法治理论进行启蒙。纵观西方的法治历程，法治的确立和完善以及公民法治意识的生成，无不得益于各个时期适时建立的法治理论之指引。古希腊城邦能够在国家治理中践行法治，并且使公民把守法作为一种正义、一种道德义务，一定程度上，是由于苏格拉底、柏拉图、亚里士多德等思想家所建构的法治理论为城邦及公民所接纳的缘故。在资产阶级革命过程中，一系列现代法治原则得以确立并深入人心，公民对法治的理解比以往任何时刻都深刻，对法治的渴望比以往任何时刻都强烈，这在很大程度上，也是因为他们受到一大批启蒙思想家法治理论的熏陶和影响。没有系统科学的法治理论，就不可能有持续稳定的法治实践，更不可能有全体公民普遍的法治意识。

引导公民生成法治意识，法治理论必须考虑本国实际。从孟德斯鸠《论法的精神》一书，我们可知，法治的差异性并不比其共通性小。“为国也，观俗立法则治，察国事本则宜。不观时俗，不察国本，则其法立而民乱，事剧而功寡。”②法治理论建构的目的主要是指导本国法治实践，必须从本国的政治、经济、文化、社会、道德、习俗等实际情况出发。国家、社会治理的全面法治化，最终是由全体公民合力推动的，所以法治理论尤其要考虑本国公民的

① 参见习近平：《加快建设社会主义法治国家》，载《求是》2015年第1期。

② 《商君书·算地第六》。

文化和心理基础。例如，中国公民极为推崇道德立身，我们的法治理论就应该充分注意这一传统，强化法治理论的道德基础，以使之能获得广泛的影响力，从而引导公民认可法治、支持法治、生成法治意识。

促进公民法治意识生成，法治理论必须借鉴世界上优秀的法治文明成果。“法治是人类文明的重要成果之一，法治的精髓和要旨对于各国国家治理和社会治理具有普遍意义。”[①]发端于古希腊时期的法治思想，经历数千年积累积淀，在理论、制度层面都取得了很多经得起法治实践检验并对法治实践有重要指导作用的成果。在中国特色社会主义法治理论构建的过程中，这些成果理应得到充分吸收，成为其中重要的组成部分。同时，世界上不同国家或地区在法治实践过程中的一些曲折经历和失败教训，在完善我国法治理论的过程中，也要适当关注、引以为戒。当然，吸收外来法治文明成果，必须同时保持开放、谨慎、批判的态度，不能全盘照搬、削足适履，尤其是法治道路、模式的设计要以本国实际为主，体现特色。

只有建构起一套既以世界法治文明成果为基础，又充分尊重和体现本国实际的法治理论，才能在保证科学性先进性的同时，又能为全体公民所理解、所接受，从而帮助他们全面正确认识法治的必要性和优越性，鼓舞和引导他们积极参与法治实践。

在新时代的中国，习近平法治思想作为最重要的法治理论，是顺应实现中华民族伟大复兴时代要求应运而生的重大理论创新成果，是马克思主义法治理论中国化最新成果，是全面依法治国的根本遵循和行动指南，从历史和现实相贯通，国际和国内相

---

① 中共中央文献研究室编：《习近平关于全面依法治国论述摘编》，中央文献出版社 2015 年版，第 32 页。

关联,理论和实际相结合上深刻回答了为什么实行全面依法治国、怎样实行全面依法治国等重大理论问题。全社会深入贯彻落实习近平法治思想,必然能够有力促进公民法治意识的不断生成。

二、从法治自身建设着手提升公民法治信任感

要持续推进和完善法治实践,不仅要坚定中国特色社会主义法治道路的正确方向,深入贯彻落实习近平法治思想,而且还应该加强法治自身的建设,使法治迸发出持续生命力、凝聚力,得到公民真心拥护和热情参与。法治道路的确立和法治理论的建构,主要是为法治实践提供信念支持和思想准备,是从宏观层面使公民认知法治、理解法治、相信法治,而公民守法习惯的养成、法律感情的增进则实现于立法、执法、司法等法律运行的各个环节中。在第三章阐释中国公民法治意识生成之障碍时,我们已提出,当前在立法、执法、司法等法律实施活动中所出现的阶段性问题,严重阻碍了公民法治意识之生成。因此,要使公民从较为微观的层面体验、认识法治的益处而自觉知法守法信法,就必须让他们在日常生活经验中感受到法律及其实施能够实现社会的公平正义,能够有效保障公民的法定权利,能够让守法的人获益,而让违法的人付出相应代价。从立法、执法、司法活动领域全面推进法治建设,使法治不断走向成熟、完备,才能在全体公民中真正树立法律权威和法律信仰,促进公民法治意识之生成。

(一)科学立法:引领法文化变迁

法治必然要求良法善治,依法治国的前提不仅是有法可依,更主要的是要有良法可依。许多思想家都曾强调立法工作的重要性,王安石曾说:“立善法于天下,则天下治;立善法于一国,则

一国治。”①习近平总书记强调：“人民群众对立法的期盼，已经不是有没有，而是好不好、管用不管用、能不能解决实际问题；不是什么法都能治国，不是什么法都能治好国；越是强调法治，越是要提高立法质量。”②立法关系社会公平正义的实现、国家公共资源的分配、公民权利义务的安排等重大事项，立法的质量既反映国家法治水平的高低，又影响着法律权威的树立。科学良善的法律必将引导公民过上更加稳定、和谐与道德的生活，也更能赢得公民普遍的承认、信赖与遵守，当然也必然在其长期的实施中激发公民生成以守法意识、契约意识、理性意识、人本意识、程序意识等为主要内容的法治意识；反之，缺乏科学良善的法律，尤其是邪恶的法律，不仅会严重侵害公民的权利、损害公民的利益，而且还将严重挫伤公民对法律的感情和信任，激起人们对法律的抵制和抗拒，甚至会误导公民对法治本身的理解，从而让人们怀疑法治、厌恶法治，阻碍其法治意识之生成。因此，完善立法体制，推进科学立法、民主立法、依法立法，提高立法质量，对促进公民生成法治意识至关重要。

首先，要保证立法合法化。立法合法化，指立法主体的资格、立法权力的配置与监督、立法的过程及结果都应该符合既定规则。违法立法，法律就会失去正当性和应有效力，而且往往会导致立法权的专横与腐败以及法律的邪恶。历史上，很多罪行都是假法律之名而为。例如，2003 年发生的“孙志刚案件”，是以《城市流浪乞讨人员收容遣送办法》这一行政法规为名而实施的一起恶性刑事犯罪，虽然案件本身与这一法规没有直接联系，但它却

① 参见王安石《周公》。

② 中共中央文献研究室编：《习近平关于全面依法治国论述摘编》，中央文献出版社 2015 年版，第 43 页。

暴露了有关部门违法立法的事实，也激起了举国上下对违法立法的愤怒，即使这一事件直接导致“收容遣送制度”的修改，然而不难想象，这一事件所揭示的立法问题对全体公民法律感情的伤害和对法律权威的损伤都是不可估量的。①

保证立法合法化，可以从以下方面入手：一是全面贯彻实施宪法。确立宪法的最高权威，把合宪性作为立法工作的重要原则，一切违反宪法、与宪法规定相悖的法律法规都不具有法律效力、都必须得到及时修改或废止。二是优化立法权力配置。充分发挥全国人民代表大会及其常务委员会在立法工作中的主导作用，科学设定全国人民代表大会常务委员会工作人员的任职资格和条件，保障其从事立法工作的时间、条件和能力，提高立法工作的专业性、及时性和效率性。三是强化立法监督。全面完善立法审查机制，防止立法权异化、腐败，使违法立法得到及时坚决的废改。四是注重立法与改革的关系。改革决策要与国家立法相衔接，立法要及时回应改革需求，以寻求破与立之间的动态平衡。改革不能随心所欲，更不以改革的幌子破坏法治，要“做到重大改革于法有据”，②也不可因为过时的法律阻碍改革的步伐，“对不适应改革要求的现行法律法规，要及时修改或废止，不能让一些过时的法律条款成为改革的‘绊马索’”。③

其次，要实现立法科学化。制定良法引导公民生成法治意识，还必须坚持科学立法，使立法尊重和体现客观规律、尊重和体

① 参见章敬平：《皇上走了》，生活·读书·新知三联书店2013年版，第396～400页。

② 习近平：《在中央全面深化领导小组第六次会议上的讲话》，载《人民日报》2014年10月28日，第1版。

③ 习近平：《在省部级主要领导干部学习贯彻党的十八届四中全会精神全面推进依法治国专题研讨班上的讲话》，载《人民日报》2015年2月3日，第1版。

现社会现实。第一,注重立法的系统性与协调性。立法是一项统领全局的工作,往往有牵一发而动全身的效应,切忌头痛医头、脚痛医脚的做法。立法必须以宪法为统领,以整个法律体系为参照,准确定位具体立法在其中的位置,使相应立法不与宪法相抵触,不与其他法律法规相矛盾,平行法之间,上位法与下位法之间界限明确。第二,增强立法的及时性与针对性。立法必须回应社会需求与群众关切,要加强一些重点领域的立法,如反腐败立法、知识产权保护立法、生态保护立法、网络空间治理立法等,使一些重点领域及新兴领域有法可依,同时,对与社会发展、时代精神不相符合的法律法规要及时废改。第三,保障立法的可操作性。立法是为了规范、引导社会生活,必须体现可操作性。内容模糊含混、相互扯皮矛盾的法律会使公民无所适从,从而影响对法律的信心和信任。

最后,要加强立法民主化。法律应该是大多数社会成员意志和利益的体现,只有凝聚广泛的社会共识,法律才能得到社会成员的真心拥护和信赖,法律所体现的价值才能得到广泛的承认和接受。而要使立法具有深厚的民意基础,就必须加强立法的民主化程度,"民主立法的核心在于为了人民、依靠人民"。① 民主立法必然要求畅通公民参与立法的渠道、创新公民参与立法的方式,在立法过程中广泛听取各方意见、建议,同时,立法还应该考虑社会的道德、习俗因素以及社会成员的利益诉求。立法既然是社会成员共同意志的体现,就应该从体制机制和工作程序上有效防止立法利益部门化和地方化。

---

① 人民出版社编:《中国共产党第十八届中央委员会第四次全体会议文件汇编》,人民出版社2014年版,第84页。

（二）严格执法：引导公民确立法治信仰

法律的生命在于实施，有法必依、执法必严是依法治国的重要要求。政府是法定的执法主体，在很多公民眼中，政府与法律是同一的，政府是否严格依法行政，同时关系公民对政府和法律的信任。政府严守法律、言出必行，人们必然也愿意与之合作、配合执法，从而发自内心地相信政府、相信法律，古人通过"徙木立信"而树立法律权威的典故即是例证。[①] 政府言而无信、恣意妄为，公民不仅会怀疑政府，还会同时怀疑法律，认为法律只是政府欺骗和压迫民众的手段，如此自然不利于公民法治意识之生成。现阶段社会出现的很多不尊法、不守法、不信法的现象在很大程度上是由有法不依、执法不严、政府违法、以权谋私、徇私枉法造成的。因此，执法者忠实于法律、忠实于人民，严格执法、带头守法，必然能引导普通公民知法尊法信法守法、生成法治意识。

政府要严格执法。严格执法一方面要严格按照法定权限、范围、对象、程序开展执法，另一方面，也要求执法不可畸轻畸重，失之于宽、失之于松就会给投机取巧、违法腐败分子以可乘之机。另外，一切超越权限、于法无据的执法行为都是无效并应该受追究的。

政府要文明执法。作为公共服务机构，政府必须注重文明执法、坚持执法为民。要完全摒弃封建思想下的粗暴执法、暴力执法。从曾经饱受社会诟病的"城管执法"可以看出，粗暴执法、暴力执法对政府形象和法律权威的损害颇重。

政府要公正执法。执法不公是公民信权不信法、信访不信法、信闹不信法的重要原因。目前时有耳闻的选择执法、钓鱼执

---

① 参见《史记·商君列传》。

法、多头执法等执法不公现象严重挫伤了公民守法用法的积极性。当法律手段无法实现公正时,各种非法渠道就会被打开,法治就会遭到破坏。

(三)公正司法:牢固树立法律权威

司法是维护社会公平正义的最后一道防线,司法公正是民众判断法律是否可靠、可信的重要指标。一次公正的司法裁判,往往比无数次口头宣传说教更能使公民理解和相信法律的公正性。而人情案、金钱案、关系案等司法不公现象,对法律和司法机关的权威的打击无疑是毁灭性的,正如培根所言:“一次不公正的审判,比十次犯罪所造成的危害还要尤烈,因为犯罪不过弄脏了水流,而不公正的审判则败坏了水的源头。”①一段时间以来,由于部分法官、检察官、律师等法律职业者的各种违法违规行为,致使司法公信力受损,所以我们必须着力实现司法公正,彻底扭转法律职业者“大盖帽,两头翘,吃了被告吃原告”的负面形象,引导公民重新树立对法律的信心和信任。习近平总书记指出:“如果人民群众通过司法程序不能保证自己的合法权利,那司法就没有公信力,人民群众也不会相信司法。法律本来应该具有定分止争的功能,司法审判本来应该具有终局性的作用,如果司法不公、人心不服,这些功能就难以实现。”②

促进公民法治意识生成,司法必须严格遵守“以事实为依据,以法律为准绳的原则”,杜绝任何非法律因素干扰司法裁判,不给关系案、人情案以任何空间和机会。同时,阳光是最好的防腐剂,

---

① [英]弗兰西斯·培根:《培根随笔》,吴昱荣译,中国华侨出版社 2013 年版,第 136 页。

② 中共中央文献研究室编:《习近平关于全面依法治国论述摘编》,中央文献出版社 2015 年版,第 67 页。

要坚持司法公开,鼓励公民对司法活动过程和结果的监督。让公民“在每一个司法案件中都能感受到公平正义”,使正义以公民看得见的方式得以实现,就是对公民最有效的法治宣传和教育:长期感受到司法的公开公正必然增加公民对法律的依赖、信赖,从而养成自觉用法、遇事找法、解决问题靠法的良好习惯。

第二节　建立“教育为主、服务与宣传为辅”的外部促进机制

我国已经初步具备了公民法治意识生成的部分条件,同时也积累了丰富的资源。法治实践、市场经济、民主政治等都在全力推进与完善之中,随着立法体制不断完善、执法体制不断创新和司法体制稳步改革,法的良善与法的实施效率也将逐步得到保证。但是,政治、经济体制改革和法治建设的完善都将需要一个长期的历史过程,不可能一蹴而就,如果任由公民法治意识在经济、政治体制改革与法治建设成熟的过程中自然生成,其过程也将是极其漫长的。但我国现在的法治建设需求又迫切需要与之相适应的公民法治意识来支撑和引领,而且当前法治建设过程中出现的信权不信法、信钱不信法、信闹不信法、信访不信法及以言代法、以权压法、徇私枉法等繁杂严重之问题,都在一定程度上与公民不具备与法治社会运行相符合的法治意识相关。在此,我们提出创新法治宣传教育机制,通过经济、政治及法治实践之外的力量协作,通过内外因素共同作用来促进公民法治意识在尽可能短的时间内生成。

通过前面的详尽分析,我们认为,建立健全一个“教育为主、

服务与宣传为辅”的公民法治意识生成促进机制对促进当前公民法治意识之生成是必要、可行和有效的。这里的“教育”指“法治教育”,公民法治意识的生成不光是单纯的知识获取,而主要包括守法行为塑造、守法习惯养成、法律信念确立和法治思维训练,非科学系统的法治教育训练则不能见效;服务指“普法服务”,由政府进行规则供给、资源整合,使有法律需求的公民能得到及时的对口帮助;宣传指“法治宣传”,主要是由社会力量进行的公益性法律知识普及、法治思想传播和守法舆论造势。下文中,我们将详细介绍法治教育、普法服务与法治宣传的具体实施构想。

一、法治教育:将法治铭刻在每一位公民的内心

法治教育是在一定的时间段里,由特定机构及其工作人员,对目标群体进行专业性、系统性、针对性的法治知识讲授、法治思维训练、守法行为塑造、守法习惯培养和法治信念确立,使受教育者在潜移默化之中将法律规定内化于心、外化于行,从而内心信法、自觉守法、主动用法。在促进公民法治意识生成方面,法治教育有着其他手段无可比拟的优势。第一,法治教育主体责任明确。法治教育主要由学校及特定的政府机关承担,主体确定、单一,不存在相互推诿、责任不清的问题。第二,法治教育内容全面系统。与传统的宣传教育只能关照知识供给不同,法治教育广泛涉及知识传播、行为习惯训练、价值观塑造、内心信念确立等方面。第三,法治教育目标清晰。法治教育主要是帮助受教育者在正确认知法律常识、体验法律生活的基础上,将法律视为文明生活的必要条件,认同并遵从法律。第四,法治教育组织实施专业。以往的“普法”宣传团队或人员本身法律素养很难保证,绝大部分只是经过短期常识培训即“临危受命”进行“现炒现卖”,这样的宣传教育不仅成效甚微,还可能误导公民。而法治教育的具体实施者都是专业的法律人士,受过正规的法律教育,相应地就能保证工作的专业性。第五,法治教育能实现对象全覆盖。法治教育的对象也是相对确定的,在教育过程中能对全体受教育者进行无遗漏地教育训练引导,而且还能针对个别对象进行个性化教育。第六,法治教育能得到时间、经费、场所等方面的保证。法治教育可以在规定时间内按照预期计划连续而有序地进行,而且在经费预算和场所配置方面也更加清晰稳定。第七,法治教育便于成效评估。法治教育主要是在微观场景中进行的,从而避免了"普法"宏大叙事所造成的法治教育主体、时间、对象、内容、方式、目标等因素的不可控,如此,不仅能及时准确地进行教育效果评估,还可以有针对性地实现改进、完善和创新。

因此,我们认为法治教育是现阶段促进公民法治意识生成之主要手段。法治教育主要包括中小学法治教育、领导干部法治教育以及特定群体法治教育,其中中小学法治教育是重点和难点。

(一)中小学法治教育:从娃娃抓起

早在1986年邓小平同志就极富洞见地指出"法制教育要从娃娃开始"。[①] 党的十八届四中全会提出"推动全社会树立法治意识",并要求"把法治教育纳入国民教育体系,从青少年抓起,在中小学设立法治知识课程"。[②] 在中小学针对青少年开展独立系统的法治教育,是从中国的传统与现实问题入手开出的一剂能促进公民法治意识生成的良方。但是,中小学法治教育不能只是设立法治知识课,还必须进行法治场景体验、守法习惯培养、法治

① "加强法制重要的是进行教育,根本问题是教育人。法制教育要从娃娃开始,小学、中学都要进行这个教育,社会上也要进行这个教育。"参见邓小平:《邓小平文选》(第3卷),人民出版社1994年版,第163页。

② 参见《中共中央关于全面推进依法治国若干重大问题的决定》(2014年10月23日)。

思维训练和法律价值观塑造等方面的系统教育和训练课程。

1. 中小学独立开设法治教育课之意义

中小学独立开设法治教育课对促进青少年法治意识之生成不可或缺。青少年守法是全民守法的重要内容。长期以来,我国青少年犯罪比例居高不下,青少年守法程度相对不高,严重阻碍了全民守法的推进。中国青少年研究中心 2007 年发布的一组数据显示,2000~2004 年我国青少年罪犯占整体罪犯的比例分别为:34.54%、33.96%、31.05%、31.22%和 32.55%,均占三成以上。[①] 据最高人民法院统计,2014 年全国审理青少年犯罪 249,576 人,2015 年 236,341 人,2016 年 204,657 人。[②] 要有效遏制青少年犯罪、促进青少年守法,必须注重预防和教育,通过系统的法治教育、长期的法治熏陶,帮助青少年确立守法光荣、违法可耻的行为准则和尊重规则、自觉守法的行为习惯,以促进青少年法治意识之生成。此外,青少年群体在我国总人口中比重较大,2010 年人口普查数据显示,仅 0~24 岁人口数就有 449,761,369 人,占全国总人口的 29.36%,在我国,7~19 岁的青少年正处于中小学阶段,其总数是 41,344,942 人,占全国人口的 16.22%,占 24 岁以下青少年总数的 31.40%。[③] 青少年尤其是处于中小学阶段的青少年是一个庞大群体,他们的守法状况,直接关系我国全民守法程度的高低,影响法治社会建设的成效。绝大多数青少年都是中小学在校学生,2019 年数据显示,青少年

① 参见中国青少年研究中心课题组:《"十五"期间中国青少年发展状况与"十一五"期间中国青少年发展趋势研究报告》(2007 年 1 月 10 日)。

② 参见最高人民法院:《全国法院司法统计公报(2014~2016 年)》,载最高人民法院网,http://gongbao.court.gov.cn/ArticleList.html?serial_no=sftj。

③ 参见国务院人口普查办公室、国家统计局人口和就业统计司:《中国 2010 年人口普查资料》,中国统计出版社 2012 年版,第 265 页。

群体中有1.54亿人为义务教育在校生,2414.31万人是普通高中在校生,[①]所以中小学自然应该成为培养青少年法治意识的主阵地。要充分发挥中小学的这一阵地作用,必须改变以往法治教育附属于其他学科的现状,让法治教育课成为中小学的一门独立课程。唯其如此,才能使青少年在意识启蒙、知识接受和行为塑造的关键时期得到系统的法治知识教育和法治实践训练。通过独立的法治教育课,青少年在中小学阶段的10余年间,不仅能获得正确的法律认知、系统的法律知识和基本的法律技能,而且还能形成一定的法治思维和积极的法律价值观。因此,中小学阶段独立开设的法治教育课,无疑是培养青少年法治意识的重要载体。

中小学独立开设法治教育课是健全和创新普法宣传教育机制的重要抓手,对促进全体公民法治意识之生成至关重要。我国持续30余年的普法工作主要采用积极灌输的方式,由国家集中人力物力向全体社会成员主动积极地传播法律知识,目标是以知法促守法。然社会成员人数多、分布广、知识水平和认知能力参差不齐、对法律法规的需求各不相同,承担普法的机构、人员则十分有限,仅从范围、数量上覆盖全体社会成员就力不从心,根本谈不上照顾他们在年龄、职业、知识、需求方面的差异性,因此,普法工作就会在很大程度上流于形式、浮于表面。要打破这种困局,健全和创新普法宣传教育机制的抓手之一就是在中小学独立开设法治教育课,从对象覆盖面、时间连续性、工作专业性方面弥补现有普法机制之不足。从静态来看,青少年人口多、分布广,判断力和自律性相对较差,本身是普法的重点群体。截至2019年,全

① 参见中华人民共和国教育部:《2019年教育统计数据》,载教育部网,http://www.moe.gov.cn/s78/A03/moe_560/jytjsj_2019/qg/index_3.html。

国有小学 16.01 万所,小学教学点 9.65 万个,初中 5.24 万所,普通高中 1.40 万所,中小学合计 22.65 万所。① 在中小学独立开设法治教育课,无疑是在全国设立了 22.65 万个专业的普法桥头堡和一线基地,使普法的着力点下沉,能集中对青少年开展普法;从动态来看,青少年时代是每个社会成员必经的人生阶段,在中小学独立开设法治教育课就是从青少年时代起对每一位社会成员开展系统的法治教育,这样不仅从时间上抢占了先机,在对象上实现了全覆盖,而且还能充分利用学校教育资源,发挥学校教育持续性、渐进性、专业性的优势,把普法工作做得更细、更实、更深入、更富成效。

2. 中小学独立开设法治教育课之操作构想

完善国家顶层设计,明确中小学法治教育课之独立地位。法治中国建设面临的重要工作就是对全体公民进行法治启蒙、推动全民守法,中小学法治教育课作为法治启蒙的重要手段,应该获得其应有的独立性。目前,我国还没有在国家立法层面明确中小学法治教育课的独立地位。没有独立地位和法律强制力,中小学法治教育课的实施就有了随意性和选择性。对法治教育进行立法规定,正是一些国家法治教育取得成功的重要原因。例如,美国的《1978 年法治教育法案》(*Law Related Education Act of 1978*)将法治教育定位为"旨在推动非法律专业者通过学习法律、法律程序、法律制度体系方面的知识与技能,从而理解基于这些知识与技能而确立的法律原则与法律价值之教育",这一清晰定位对其中小学法治教育的实施起到了很好的规范、指引

① 参见中华人民共和国教育部:《2019 年教育统计数据》,载教育部网,http://www.moe.gov.cn/s78/A03/moe_560/jytjsj_2019/qg/index_3.html。

作用。[①] 我国应该从国家法律法规层面明确中小学法治教育课独立学科的地位以保证其实施的系统性、权威性、强制性。因此,通过立法程序、将党的十八届四中全会关于“在中小学设立法治知识课程”的决定上升为国家意志,体现在国家教育法律法规或教育部教育规章之中,是保障党的决定得到法治化贯彻、中小学法治教育课得到有效实施的制度保障。

健全领导协调机制,保障中小学法治教育课之顺利实施。中小学法治教育课的独立性得到确认后,教育行政部门必须建立健全独立系统开设法治教育课的领导协调机制,才能保证各地中小学按质按量开设法治教育课。

一是建立促进中小学独立开设法治教育课的领导协调机构。中小学独立开设法治教育课的领导协调,由教育行政部门主导,会同同级党委宣传部门、司法行政部门和本区域内主要教学教研单位负责。领导协调机构内各部门之间要确立促进中小学法治教育课开展的职责清单,在日常工作中做到权责明确、各司其职。

二是单独制定中小学法治教育课程标准。教育部应从全面推进法治中国建设的大局出发,组织力量在理论研究、实践调研、经验总结借鉴的基础上,就中小学法治教育制定专门的课程标准,对中小学法治教育课的实施从目标、任务、原则、内容、措施、资源整合、考核评估等方面作出详细规定和具体安排。

三是保障中小学法治教育课的经费和师资。中小学独立开展法治教育课必然需要专项资金支持和专业的师资队伍。国家要在教育经费中列出适量资金用于专门保障中小学法治教育课的开支,做到专款专用,而且法治教育专项资金要尽可能向广大

---

① See Robert S. Leming, *Essentials of Law-related Education*, American Bar Associations National Law-Related Education Resource Center,1995.

农村学校倾斜。同时,教育行政部门要根据中小学法治教育课的教学工作量,确定辖区各学校专职法治教育教师的编制,然后向社会招考适量法律专业人才到中小学专门从事法治教育课的教学,并对专职法治教育教师实行岗前培训、定期业务培训,提高他们的教学业务水平。

四是整合社会资源,优化开设中小学法治教育课的力量。中小学法治教育课需要法律知识教育与法治实践教育相结合,各级教育行政部门要帮助各中小学整合学校、家庭和社会各方资源,通过协调法院、检察院、公安部门、监狱、律所、高校法学院等机构及其工作人员参与法治教育、建设校外法治教育实践基地、创设长效法治教育机制,让法律实务工作者走进校园、走进课堂、走进学生的生活里来开展法治教育,同时也让学生走进法律实务工作者的部门、单位去接受法治教育,扩展法治教育课的内容和形式。

五是创建科学的法治教育考核评估体系。教育行政部门要根据中小学法治教育课开设的目标、任务、内容,制定出台一套客观、公正、可操作性强的考核办法,明确考核的公民、标准、内容、形式和奖惩措施。另外,还可以通过组织地区或全国范围的法治知识和技能比赛,激发各中小学开展法治教育课的积极性和主动性。例如,英国每年都会组织"治安法院模拟审判竞赛""刑事法院模拟审判竞赛"等面向全英公立中学学生的法治教育实践活动项目和"校园律师""地区校园律师"之类的评选活动,来吸引学校和学生更好参与法治教育。①

发挥学校教育作用,确保中小学法治教育课之教学实效。中小学法治教育课的具体教学任务主要是由学校来承担和完成的,

① 参见车雷:《英国的学校法制教育及其启示》,载《教育探索》2011年第11期。

面对一门新的独立学科，学校必须精心做好以下工作：第一，学校要把实施法治教育课作为贯彻落实党的十八届四中全会决定精神来重视。学校领导和法治教育课教师要积极利用校内外各种资源，严格按照有关保障法治教育课独立实施的法律规定、教育行政部门制定的法治教育课程标准与实施计划，不折不扣地开展法治教育课的教学活动，保证法治教育课在学校教学中的学科比重和课时安排。第二，学校要积极开发利用校内外法治教育资源。要借助社会力量、社区力量发掘法治教育课素材，保证法治教育既有静态的法律知识、法律制度层面的资料，又有动态的法律行为、法律运行、法律评价层面的内容。要组织教研力量积极开发法治教育课的图书资料、教学课件、音像制品，发挥网络、影视、图书馆、阅览室、法治教育基地等媒介在法治教育课程中的作用，尤其是法治教育资源缺乏的农村中小学，一定要充分利用科研教研部门开发的法治教育图书、录像、道具、网络视频和远程课程组织法治教育课教学。第三，学校要引导教师不断总结创新法治教育课的教法。学校要引导教师在法治教育课程中因地制宜、因材施教，积极吸取先进教学方法，不断总结法治教育课教学实践过程中的经验教训。要定期组织法治教育课教师开展教学理论研讨、教学经验交流、法治教育征文、优质课评比等活动，鼓励帮助从事法治教育课的教师不断总结创新教学方法，使法治教育课在具体实施中真正实现教学内容的丰富性与针对性，教学过程的互动性与实践性，教学情景的真切性与现实性，教学组织的专业性与实效性。

（二）领导干部法治教育：抓住关键少数

在中国，无论从传统因素还是现实状况看，针对领导干部开展严格科学的法治教育，对促进全体公民法治意识之生成意义非凡。中国的人治传统诚不可取，但其中所凸显出来的人在推动法律运行中的作用却值得重视。① 西方从柏拉图时期开始就十分强调执法人员素质对法律运行的作用。② 而中国古代"以吏为师"的做法和对"贤能政府"的期望所导致的中国民众对官员的信任甚至依赖,再加上"行政兼理司法"的传统,使百姓把法律、司法机关、政府和官员往往等同视之,加固了"官吏是会说话的法律,而法律是沉默的官吏"之看法。当前我国的法治建设是在政府主导下推进的,各级领导干部在其中的组织、引领和示范作用极为重要。③ 正是由于公民在社会变革中对领导干部的期待与依赖,从而使领导干部的积极示范作用和消极破坏作用并存于促进全体公民法治意识生成的全过程。如果领导干部具备法治意识,带头守法,则能引导公民守法;反之,则会损害法律和司法机关权威,使公民对法律丧失信心,转而以破坏法律为荣。因此,习近平总书记强调:"事实证明,领导干部对法治建设既可以起到关键推动作用,也可能起到致命破坏作用。"④

---

① 如孟子所说:"徒善不足以为政,徒法不足以自行。故有其人,然后有法;有其法,尤贵有人。"(《孟子·离娄篇》)

② 他写道:"对任何人来说,立法无疑是一项繁重的工作。当你有了一个组织得很好的国家,这个国家又有着制定得很完善的法典,那么任命不称职的官员负责施行法典乃是浪费了优良法典,整个事业沦为一出滑稽戏。"参见[古希腊]柏拉图:《法律篇》,张智仁、何勤华译,上海人民出版社2001年版,第161页。

③ "要把法治中国建设的蓝图和纲领落到实处,需要全党全社会共同努力,关键在于各级领导干部的态度、决心和行动。应当看到,领导干部是我们党执政的骨干力量、中坚力量,建设中国特色社会主义法治体系,建设社会主义法治国家,在法治轨道上促进改革发展、维护社会稳定,要靠领导干部去组织、去推动,需要领导干部的法治意识、法治素养有一个大的提升;领导干部负有保障法律实施、法律执行的基本职责,能不能推动和确保秉公执法、公正司法,直接关系到法治权威的树立,关系到法治秩序的形成和法治建设的成效;领导干部是法治实践的引领者、示范者,自身带头了、做好了,就能以上率下,带动全体人民张扬法治精神,积极投身法治中国建设。"参见刘云山:《领导干部要做学法尊法守法用法的模范》,载《学习时报》2014年11月25日,第1版。

④ 中共中央文献研究室编:《习近平关于全面依法治国论述摘编》,中央文献出版社2015年版,第120页。

前文已提及，从“一五”普法开始，历届普法，国家都把领导干部作为法制宣传教育的重点对象。党的十八届四中全会提出“坚持把领导干部带头学法、模范守法作为树立法治意识的关键”。目前，国家对领导干部法治教育的安排主要体现在完善学法和用法制度上。推动学法制度完善的措施主要有：(1)通过党委(党组)中心组、政府常务会议集体学法；(2)通过在各级党校、干部教育学院、行政学院和其他干部培训机构开设法治必修课，组织领导干部系统学法；(3)通过法制讲座、法制短期培训、法律知识考试考核等促进经常学法。而在完善用法制度方面则主要是将日常工作中依法决策、依法治理、依法办事等情况和能力作为干部考核的重要标准，以此促进领导干部守法用法。① 其实就领导干部法治教育的现有规定来看，可谓相当完备。而领导干部的实际学法用法守法状况却不容乐观，究其原因还是现实中落实不到位。落实不到位则主要是由考核方式和监督制度不严格不科学所致。

因此，要健全领导干部法治教育体系，可以从以下几个方面入手：

一是全面设定学法的内容。除了法律知识外，必须将法治理念(如宪法法律至上、权由法定、权依法使和法律面前人人平等)、法治思维与法治方式(依法决策、依法管理、依法执法、依法办事等)等内容全面纳入法治教育之中。

二是严格学法用法的考核。中国民众中有句话叫“黄荆棍下出好人”，可能用在这里有点偏激。但是，我们知道，促使领

① 参见《中央宣传部、司法部关于在公民中开展法制宣传教育的第六个五年规划》(2011年3月)；《中共中央关于全面推进依法治国若干重大问题的决定》(2014年10月23日)。

导干部养成严格依法办事的习惯在中国社会是何其艰难，相当于一场由思想到行为的大变革。如果法治教育只是毫无压力的倡导，其成效可想而知。因此，学法用法考核必须真刀真枪地进行，要制定科学严格的考核制度，明确规定考核的公民、组织、内容、方式、程序等内容，考核一定要全面反映领导干部日常工作情况，注重吸收相关群体和单位职工的意见。考核要在两个环节上下功夫：法治素养的入职“门槛”和法治素养的任职“阶梯”。前者指拟推荐到领导岗位上的公职人员，必须对其在日常生活、工作中知法尊法守法用法情况进行全面客观考察评估，考察合格方能任职；后者指领导干部在任职期间，必须定期进行学法知法和依法治理情况考核，考核结果与任职资格挂钩，严格依法办事且能力突出者作为晋升的重要标准，而依法办事能力低下或枉法、违法者就必须及时取消任职资格。如此将法治素养与领导干部的个人前途牢牢绑在一起，必将能提高法治教育之成效。例如，过去我们一直将经济指标作为领导干部入职晋升的重要标准，引导领导干部千方百计提升GDP，效果之巨有目共睹，今天的法治教育考核可以在一定程度上借鉴此法。如果法治素养能决定领导干部的任用提拔，就可以引起他们的重视，当然也就能促进他们改变思维和行为方式。那么法治教育不仅不会像现在这样或被公然冷落或被形式化架空，相反却会受到领导干部的重视甚至欢迎，而变“例行公事”式的“要我学”为“如饥似渴”式的“我要学”。

（三）特定群体法治教育：做好以点带面

所谓特定群体法治教育是针对对象相对确定、相对集中且有法律需求的一些群体开展的法治教育。这类法治教育开展的方式主要有国家机关的“谁执法，谁普法”和法律职业者的“以案释法”两种。之所以称为特定群体法治教育,主要是基于这样的考虑:法治教育的对象一般具有范围相对确定、可通过一定方式实现人员覆盖、有急迫的法律需求或者有真切的法律体验等特征。我们知道,执法和司法就具体而言都要针对公民个体,但抽象来看,执法和司法往往又有一个群体覆盖。例如,劳动执法一般针对用人单位和劳动者,而刑法法庭法官、刑辩律师、公诉人员一般会针对犯罪嫌疑人(而且一个案件往往又有以点代面的效应)。执法部门和法律职业人员可以针对自己的工作对象,进行系统而有针对性的法治教育引导。

先论“谁执法,谁普法”制度。该制度是对“分类指导”这一普法原则的具体贯彻,是由具体的执法部门针对自己的执法对象进行法治教育。与一般普法宣传相比,这一制度的优势体现在:第一,既有宏观上的群体覆盖面,又有微观上的人员针对性。执法对象范围较广但又有相对确定性,具体的执法机关都会清楚哪些群体属于自己的工作对象。第二,实施主体确定。负责执行某一类法律的机关,就是对该法律所规范群体进行法治教育的责任主体,如此一来,就在法治教育实施主体明确的基础上,实现了实施主体多样化和实施任务精细化,避免了一般普法宣传主体责任不清、普法任务过重的问题。第三,实施方式更专业系统。执法部门对执法对象的生活状况、工作情况、文化水平尤其是法律需求等信息无疑比其他机构更为熟悉,而且他们双方之间会在工作过程中长期反复地接触交流。这样,执法部门所提供的法治教育不仅能更容易满足对象的需求,得到对方吸收,而且这种教育供给还可以维持任何一类教育所需要的连续性和长期性,保持法治教育的系统性。第四,公民实施法治教育的积极性会更高。如果执法对象能主动守法,执法者的任务和压力均会相应减轻。而长期的法治教育必然会促进对象主动守法,从而减少执法强度和难度,这无疑会给予执法者强大的法治教育热情。第五,节约法治教育成本。执法部门进行法治教育,可以做到针对受教育者的实际情况和法律需求,采取恰当的方式和提供必要的教育,从而避免法治教育资源的浪费。

但“谁执法,谁普法”制度的实施需要明确以下问题:第一,不能只是进行简单的普法宣传,而要发展成为一种系统的法治教育。普法宣传往往是运动式、动员式、临时性的,容易造成公民对法律的“一知半解”,更容易造成热闹一时、流于形式。而法治教育则需长期系统实施,做到内容全面、目标明确、时间保障、循序进行。既然执法部门可以与执法对象长期经常互动,就应该发挥这一优势开展系统有效之法治教育。第二,并非对所有的执法对象都开展法治教育,而是对范围较确定、人员较集中的特定群体进行法治教育,对于一些范围过于广泛的群体进行法治教育既无可能又无成效。而这些特定群体往往是某一项或一类法律规范的对象。例如,交通法律法规针对的范围确定、人员集中的群体就是驾驶人员,作为执法部门的公安机关就可以采取措施对其进行交通法规教育;又如,计划生育法律法规针对的主要是育龄夫妻,而计划生育执法部门就只需针对这类群体展开法治教育。而以全体公民为对象的法律法规,采取“谁执法,谁普法”的方式,可能就未必有成效,因为范围太广,就只能是广泛宣传而无法进行有针对性系统性的教育。

次论“以案释法”制度。该制度是由法官、检察官、律师等法律职业人士通过具体案件向当事人或其他公民进行法治教育。这类法治教育可取之处在于:从具体案件入手,生动有吸引力;结合当事人亲身的法律体验和法律需求,有说服力,易于被接受;由专业人士实施法治教育,能保证正确性、权威性。但有一点我们必须清楚,针对当事人的法治教育,法官、检察官、律师都可以有效实施,然而针对其他公民的法治教育,由于法官、检察官本身工作的繁重,可能无暇顾及,律师也只能在一些公益活动中偶尔参与法治宣传。不过,现在已经推行的裁判文书公开制度或许可以起到对特定案件当事人以外的公民进行“以案释法”的作用。其他公民可以通过查阅案件裁判文书而获取相关法律和法理知识,只是这种方式影响面很少,还缺乏面对面交流的机会。当然,司法机关也可以通过编纂典型案例并公开发布的方式,对广大公民进行法治教育。而针对案件当事人进行“以案释法”效果则会非常显著。一方面,案件当事人有亲身的法律体验和紧迫的法律需求,他们明白法律对个人生活的重要性并渴求得到便捷的法治教育,易于接受专业人士给他们提供的法治教育;另一方面,承办案件的法律职业者,对案件本身及当事人的基本情况又十分熟悉,而且他们与当事人之间的接触有一种“个体对个体”的特征,因此,可以向当事人提供个性化法治教育。

二、普法服务:便利公民知法用法

持续30多年的“普法”活动,堪称一场声势浩大的政治动员,落脚点在于实现“普遍性规则”对“特殊性生活”的覆盖和改造。我们知道,“普遍性与特殊性之间的界限本来是相对的、流动的,不能绝对化”。[①] 故此,普法的目的虽然宏大但却并非异想天开,30多年普法确实已做到了使法律、法治成为中国颇为流行的话语。然而,普法始终建立在这样两种自信基础之上:“真理由上至下”与“知法带动守法”。前一种自信,往往会导致国家普法文件

---

① 季卫东:《大变局下的中国法治》,北京大学出版社2013年版,第70页。

出台、政府普法规划公布、街道村落普法标语贴出、各地普法宣讲结束就等于普法工作完成了、普法目标达到了，陷普法于形式；①后一种自信则把普法简单化为法律常识之普及宣传，变普法为说教。政府主导、自上而下、各方出动的普法经30多年之久的坚持，的确为中国的法治建设造足了势，但是，普法过程中出现的易于形式化、普遍说教式的规则推销方法在促进公民法治意识生成上的作用究竟如何是值得我们深思的。参与法治需要渠道、依法办事需要成本，“普法服务”必须摆脱“上传下达”的习惯，尽量解决公民知法用法守法的渠道和成本问题，克服他们“有理没钱”的担忧。可见，“普法服务”就是司法行政部门通过规则供给、资源整合、利益引导等方式，来保证有法律需求的公民找得到法、用得起法、信得过法、守得住法。以下将对“普法服务”的三种方式进行具体阐述：

规则供给。规则供给就是给需要了解具体法律法规的公民提供“找法渠道”。乍听之下，这似乎是目前普法宣传正在进行之事，其实不然。当下普法所进行的法律法规输送，是一种家长主义的灌输，时间短、沟通少。其弊端不少：第一，不考虑受众需求的单方输送，容易在输送内容、时间、方式上与受众产生冲突，引起抵触。例如，在农忙时节给农民普法、在赶工期间向工人讲法，或者向农民宣传公司法、证券法，或者以行政强制的方式迫使公民参加法制讲座、培训等现象都可能出现“知音难觅”的尴尬。第二，不针对公民实际需求“一篮子”输送法律法规，而造成人力、财力、时间上的浪费。第三，运动式、活动式的临时宣传，可能造成公民不需要时，法律法规来了，而真正需要了解法律法规时，

① 黄仁宇对“百日维新”的评价中论述了这种现象。参见黄仁宇：《中国大历史》，生活·读书·新知三联书店1997年版，第286～287页。

却根本找不到(法律法规如此庞杂,根本不可能通过临时式宣传而牢记,也不可能通过几册法制读本穷尽)。所以,国家司法行政机关对法律法规的供给不妨由“积极”转为“消极”,即国家不再主动向全社会输送规则,而是充分利用互联网建立起适应不同群体需求的法律法规库,或者在社区、村落成立法律法规查阅室,然后通过宣传把“找法的渠道”告之公民,当他们需要了解法律法规时,可以很便捷地获得。

资源整合。资源整合服务,主要指司法行政机关要广泛整合社会力量,针对社会弱势群体开展优质的司法援助。在中国,老年人群体、留守儿童群体、农民工群体不仅规模庞大,而且他们的权益很容易受到侵害,同时,由于体力、健康、年龄、文化素质等因素的制约,在权益受到非法侵害时,他们往往又无力承担法律成本而自行维权。即使他们有用法的迫切愿望,也会心有余而力不足。因此,开展必要的司法援助,让需用法、想用法的人都能“用得起法”,增加他们对法律的认同与信任很重要。

利益引导。前面我们已经提到,公民法律意识生成既需要一定的守法氛围,又可以通过利益激励予以诱导。而建立“守法信用奖惩机制”则可以通过利益导向引导公民守法,从而在全社会营造起守法氛围。该机制的建立,旨在增加违法成本,使每一个不守法公民都可能受到利益损失,使每一次不守法行为都可能影响预期利益。这就相当于在“囚徒困境”的博弈中运用的“对等惩罚”策略,这会在很大程度上促使匿名合作的成功。对这一机制,可以做如下设想:一是该机制应该在司法行政部门的统一协调下建立,而不是各单位、各部门、各行业随意设立,自行赏罚。二是该机制必须采取大格局、实现全覆盖,全国联网、终身有效。只要有不守法记录,无论身在何处,时间经过多久,预期利益都可能受损。三是该机制可以借鉴金融部门的“商业信用记录”的具体操作方式,由司法行政部门牵头建立一个全国联网、数据统一的“公民守法信用档案”,严格详细记录公民不守法情况。四是不守法的记录范围包括违反法律法规的行为、违反司法机关生效裁判的行为。五是“守法信用档案”由法院、检察院、公安机关、行政执法部门等协同建立。六是“守法信用档案”可以与金融部门、劳动人事部门、高等院校实现共享,从而与公民的学习、就业、商业行为挂钩。对有不守法记录者国家不统一规定强制惩罚措施,只是通过社会共享的方式,让利益相关人或单位可以通过适当方式掌握特定个人守法记录情况,作为判断自己行为选择的参考标准。我们相信,只要建立起“守法信用档案”,社会就会把它作为对公民的一个重要的评价和判断标准,因为谁也不愿意容忍一个不守法的人获得和其他人一样的利益,谁也不放心和一个不守法的人合作共事。

三、法治宣传:让依法治国、依法办事深入人心

从“二五”普法开始,国家就把“普及法律常识”调整为“法制宣传教育”,要求普法从“法律法规灌输”转变为“普治并举”,使“普法”工作制度化、法治化。[①] 然而,实际“普法”工作却主要采取行政动员的手段推行。行政动员人力财力时间耗费巨大,很难长期持续维持,只能依靠临时性运动、活动方式开展。各种运动、活动时间较短而普法任务较重,所以只能进行简单粗浅的宣传,

---

① 参见《中央宣传部、司法部关于在公民中开展法制宣传教育的第二个五年规划》(1990 年 12 月)、《中央宣传部、司法部关于在公民中开展法制宣传教育的第三个五年规划》(1996 年 4 月)、《中央宣传部、司法部关于在公民中开展法制宣传教育的第四个五年规划》(2001 年 4 月)、《中央宣传部、司法部关于在公民中开展法制宣传教育的第五个五年规划》(2006 年 3 月)、《中央宣传部、司法部关于在公民中开展法制宣传教育的第六个五年规划》(2011 年 3 月)等文件。

再加上相关部门为了扩大“普法”效应和影响力，往往在形式上功夫下得很深而在内容上、效果上则无暇顾及。因此，场面上的“普法”实质上是以简单但热闹的宣传为主，而且场面下的“普法”主要体现为文件、资料、数据之类，应付目前的“普法”评估这些已经足够。“普法”说是“法制宣传教育”，实际只是较为粗糙的宣传而并没有体现出“教育”，也即宣传有余而教育不足。“普法”启动前，中国一度处于“无法无天”的状况，要重构国家秩序，必须把法律“交给亿万民众”，必须宣扬“法的至上性”，故而宣传造势是必要的，而且传统中国既缺乏“文化上”的法理念，又没有“政治上”的法实践，[①]要推动国家、社会依法治理，宣传动员、凝聚共识也是必要的。但我们的目标是推动“法治国家、法治政府、法治社会一体建设”，必须使全体公民理解法治、支持法治、适应法治、参与法治，简单的宣传显然不够，更多的应该是进行系统教育和提供便捷服务，法治宣传应该纳入新的“以教育为主、服务与宣传为辅”的统一体系之中，作为公民法治意识生成的辅助手段。

作为辅助手段的法治宣传，则应该进行这样的定位：法治宣传的任务主要是传播基本的法治理念、法律常识和营造“违法可耻，守法光荣”的社会氛围，而不再是向社会批量输送法律法规知识；法治宣传主要由国家号召大众传媒、高校、律所和其他社会团体等社会力量进行；法治宣传主要体现公益性；国家鼓励有能力的公益性组织开展法治宣传方面的调查研究，推动法治宣传方式

① “文化上”的法理念，指“法高于法律”的理念，这时“法”表明的是“理性和正义”，这时对法的理解也是政治的、哲学的乃至是文化的；“政治上”的法实践，指通过政治途径将抽象正义制度化、具体化。参见梁治平：《法辩：中国法的过去、现在与未来》，中国政法大学出版社2002年版，第232～243页。

创新,提升法治宣传效果。法治宣传包括以下方式:

大众传媒的法治宣传。大众传媒的兴起对法治宣传是一柄双刃剑。引导、规范得当,可能发挥积极引领作用,通过正面典型的塑造、法治理念的传播,使公民感受到法治的优越,认同法律、遵从法律;而稍有疏忽则可能引发消极负面影响,使大量执法不严、司法不公、贪赃枉法、徇私枉法、官员腐败、政府违法的事例出现在大众眼前,使他们对国家法律,对司法、执法部门失去信心和信任。前面的现状分析揭示,在我国市场经济背景下,大众传媒的发展获得了广泛自由,并走向自主。市场化运作的大众传媒产品,实质就是一种文化消费品,它必须考虑并迎合消费者的需求,即使这些需求有时毫无品位。因此,“自19世纪上半叶大众化报纸兴起以来,大众传媒对犯罪、违法乱纪、违德违俗等越轨行为方面的新闻就特别偏爱,各种各样具有新闻价值的越轨新闻信息是媒体最热衷传播的内容之一”。① 即使专门开设的法治宣传栏目、节目也总是突出“坏人坏事”的故事情节以吸引大众,而不是把案例作为传播法律常识和法治理念的载体,这使某些法治宣传弊大于利。

因此,对大众传媒法治宣传的完善应从以下方面努力:一是建立大众传媒在法律案件、法制新闻报道方面的责任制,确保对案件事实报道的真实性,避免失实、失真报道造成公众对执法、司法机关的误解和对法律公正性的怀疑。二是规范大众传媒对法治问题进行宣传报道的方向和内容。要全面整顿与优化法治栏目、节目,《今日说法》等法治宣传平台要走出“故事大于释法”的

---

① 王勇:《大众传媒与社会越轨行为——社会控制视阈下的越轨新闻信息传播研究》,光明日报出版社2010年版,第1页。

套路，更要抛弃“一天给我一桩谋杀案”[①]的错误导向。要打造一批宣传社会主义法治价值观、社会主义法治理念的电视剧、电影、纪录片等法治宣传精品。要聚焦社会奉公守法、遵章守纪的主流现象，以正面的“好人好事”来引导公众遵守契约、遵守法律。[②]三是大众传媒对社会“越轨”[③]行为的报道，要克服美化、追捧越轨行为、过多渲染越轨行为细节等弊端，防止藐视法律、挑战法律的言论和思想蔓延，影响公众理性判断，尤其是影响未成年人法律价值观的塑造。[④] 总之，目前大众传媒在法治宣传的方向、方式、内容等方面急需科学规范，否则其反法治宣传的负面效应可能会远远大于法治宣传的正面价值。

其他社会力量的法治宣传。法治宣传是为了传播法律常识、弘扬法治理念、推广法治价值观，要达至这一目的，就要求法治宣传具有专业性和广泛性。这就要求承担法治宣传的公民必须具备较高的法律素养，对法治理念有准确理解、对法律常识有全面把握。而且专业的法治宣传队伍和人员还必须分布广泛，能够从区域上、范围上基本覆盖宣传对象。因此，国家必须广泛动员一切社会力量开展法治宣传，尤其要引导和鼓励律所、高校法学院、

---

① 这是威廉姆斯对19世纪后半叶之后英国大众传媒现状的描述。[英]凯文·威廉姆斯：《一天给我一桩谋杀案：英国大众传播史》，刘琛译，上海人民出版社2008年版，第69～76页。

② 而现在的情况是：“‘坏人坏事’取代‘好人好事’成为报道的主要内容，‘丑闻’取代‘美谈’成为媒体追逐的焦点，凶杀、推动、强奸、淫乱等‘假丑恶新闻’泛滥成灾。”参见王勇、周毅：《论新闻报道中的“肢端肥大症”》，载《新闻界》2006年第1期。

③ “越轨，是指违反某个群体或社会的重要规范的行为，一般包括犯罪、违法、违纪、违德和违俗等几种类型。”参见王勇：《大众传媒与社会越轨行为——社会控制视阈下的越轨新闻信息传播研究》，光明日报出版社2010年版，第1页。

④ 如《工人日报》提出的关于越轨行为的报道原则“让罪犯有威慑感，让法盲有忏悔感，让群众有安全感，让干警有荣誉感”就是很好的报道策略。参见何秋红：《我国犯罪报道的新气象和冷思考》，载《今传媒》2006年第5期。

社会公益团体参与法治宣传。具体要做好以下工作：一是对社会力量参与法治宣传进行政策引导。例如，把法治宣传的成效纳入对律所、高校的考核评估指标中，引导这些法律专业机构积极投身社会法治宣传。二是对社会力量参与法治宣传提供资金支持。可以通过设立课题基金或法治宣传专项经费，支持广大社会力量开展法治宣传的调查、研究活动，总结并创新法治宣传机制，不断提升法治宣传效果。三是设立各种形式的激励机制，推动社会力量参与法治宣传。通过评比表彰法治宣传先进集体或个人、塑造法治宣传先进典型、推广法治宣传先进经验等方式，增强法治宣传人员的责任心与荣誉感。

结　论

公民法治意识是法治建设的观念基础和文化养分。中国要推动国家、社会全面依法治理,必须认真对待公民法治意识生成问题。国内学者长期将法律意识概念与法治意识概念混同使用,甚至经常运用法律意识概念替代法治意识概念,致使法治意识概念本身的内涵与价值被遮蔽,未得到应有的重视与研究。与指代泛化的法律意识不同,法治意识是一个有价值指向的概念,法治意识以公民对法治的正确认知为前提,是法治从制度存在内化为观念存在的结果。它表现为公民发自内心地认同法治、信任法治、参与法治、捍卫法治,并基于对法治的内心确信而在日常生活中外化为具体的守法、护法行为。法治意识这一抽象存在物,始终与公民的日常行为关联,公民的行为选择情况往往是评价其法治意识的重要标准。

法治意识的内容包含广泛,以促进法律的有效实施和法律本身的良善为依据,可以将守法意识、契约意识、理性意识、人本意识及程序意识归结为公民法治意识的主要内容。在一个缺乏法治传统、法治理论,法治实践又起步较晚的国家,唯有采取适当措施促进公民法治意识生成,法治才能得到文化涵养和社会认同、扎根于社会;反之,没有公民的内心认可,法律不过是一堆僵死的教条。

作为一种观念存在物、一种内心信念,法治意识可以在社会化过程中自发生成,也可以经专门的法治教育、法治宣传辅助生成。但这两种生成方式都是有条件的,而且也是相通的。法治意识自发生成的要件是公民在社会化过程中必须置身于特定的环境,这个环境至少应具备三个条件:法治实践、市场经济和一定的守法道德氛围。

法治实践是公民法治意识生成的中介,只有生活在一个厉行法治的社会,公民才有机会亲身体验法治,并在体验中感受到法治的优越性,从而理解法治、认同法治。没有践行法治的社会,公民根本无从感受、认知法治,遑论让法治成为一种生活方式和思维方式。

市场经济是公民法治意识生成的重要条件,平等公民之间广泛而频繁的商业交换活动,需要大量既定规则来规范公民行为,从而减少交易成本。同时,商业活动中,公民之间的角色在不断转换,各方都能理解尊重规则对彼此利益的重要性,并且违反规则的人很可能在下一次角色转换的交换中遭到对方报复。而在自给自足的小农经济中,农民被牢牢拴在土地上,社会活动范围极其有限,交往总是发生在“熟人”之间,无须刚性的国家法律介入，道德、习俗、生活经验、人情等似乎就足够维持这个简单社会的存续。

公民在社会化过程中，行为习惯的养成和价值观的塑造，都会受到周围环境影响，一个社会成员普遍守法的社会，更能催生公民的法治意识，而在一个以藐视权威、破坏规则为荣的社会中，情况则会相反。生活在一定的守法道德氛围中，公民会感受到守法的义务感和违法的社会压力感，从而把遵从规则作为自己的内心信念。

在某种意义上说，在没有法治实践、市场经济和守法道德氛围的社会中，完全通过法治教育、法治宣传的方式很难促进公民法治意识生成。空洞的说教，至多能让公民掌握一定的法治知识，而不能内化为法治意识。所谓外力辅助公民生成法治意识，意指在“后发型法治”国家，推行法治实践时间尚短，传统思维方式，行为模式的影响力、作用力还依然存在，如果不采取其他辅助手段，在相对较短的时间内促进公民法治意识生成，不仅法治的进程会十分缓慢，而且法治还会在固有观念的阻碍下停滞、倒退或瓦解。从理论上讲，只要国家长期坚持法治实践，公民就能在长期体验中自发生成与之相适应的法治意识；然而，就现实而言，在“后发型法治”国家，不采取外力辅助促进公民法治意识生成，在各种阻力甚至破坏面前，法治实践显然很难得以长期推行并趋于完善。

中国在20世纪80年代已然认识到促进公民法治意识的必要性，从而开展了普法活动。普法的构想可谓宏伟而正确，即力图通过教育、宣传方式促进公民知法、守法，养成依法办事的习惯。但在实施层面还存在诸多问题：普法主要是普及法律法规知识，而能成为公民法治意识生成前提的法治知识，主要是关于法治的原则、功能、价值等方面能展示法治优越性的知识,而并不是法律法规条文本身。普法主要是国家通过权力运作向社会大众输送法律法规知识,因此,经常存在供给与需求之间的脱节问题和普法公民与普法受众之间的沟通无效问题。此外,活动式的普法方式,也常常使普法流于形式化。

因此,促进公民法治意识生成,至少应该从这两个方面入手:一是通过持续推进法治实践,使公民在社会化过程中自然生成法治意识的基础条件得以满足;二是建立“法治教育为主、普法服务与法治宣传为辅”的公民法治意识生成之外部促进机制。“法治教育”由中小学法治教育、领导干部法治教育和特定群体法治教育组成。其中,在中小学独立开设法治教育是关键所在,应该从娃娃抓起,通过系统的法治知识讲授、守法习惯培养、法治价值观塑造,让法治精神在青少年的成长过程打下深深的烙印。领导干部法治教育,要以考核为导向,通过设立法治素养的入职、晋升门槛,促使其自觉学法、守法。特定群体法治教育,主要是落实好“谁执法谁普法”和“以案释法”制度。“普法服务”要求国家司法行政机关在普法工作实现职能转变,由以往的主动输送法律法规,变为通过建立分类明确的“法律法规查阅库”,覆盖广泛的社区、村落“法律法规借阅室”等方式向社会提供“找法渠道”,避免以往供求失衡造成的低效率和资源浪费。“法治宣传”主要通过公益方式开展,目的在于为全面推进国家、社会依法治理造势,主要由大众传媒、高校、律所、公益团体等社会力量承担。

公民法治意识生成是一个极为重要的研究主题,也是一个极为复杂的研究主题。已有研究成果既稀少,也无法对此问题作出科学解答。本书在借鉴已有研究成果的基础上,对此主题进行了深入系统的理论探讨和现实分析,但一部20多万字的学术专著,并未能涵盖这一艰深主题的所有内容。因此,对公民法治意识生成问题展开进一步研究,不仅意义重大,而且空间广阔,尤其需要大量的实证研究和系统深入的比较研究(国内外比较)来推动研究的细化和深化。

参考文献

一、中文译著

[1][意大利]阿奎那:《阿奎那政治著作选》,马清槐译,商务印书馆 1963 年版。

[2][美]埃利希·弗洛姆:《健全的社会》,欧阳谦译,中国文联出版公司 1988 年版。

[3][美]伯尔曼:《法律与宗教》,梁治平译,商务印书馆 2012 年版。

[4][美]伯尔曼:《法律与革命》(第 1 卷),高鸿钧等译,法律出版社 2008 年版。

[5][美]E. 博登海默:《法理学:法律哲学与法律方法》,邓正来译,中国政法大学出版社 1998 年版。

[6][古希腊]柏拉图:《法律篇》,张智仁、何勤华译,上海人民出版社 2001 年版。

[7][古希腊]柏拉图:《理想国》,郭斌和、

张竹明译,商务印书馆 1986 年版。

[8][古希腊]柏拉图:《游叙弗伦·苏格拉底的申辩·克力同》,严群译,商务印书馆 1983 年版。

[9][英]边沁:《道德与立法原理导论》,时殷弘译,商务印书馆 2000 年版。

[10][日]川岛武宜:《现代化与法》,申政武、渠涛等译,中国政法大学出版社 1994 年版。

[11][美]D. M. 巴斯:《进化心理学》,熊哲宏等译,华东师范大学出版社 2007 年版。

[12][美]戴维·波普诺:《社会学》(第 10 版),李强等译,中国人民大学出版社 1999 年版。

[13][法]笛卡尔:《第一哲学沉思集》(反驳和答辩),庞景仁译,商务印书馆 1986 年版。

[14][英]丹尼斯·劳埃德:《法理学》,法律出版社 2007 年版。

[15][美]富勒:《法律的道德性》,郑戈译,商务印书馆 2005 年版。

[16][德]弗里德里希·卡尔·冯·萨维尼:《论立法与法学的当代使命》,中国法制出版社 2001 年版。

[17] [英]弗兰西斯·培根:《培根随笔》,吴昱荣译,中国华侨出版社 2013 年版。

[18][英]霍布斯:《利维坦》,黎思复、黎廷弼译,商务印书馆 1985 年版。

[19][德]哈贝马斯:《在事实与规范之间:关于法律与民主法治国的商谈理论》,童世骏译,生活·读书·新知三联书店 2003 年版。

[20][英]H. L. A. 哈特:《法律的概念》,许家馨、李冠宜译,法律出版社2006年版。

[21][英]凯文·威廉姆斯:《一天给我一桩谋杀案:英国大众传播史》,刘琛译,上海人民出版社2008年版。

[22][苏]卡列娃、费其金主编:《苏维埃国家和法的基础》,中国人民大学编译室译,法律出版社1955年版。

[23][德]康德:《法的形而上学原理——权利的科学》,沈叔平译,商务印书馆1991年版。

[24][奥]凯尔森:《法与国家的一般理论》,沈宗灵译,商务印书馆2013年版。

[25][美]理查德·A. 波斯纳:《法理学问题》,苏力译,中国政法大学出版社2002年版。

[26][美]理查德·A. 波斯纳:《法律的经济分析》(上),蒋兆康译,中国大百科全书出版社1997年版。

[27][法]卢梭:《社会契约论》,何兆武译,商务印书馆2003年版。

[28][英]洛克:《政府论》(下篇),叶启芳等译,商务印书馆1964年版。

[29][美]罗斯科·庞德:《通过法律的社会控制》,沈宗灵译,商务印书馆2010年版。

[30][德]鲁道夫·冯·耶林:《为权利而斗争》,郑永流译,法律出版社2012年版。

[31][美]罗纳德·德沃金:《认真对待权利》,信春鹰、吴玉章译,上海三联书店2008年版。

[32][英]梅因:《古代法》,沈景一译,商务印书馆1959年版。

[33]《马克思恩格斯全集》(第1卷),中共中央马克思恩格斯列宁斯大林著作编译局译,人民出版社1956年版。

[34]《马克思恩格斯全集》(第3卷),中共中央马克思恩格斯列宁斯大林著作编译局译,人民出版社1960年版。

[35]《马克思恩格斯选集》(第2卷),中共中央马克思恩格斯列宁斯大林著作编译局译,人民出版社2012年版。

[36] [德]马克斯·韦伯:《论经济与社会中的法律》,张乃根译,中国大百科全书出版社1998年版。

[37][法]孟德斯鸠:《论法的精神》(上卷),许明龙译,商务印书馆2009年版。

[38][英]马若斐:《传统中国法的精神》,陈煜译,中国政法大学出版社2013年版。

[39][德]尼克拉斯·卢曼:《法社会学》,宾凯等译,上海人民出版社2013年版。

[40][奥]欧根·埃利希:《法社会学原理》,舒国滢译,中国大百科全书出版社2009年版。

[41][瑞士]皮亚杰:《发生认识论原理》,王宪钿译,商务印书馆1981年版。

[42][意]切萨雷·贝卡里亚:《论犯罪与刑罚》,黄风译,北京大学出版社2008年版。

[43][美]萨利·安格尔·梅丽:《诉讼的话语——生活在美国社会底层人的法律意识》,郭星华、王晓蓓、王平译,北京大学出版社2007年版。

[44][美]斯塔夫里阿诺斯:《全球通史:从史前到21世纪》(上),吴象婴等译,北京大学出版社2006年版。

[45][古希腊]色诺芬:《回忆苏格拉底》,吴永泉译,商务印

书馆 1984 年版。

[46][日]森武夫:《犯罪心理学》,邵道生等译,知识出版社 1982 年版。

[47][日]山根清道编:《犯罪心理学》,张增杰等译,群众出版社 1984 年版。

[48][德]托马斯·莱赛尔:《法社会学导论》(第 5 版),高旭军等译,上海人民出版社 2011 年版。

[49][英]韦恩·莫里森:《法理学:从古希腊到后现代》,李桂林等译,武汉大学出版社 2003 年版。

[50][古罗马]西塞罗:《国家篇 法律篇》,沈叔平、苏力等译,商务印书馆 1999 年版。

[51][奥]西格蒙德·弗洛伊德:《自我与本我》,林尘、张唤民、陈伟奇译,上海译文出版社 2011 年版。

[52][古希腊]亚里士多德:《尼各马可伦理学》,廖申白译,商务印书馆 2003 年版。

[53][古希腊]亚里士多德:《政治学》,吴寿彭译,商务印书馆 1965 年版。

[54][美]亚伯拉罕·马斯洛:《动机与人格》(第 3 版),许金声等译,中国人民大学出版社 2007 年版。

[55][瑞士]雅各布·布克哈特:《意大利文艺复兴时期的文化》,何新译,商务印书馆 1979 年版。

[56][德国]于尔根·哈贝马斯:《现代性的哲学话语》,曹卫东译,译林出版社 2011 年版。

[57][英]约翰·奥斯丁:《法理学的范围》,刘星译,中国法制出版社 2003 年版。

[58][美]约翰·罗尔斯:《正义论》,何怀宏、何包钢、廖申白

译，中国社会科学出版社 1988 年版。

[59][爱尔兰]约翰·莫里斯·凯利：《西方法律思想简史》，王笑红译，法律出版社 2010 年版。

[60][俄]伊·亚·伊林：《法律意识的实质》，徐晓晴译，清华大学出版社 2005 年版。

二、中文著作

[1]北京大学哲学系外国哲学史教研室编译：《西方哲学原著选读》（下卷），商务印书馆 1982 年版。

[2]陈长文、罗智强：《法律人，你为什么不争气？——法律伦理与理想的重建》，法律出版社 2007 年版。

[3]邓小平：《邓小平文选》（第 2 卷），人民出版社 1994 年版。

[4]邓小平：《邓小平文选》（第 3 卷），人民出版社 1994 年版。

[5]费孝通：《乡土中国》，人民出版社 2011 年版。

[6]封丽霞主编：《中央党校学员关注的法治问题》，中共中央党校出版社 2014 年版。

[7]冯玉军：《法经济学范式》，清华大学出版社 2009 年版。

[8]顾准著，陈敏之、罗银胜编：《顾准文集》（增订珍藏本），福建教育出版社 2010 年版。

[9]国务院人口普查办公室、国家统计局人口和就业统计司：《中国 2010 人口普查资料》，中国统计出版社 2012 年版。

[10]葛洪义主编：《法理学》（第 2 版），中国政法大学出版社 2008 年版。

[11]谷春德主编：《西方法律思想史》，中国人民大学出版社 2004 年版。

[12]胡适:《中国哲学史大纲》,岳麓书社2010年版。

[13]何勤华、陈灵海:《法律、社会与思想——对传统法律文化背景的考察》,法律出版社2009年版。

[14]何勤华等:《法律文化三人谈》,北京大学出版社2010年版。

[15]黄稻主编:《社会主义法治意识》,人民出版社1995年版。

[16]黄仁宇:《中国大历史》,生活·读书·新知三联书店1997年版。

[17]姜起民:《中国社会转型期法律意识变迁研究》,中国人民公安大学出版社2013年版。

[18]季卫东:《大变局下的中国法治》,北京大学出版社2013年版。

[19]柯卫:《当代中国法治的主体基础——公民法治意识研究》,法律出版社2007年版。

[20]柯卫、朱海波:《社会主义法治意识与人的现代化研究》,法律出版社2010年版。

[21]刘同君:《守法伦理的理论逻辑》,山东人民出版社2005年版。

[22]刘作翔:《法律文化理论》,商务印书馆1999年版。

[23]刘旺洪:《法律意识论》,法律出版社2001年版。

[24]梁漱溟:《中国文化的命运》,中信出版社2013年版。

[25]梁治平编:《法律的文化解释》,生活·读书·新知三联书店1994年版。

[26]梁治平:《法辩:中国法的过去、现在与未来》,中国政法大学出版社2002年版。

[27]李林、田禾主编:《中国法治发展报告 No. 13(2015)》,社会科学文献出版社 2015 年版。

[28]李占才:《当代中国经济思想史》,河南大学出版社 1999 年版。

[29]林文勋:《历史与现实——中国传统社会变迁启示录》,人民出版社 2010 年版。

[30]骆郁廷、周叶中、余双好主编:《思想道德修养与法律基础》,武汉大学出版社 2013 年版。

[31]吕世伦:《社会、国家、法的当代中国语境》,清华大学出版社 2013 年版。

[32]马克垚主编:《世界文明史》(上),北京大学出版社 2004 年版。

[33]钱振林主编:《思想道德修养与法律基础》,中国人民大学出版社 2010 年版。

[34]瞿同祖:《中国法律与中国社会》,商务印书馆 2010 年版。

[35]饶世权:《良善法律意识目标论》,西南交通大学出版社 2009 年版。

[36]人民出版社编著:《中国共产党第十八届中央委员会第四次全体会议文件汇编》,人民出版社 2014 年版。

[37]孙国华、朱景文主编:《法理学》,中国人民大学出版社 1999 年版。

[38]孙国华主编:《法学基础理论》,中国人民大学出版社 1987 年版。

[39]苏力:《送法下乡——中国基层司法制度研究》,中国政法大学出版社 2000 年版。

[40]苏力:《法治及其本土资源》,中国政法大学出版社2004年版。

[41]王安石:《王安石散文集》,今日中国出版社1996年版。

[42]王英鉴主编:《思想道德修养与法律基础》,中共党史出版社2014年版。

[43]王人博、程燎原:《法治论》,广西师范大学出版社2014年版。

[44]王勇:《大众传媒与社会越轨行为——社会控制视阈下的越轨新闻信息传播研究》,光明日报出版社2010年版。

[45]辛世俊:《公民权利意识研究》,郑州大学出版社2006年版。

[46]西方哲学史编写组编:《西方哲学史》,高等教育出版社2011年版。

[47]喻中:《社会主义法治理念概论》,法律出版社2012年版。

[48]叶世昌:《古代中国经济思想史》,复旦大学出版社2003年版。

[49]叶浩生主编:《西方心理学的历史与体系》(第2版),人民教育出版社2014年版。

[50]张振国等:《农民契约意识与和谐社会研究》,中国检察出版社2011年版。

[51]张恒山:《法理要论》,北京大学出版社2009年版。

[52]张文显:《二十世纪西方法哲学思潮研究》,法律出版社2006年版。

[53]张文显:《法哲学范畴研究》(修订版),中国政法大学出版社2001年版。

[54]张雷:《进化心理学》,广东高等教育出版社2007年版。

[55]张中秋:《中西法律文化研究》,法律出版社2009年版。

[56]卓泽渊:《法理学》,法律出版社2009年版。

[57]郑永流等:《农民法律意识与农村法律发展》,中国政法大学出版社2004年版。

[58]周辅成编:《西方伦理学名著选辑》(上卷),商务印书馆1987年版。

[59]朱景文:《比较法社会学的框架和方法——法制化、本土化和全球化》,中国人民大学出版社2001年版。

[60]赵冈、陈钟毅:《中国经济制度史》,中国经济出版社1991年版。

[61]章敬平:《皇上走了》,生活·读书·新知三联书店2013年版。

[62]中共中央文献研究室编:《习近平关于全面依法治国论述摘编》,中央文献出版社2015年版。

三、中文期刊

[1]车雷:《英国的学校法制教育及其启示》,载《教育探索》2011年第11期。

[2]高贞:《〈社会主义法治意识〉出版座谈会综述》,载《中国法学》1996年第3期。

[3]侯树栋:《从古法到神法——中古后期南德农民法律意识的变化》,载《历史研究》2001年第5期。

[4]季卫东:《法律程序的意义——对中国法制建设的另一种思考》,载《中国社会科学》1993年第1期。

[5]季卫东:《法律程序的形式性与实质性——以对程序理论的批判和批判理论的程序化为线索》,载《北京大学学报(哲学

社会科学版)》2006 年第 1 期。

[6]季卫东:《法治中国的可能性——兼论对中国文化传统的解读和反思》,载《战略与管理》2001 年第 5 期。

[7]李龙:《人本法律观简论》,载《社会科学战线》2004 年第 6 期。

[8]李步云:《法律意识的本原》,载《中国法学》1992 年第 6 期。

[9]李步云、刘士平:《论法与法律意识》,载《法学研究》2003 年第 4 期。

[10]李步云:《法的人本主义》,载《法学家》2010 年第 1 期。

[11]李林:《法治的理念、制度和运作》,载《法律科学》1996 年第 4 期。

[12]李蕊、孙玉芝:《公民法律意识——法治之精神力量》,载《法学论坛》2000 年第 2 期。

[13]丁以升、李清春:《公民为什么遵守法律?——评析西方学者关于公民守法理由的理论》,载《法学评论》2003 年第 6 期。

[14]苗连营:《公民法律意识的培养与法治社会的生成》,载《河南社会科学》2005 年第 5 期。

[15]童光政:《论领导干部的法治意识》,载《理论学刊》1996 年第 6 期。

[16]王人博、赵明:《超越"轴心时代"——读〈社会主义法治意识〉》,载《中国法学》1995 年第 5 期。

[17]习近平:《加快建设社会主义法治国家》,载《求是》2015 年第 1 期。

[18]徐忠明:《传统中国乡民的法律意识与诉讼心态——以

谚语为范围的文化史考察》,载《中国法学》2006 年第 6 期。

[19]徐忠明:《娱乐与讽刺:明清时期民间法律意识的另类叙事——以〈笑林广记〉为中心的考察》,载《法制与社会发展》2006 年第 5 期。

[20]张恒山:《论文明转型——文明与文明类型》,载《人民论坛》2010 年第 32 期。

[21]朱景文、李正斌:《关于法律意识与法的关系的几个理论问题》,载《中外法学》1994 年第 6 期。

[22]赵敦华:《西方人本主义传统与马克思的"以人为本"思想》,载《北京大学学报(哲学社会科学版)》2004 年第 6 期。

四、博士论文

[1]王守贵:《论当代中国的法治精神》,吉林大学 2010 年博士学位论文。

[2]王会军:《中国特色社会主义法治理念研究》,东北师范大学 2014 年博士学位论文。

[3]黄洪旺:《我国公众立法参与的制度化研究》,福建师范大学 2012 博士学位论文。

五、外文文献

[1] ABA Special Committee on Youth Education for Citizenship, *Building the Bridge to the Law: How to Make Layers, Judgers, Police and Other Members of the Community a Part of Your Law - Related Education Program* ,ABA Press,1981.

[2] Anthony Musson, *Medieval Law in Context: The Growth of Legal Consciousness from Magna to the Peasants' Revolt*, Manchester: Manchester University Press,2001.

[3] David M. Engel,Jaruwan S. Engel, *Tort, Custom, Karma*:

Globalization and Legal Consciousness in Thailand, Stanford University Press, 2010.

[4] Richard S. Wortman, *The Development of a Russian Legal Consciousness*, University of Chicago Press, 2011.

[5] Robert S. Leming, *Essentials of Law – Related Education*, American Bar Associations National Law – Related Education Resource Center, 1995.

[6] Dave Cowan, *Legal Consciousness: Some Observations*, The Modern Law Review, Vol. 67, No. 6(2004).

[7] Marc Hertogh, *A "European" Conception of Legal Consciousness: Rediscovering Eugen Ehrlich*, Journal of Law and Society, Vol. 31, No. 4(2004).

[8] Shad Kidd, *Tort, Custom, Karma: Globalization and Legal Consciousness in Thailand – by David M. Engel and Jaruwan S. Engel*, Religious Studies Review, Vol. 37, No. 2(2011).

后　记

论文完成了,却并没有期待中的轻松与欣喜,反而多了一种忧虑与恐慌。随着论文的文字和厚度一点一点增加,原本有一种发自内心的喜悦感,但这种喜悦很快就被另外一个事实冲淡了。那就是,在写作过程中,我渐渐发现了另外一个世界,我把它定义为学术的世界,而以我目前的学术积累,在这个世界面前是那样的无知和茫然。博士即将毕业,才发现了学术的世界,这可能是个笑话,但却是真话、实话。对我而言,考博、读博是极其偶然和艰辛的,以至于我把攻读博士并按期毕业视为目前为止人生的“三大转折”之一。

18 岁“中师”毕业,成为一名乡村小学老师,是我人生的第一次大转折。从农村的“田间地头”走上“三尺讲台”,意味着跳出了“农门”，成为不再“握锄头把的人”。对于出生在贵州偏远农村的孩子来说，与留在农村种地或外出务工的同龄人相比，成为教师自然是件人生幸事，当然也就可算作一次重大的人生转折。

然而这一转折背后也有着深深的遗憾。选择念师范（专门为当地培养小学老师的学校），完全是出于当时家庭条件的无奈之举。其实，我内心一直憧憬着能凭借还算优异的成绩考到城里去上大学，从而有机会翻过始终挡在家门前的那座山，去看看外面的世界。而在从农民到教师的转折中，我的“大学梦”自然也随之破灭了。身份的转变，反而在空间上更加限制了自己，我可能要一辈子捧着教书的“铁饭碗”守在乡村里。刚参加工作的几年，我一直在纠结：是继续在乡亲们的羡慕与夸赞中安分守己地工作，还是顺从自己内心的声音踏上通往城市的道路去追寻梦想。最终，追寻梦想的感性还是压倒性地战胜了守住饭碗的理性。

我开始边工作边参加“大专”自学考试，获得大专学历后，通过成人高考，进入省城教育学院中文系进行汉语言文学专业“专升本”学习，这也算勉强圆了酝酿已久的“大学梦”。可毕竟是成人进修，所以觉得这个梦圆得并不完满，于是本科进修结束，我决定继续念书，不再回乡工作。经过一年的艰苦备考，我考取了贵州大学的法律硕士研究生。这段由教师重新到学生的经历，在我看来是人生的又一次转折，因为毕竟算是一次“追梦”之旅。

研究生阶段，尤其是在硕士论文写作过程中，我开始喜欢上法学理论和读书，也深深感受到自己知识的匮乏、理论的薄弱。于是，又萌生了一个大胆的想法：考博，继续系统学习法学理论。还算上天眷顾，硕士毕业后一年，我如愿进入中共中央党校攻读法学理论专业的博士研究生。学业上断断续续、学术上缺乏严格训练、专业上“半路出家”等问题，注定使我在考博、读博的过程中会遇到比别人更大的困难和艰辛。然而考博只需一种挑灯夜读的坚持，而读博则常常让我感到一种举步维艰的窒息。博士论文写作中，经常是搜肠刮肚的苦闷未消而山穷水尽之困惑又生，甚至始终为一种江郎才尽的绝望所包裹。即使在论文完成之后，心里仍然充满了一种如履薄冰的危机感。可以说，论文写作是体力、精力、心理上的一种极限挑战，经历并通过了这一挑战，自然算是实现了人生的又一次转折。

而立之年能实现三次大的人生转折，尤其是能收获博士毕业这份惊喜，并非个人之力所为，而是凝聚了很多人的智慧和心血。

我的导师封丽霞老师为了我的博士论文可谓操碎了心，从确定选题、搜集资料、拟定提纲到着手写作、修改完善的整个过程中，恩师都提出了严格的要求、宝贵的建议并给予了耐心的指导和具体的帮助。她总是以宽厚温和包容我的愚钝，循循善诱以解我的疑惑。同时，恩师严谨的治学精神、高超的授课艺术、非凡的育人智慧、谦和的待人风格都对我有极大的示范作用。尤其令我感动的是，在我日常生活、择业就业等问题上恩师也给予了极大的关心和支持。方方面面、点点滴滴，师恩浩荡，铭感此生！

政法部的张恒山老师对我的论文写作提供了很大帮助，张老师的点拨常如醍醐灌顶，批评似当头棒喝，极大促进了我的学业进步。卓泽渊老师对论文的写作与修改给予了具体指导，对我的学习、生活给予了极大关心鼓励。张晓玲老师、姜小川老师、王立峰老师、李雅云老师及已故的林喆老师都在开题、答辩或日常交流中对论文写作提出了诸多有益的意见和建议。高长见老师、金成波老师及政法部的其他老师及工作人员也对我们完成学业提供了各种帮助。在此，对以上各位老师表示衷心感谢！

论文答辩委会的刘兆兴老师、朱力宇老师对论文的进一步修改完善提出了重要的意见和建议，使论文的最终定稿得以生色不少。两位老师的指导对我产生了很大启发，使我受益匪浅，特此感谢！

感谢我们的辅导员、我的良师益友辛英老师。她总是细致耐心地为同学们解决各种“疑难杂症”，想同学们之所想，急同学们之所以急，学习上对我们严格要求，生活上与我们打成一片。也感谢研究生院的各位领导、老师及工作人员为我们能够在身心愉悦的状态下学习所付出的辛勤劳动。感谢12博的每一位同学，尤其是法学理论专业、第三党支部的同学在3年中对我的生活、学习、工作上的关心和支持。感谢图书馆、物业、食堂工作人员所提供的热情周到的服务。

感谢我的硕士导师宁立标老师。正是宁老师的激励与引导，给了我考博的勇气，并使我坚持行走在求知的道路上。

在这些年的求学过程中，我也得到了我们县教育局、我原单位的领导及同事的理解与支持，在此深表感谢！

感谢生我养我的父母。在我成长的三十余年中，父母的操劳、艰辛可想而知，每当想到父母在土地上忙碌耕作的情景，内心就会升腾一种强烈的内疚。父母总是毫无条件并一如既往地包容我在人生路上的各种“任性”选择，尤其让我心痛和遗憾的是，父亲在我论文写作的过程中永远地离我而去，使我再也没有机会报答他三十来年的养育大恩，每思至此，无不痛彻心扉。父母之恩大如天，终生难忘但也终生难报。感谢所有的家人及亲朋好友，在求学路上给了我许多阳光、雨露，明媚了我的心情、滋润了我的生活！

今后的人生路还很漫长，必将会遭遇更多的转折，也只有在一个个跌宕的转折中,才会有进步,才会有乐趣。学术的世界辽阔无边,与其在犹豫徘徊中浪费大好时光,不如就此来一段说走就走的旅程,说不定,新的惊喜就在下一个转折处。

夏丹波

于中央党校南院

图书在版编目(CIP)数据

全面依法治国视野下公民法治意识生成研究 / 夏丹波著. -- 北京 : 法律出版社, 2021
ISBN 978-7-5197-5713-7

Ⅰ. ①全… Ⅱ. ①夏… Ⅲ. ①公民-社会主义法制-法制教育-研究-中国 Ⅳ. ①D920.4

中国版本图书馆 CIP 数据核字(2021)第 119725 号

全面依法治国视野下公民法治意识生成研究
QUANMIAN YIFA ZHIGUO SHIYE XIA GONGMIN FAZHI YISHI SHENGCHENG YANJIU

夏丹波 著

责任编辑 韩满春
装帧设计 李 瞻

出版发行 法律出版社
编辑统筹 学术·对外出版分社
责任校对 王晓萍
责任印制 陶 松
经　　销 新华书店

开本 A5
印张 9.25　**字数** 215 千
版本 2021 年 8 月第 1 版
印次 2021 年 8 月第 1 次印刷
印刷 北京虎彩文化传播有限公司

地址:北京市丰台区莲花池西里 7 号(100073)
网址:www.lawpress.com.cn
投稿邮箱:info@lawpress.com.cn
举报盗版邮箱:jbwq@lawpress.com.cn

销售电话:010-83938349
客服电话:010-83938350
咨询电话:010-63939796

书号:ISBN 978-7-5197-5713-7　**定价**:58.00 元
凡购买本社图书,如有印装错误,我社负责退换。电话:010-83938349